Produktive Aufgaben für den Mathematikunterricht in der Sekundarstufe I

Erarbeitet von
Prof. Dr. Wilfried Herget
Prof. Dr. Thomas Jahnke
Prof. Wolfgang Kroll

INHALT

Eine erste Gebrauchsanleitung zu Produktiven Aufgaben

Produktive Aufgaben

- sind komplexer als die üblichen, meist auf *eine* Lösung und *einen* Lösungsweg zugeschnittenen Aufgaben,
- sind auf die Diskussion und Reflexion unterschiedlicher Lösungen und unterschiedlicher Lösungswege angelegt,
- trauen den Schülerinnen und Schülern in einem weiter gesteckten, aber klar begrenzten Rahmen selbstständige Leistungen zu,
- ermuntern zu unterschiedlichen Zugangsweisen:
  – Probieren, Experimentieren, Messen, ...
  – Produzieren, Skizzieren, Zeichnen, ...
  – Argumentieren, Belegen, Begründen, ...
  – Begriffliches Deduzieren, Analysieren, mit symbolischen Kalkülen Arbeiten ...

Produktive Aufgaben sind dazu gedacht, den laufenden Unterricht zu curricularen Kernthemen zu unterstützen und anzureichern, indem sie

- die Einführung neuer Begriffe und Verfahren vorbereiten,
- intelligente Übungsmöglichkeiten bereitstellen,
- mathematikhaltige Probleme aus der Lebenswelt der Schülerinnen und Schüler aufgreifen oder eine mathematische Modellbildung fordern.

Aber natürlich nicht alles gleichzeitig.

Produktive Aufgaben können die Gestaltung des Unterrichts beeinflussen und verändern, indem sie

- Aktivitäten der Schülerinnen und Schüler hervorrufen und ihnen mehr Raum und Bedeutung geben,
- durch ihre Lösungsvielfalt und weiterführende Fragen eine Binnendifferenzierung ermöglichen,
- die Fixierung auf Routineverfahren und -lösungen aufweichen,
- dem Üben von Verfahren zunächst das eigene Suchen und Testen von Verfahren voranstellen,
- ein lebendiges Bild von Mathematik entstehen lassen.

Für produktive Aufgaben ist (ein wenig) Muße erforderlich, damit die Schülerinnen und Schüler sich der Herausforderung tatsächlich annehmen und die Aufgaben bearbeiten können. Eine Frage verstehen, heißt sie sich stellen, sagt der Philosoph Gadamer. Die Aufgaben sind so angelegt, dass sich erste Antworten auch in einer Schulstunde finden lassen. Doppelstunden geben mehr Ruhe und lassen auch die Bearbeitung von Anschlussfragen zu.

Die **Lösungshinweise** sind nicht als „Normallösungen" zu verstehen. Es ist schwer, wenn nicht unmöglich, den Prozess des Suchens und Findens, mögliche Wege und Holzwege von vornherein vollständig zu beschreiben. Der mathematisch sozialisierte Autor neigt auch dazu, Ergebnisse möglichst ökonomisch zu erreichen und zu notieren. Solche Logistik steht bei der unterrichtlichen Arbeit mit produktiven Aufgaben nicht im Vordergrund. Häufig ist die Modellierung, die Umsetzung in eine mathematische Fragestellung schwieriger und langwieriger als deren Lösung. Hier helfen keine abkürzenden Vorgaben durch die Lehrerin oder den Lehrer; das eigene „Zurecht"-Denken ist wesentlicher Bestandteil solcher Aufgaben. Die Lösungshinweise sollen der Lehrperson helfen, Ergebnisse zusammenzufassen, allgemeine

Regeln oder Heuristiken hervorzuheben. Im Einzelnen wird dies aber stets vom tatsächlichen Verlauf der Stunden und den Vorschlägen und Ergebnissen der Schülerinnen und Schüler abhängen.

Zur raschen Orientierung sind die Aufgaben in sieben Themengruppen zusammengefasst. Hinweise zur **Klassenstufe**, **Stichworte** und die angesprochenen **mathematischen Begriffe** sind zu jeder Aufgabe bei den Lösungshinweisen vermerkt. **Register** zu den Schlagworten und mathematischen Begriffen ermöglichen den raschen Zugriff.

In der letzten Themengruppe sind Experimente mit Würfeln, Spielkarten, LEGO®-Steine usw. durchzuführen und zu durchdenken. Man könnte von „hands-on mathematics"-Aufgaben oder „Tu-was-und-denk-drüber-nach"-**Untersuchungsaufträgen** sprechen, wir haben uns für „Probieren und Studieren" entschieden. Grundsätzlich gilt dies für alle Aufgabengruppen:

- Fang einfach einmal an!
- Was fällt dir auf? Was fällt dir alles dazu ein?
- Was hast du unternommen? Was hast du heraus bekommen?

Es lohnt sich sehr, wenn die Schülerinnen und Schüler einen **Bericht** über ihre Untersuchung anfertigen und ihr Vorgehen, Experimente und Resultate, Vermutungen und Begründungen notieren. Sie haben sich mit etwas beschäftigt und geben jetzt darüber Auskunft. Die schriftliche Form empfiehlt sich zur Dokumentation, vielleicht auch einmal zur Benotung und stellt sicher, dass nicht ein Einzelergebnis oder das Ergebnis einer Schülergruppe die Arbeit der anderen hinwegwischt.

Grundsätzlich sind die vorgelegten Aufgaben für jede Veränderung offen. Man kann sie kürzen oder aufteilen, ähnliche Aufgaben von Schülerinnen und Schülern stellen lassen oder explizit zu Variationen und Verallgemeinerungen auffordern.

Zu diesem Buch ist auch eine **CD-ROM** erhältlich. Dort sind alle Aufgaben (Abbildungen teilweise farbig) und Lösungen für einen „schönen" Ausdruck als **PDF-Files** gespeichert – für „Acrobat® Reader" – und als **WORD-Dokumente** – für Microsoft® Word – zur eigenen Bearbeitung und Veränderung. Wer nicht über diese elektronischen Möglichkeiten verfügt oder verfügen will, der kann die Aufgabenseiten natürlich unmittelbar als Kopiervorlagen benutzen.

Wir wünschen Ihnen und Ihren Schülerinnen und Schülern viel Spaß und viel Erfolg!

Wilfried Herget, Thomas Jahnke, Wolfgang Kroll

P. S.:   Wir freuen uns über Rückmeldungen, Korrekturen und Änderungsvorschläge. Schreiben Sie an uns über den Cornelsen Verlag, Mecklenburgische Str. 53, 14197 Berlin, oder mailen Sie an Thomas Jahnke unter jahnke@rz.uni-potsdam.de oder Wilfried Herget unter herget@mathematik.uni-halle.de.

Wir danken der Mathematik-Redaktion des Cornelsen-Verlages und Herrn Dr. Rolf Sommer von der Martin-Luther-Universität Halle-Wittenberg, der mit Geduld und Sachverstand die Texte aufbereitet und den vorliegenden Band gemeinsam mit dem Verlag gestaltet hat.

Normaler produktiver Mathematikunterricht

Thomas Jahnke

● Kleine Schritte

Mit den in diesem Buch vorgestellten Beispielen geht es uns eher um die „kleine" Form, die Gestaltung normalen, alltäglichen Unterrichts. Natürlich soll damit keinesfalls größeren Formen – wie etwa freier Arbeit oder der Projektarbeit – Rang, Bedeutung, Sinn und Wirkung abgesprochen werden. Vielleicht werden gerade Erfolge mit dieser kleinen Form dazu ermutigen, größere Formen, denen manche schulpraktischen und schulalltäglichen Hindernisse entgegenstehen, zu erproben – indem sie Lehrende wie Lernende erfahren lassen, **dass es möglich ist, sich auf eine andere Gestaltung von Unterricht einzulassen.**

Im Folgenden werden einige grundlegende Vorschläge zur Gestaltung eines normalen, produktiven Mathematikunterrichts entwickelt. Dieses Konzept wird hier aus **unterrichtspraktischer** Sicht begründet. Es wäre ebenso eine **lerntheoretisch** akzentuierte Begründung denkbar. Die Ergebnisse unterrichtspraktischer und lerntheoretischer Untersuchungen stehen sich näher, als dies nach der Unterschiedlichkeit und „Entfernung" ihrer Denkansätze zu erwarten wäre. Hier wird unterrichtspraktisch argumentiert, weil eine argumentative Nähe zum Unterrichtsgeschehen und zur Gestaltung betont und hervorgehoben werden soll.

● „Normaler" Mathematikunterricht

Zunächst werden jedoch einige Beobachtungen skizziert, die Grundlinien von „normalem" Mathematikunterricht sichtbar, erkennbar, verständlich und fragwürdig machen sollen, ohne dass die Beteiligten „vorgeführt" werden.

Das fragend-entwickelnde Unterrichtsgespräch verläuft häufig für Lehrerinnen und Lehrer wie für Schülerinnen und Schüler schleppend, um nicht zu sagen quälend, ab. Ein Grund dafür liegt darin, dass die Lernenden gar keine Basis haben, die Lehrerfragen zu beantworten, und so nur gutwillig in diesen Lehrerfragen nach – mehr oder weniger – versteckten Hinweisen zu deren Beantwortung suchen können. Auch wenn „gute" Schülerinnen und Schüler hier einiges Geschick entwickeln, bleibt die Frage, die befragte Sache auf der Seite des Lehrers – und damit auch die Antwort, die der Schüler der Frage entnehmen muss, da er die befragte Sache nicht untersuchen, sie sich nicht zu Eigen machen kann. Dies gibt dem Unterrichtsgespräch die Künstlichkeit eines Rollenspiels, bei dem die eine Seite, die Schülerrolle nämlich, ihren Text nicht kennt, (noch) nicht kennen kann und folglich erraten muss, worum es geht und was von ihr zu hören erwartet wird. Deshalb neigt auch die Lehrkraft immer wieder dazu, den Schülerinnen und Schülern Antworten auf die gestellten Fragen zu soufflieren.

Hic et nunc! Dem Mathematikunterricht fehlt nach meiner Beobachtung oft die Aktualität, das *in actu* tatsächlichen Lernens: Vieles wurde schon „behandelt", anderes wird noch kommen, und das, was da heute (?) „drankommen" soll, lässt sich auch zu Hause oder vor der Klausur oder im Nachhilfeunterricht in konzentrierter Form nacharbeiten oder doch zumindest nachlernen. Aktuell dagegen ist die Vorbereitung des Klassenfestes, das Einsammeln von Geld für die Busfahrt etc.

● Aha-Erlebnisse im Unterricht

Mathematikstunden haben häufig Wiederholungscharakter, auch wenn sie gar keine Wiederholungsstunden sind; sie sind eine Wiederholung verflossener Mathematikstunden und wohl auch der kommenden: Mathematikunterricht als endloses Band. Der Lehrer hat das gerade Behandelte – hier oder in anderen Klassen – schon oft „erklärt", der Schüler hat – zu Recht oder Unrecht – oft den Eindruck, dass er das, wovon gerade die Rede ist oder war, eigentlich schon „wissen" sollte, was ihm auch immer wieder mahnend gesagt wird, und suggeriert deshalb sich und dem Lehrer Verständnis und Einverständnis. Dies hindert ihn daran, tatsächlich zu lernen. Wo es kein eigenes Entdecken gibt, da gibt es auch keine Aha-Erlebnisse, die sich einprägen: „Das habe ich *jetzt* verstanden!" Es ist vielmehr, als wenn man in einem dicken Buch, das man seit langem liest, die Seite wieder finden will, auf der man war, und dabei feststellt, dass man das alles irgendwie und doch noch nicht kennt. (Dies ist möglicherweise auch eine Ursache dafür, dass viele Schülerinnen und Schüler über die stofflichen Inhalte ihres Mathematikunterrichts nur schlecht oder gar nicht Auskunft geben können; sie wissen nicht, „wo sie gerade sind".)

● Mathematikunterricht ist häufig verfahrens- und ergebnisorientiert

Mathematikunterricht ist schließlich häufig *verfahrens-* und *ergebnisorientiert*. Ihn dominiert das Algorithmische, in dessen Übernahme durch die Schülerinnen und Schüler (*Lernen*) er im Bewusstsein vieler aufzugehen scheint:

> For many adults, including parents, employers, politicians, and maybe even some teachers, school mathematics is still synonymous with (...): learning, practising and remembering the standard techniques of manipulations.[1] (STRAKER)

Die hier skizzierten Linien haben sich selbst und sich gegenseitig verstärkende Momente, insbesondere die letzte: Ist dem Mathematikunterricht erst einmal Stück für Stück der Sinn ausgetrieben, ist er reduziert auf die Vermittlung von Standardtechniken (erst mitteilen, dann üben), dann „zählt" bei Schüler wie Lehrer schließlich auch nur noch das als Mathematik. Was im Schulbetrieb „zählt", ist letztlich die Note, also u. a. die Anforderungen in den Klassenarbeiten und Klausuren: Wird dort im Wesentlichen die Beherrschung von Manipulationstechniken abgeprüft und honoriert, dann können die Schülerinnen und Schüler nicht umhin, darin den primären und sekundären Sinn des Mathematikunterrichts zu sehen, auch wenn ihnen zuweilen in Einführungsstunden etwas anderes versichert wird.

● Produktive Aufgaben — einmal anders!

Unterricht muss anders vorbereitet und gestaltet werden, um diesem selbst geschaffenen, selbst – und zuweilen nicht schlecht – vorbereiteten und angelegten Dilemma zu entgehen. Dazu wird hier ein Konzept für einen normalen produktiven Mathematikunterricht entwickelt. Produktiver Mathematikunterricht beginnt mit produktiven Arbeitsaufträgen, mit produktiven Aufgaben.

Produktive Aufgaben sind Aufgaben, die die Schülerinnen und Schüler zur Eigentätigkeit anregen, sie sehen und sich wundern, vermuten und irren, suchen und finden, entdecken und erfahren lassen. Sie können zur Einleitung in einen Stoffabschnitt oder am Ende zur

---

[1] Für viele Erwachsene, einschließlich Eltern, Unternehmern, Politikern und vielleicht sogar einigen Lehrern, ist Schulmathematik immer noch gleichbedeutend mit (...): Lernen, Üben und Behalten von Standardtechniken.

Übersicht, zur Sicherung (oder Verunsicherung), zur Konfrontation mit nicht erwarteten Ergebnissen, die sich bei Standardrechnungen ergeben, zum Aufbau und zur Vertiefung bestimmter Einsichten dienen. Wichtig ist ihr Aufforderungscharakter. Die Lernenden sollen dazu verlockt werden, die Sache zu ihrer eigenen zu machen. Es ist an ihnen, etwas zu untersuchen, herauszufinden; die Lösung liegt nicht vorbereitet in der Schublade der Lehrkraft oder unter ihren Unterrichtsvorbereitungen. Diese Verlockung sollte aber redlich, der Sache angemessen sein und tatsächlich zu ihr hinführen.

Ein eher zweifelhaftes Beispiel entnehmen wir einer *konstruktivistischen Lernumgebung,* die von der *Cognition and Technology Group at Vanderbilt* in Nashville (USA) entwickelt wurde (siehe MANDL; GRUBER; RENKL) und auf einer Bildplatte präsentiert wird.

> In der Episode „Rescue at Boone's Meadow" zum Beispiel findet Wildhüter Jasper auf dem Weg zu einem gemeinsamen Camping-Wochenende einen verwundeten Adler, dem nur mit einer schnellen Notoperation zu helfen ist. Glücklicherweise ist Jaspers Bekannte Emily nicht weit, die in der Gegend Flugübungen macht. Emily soll den Drachen abholen und zur Tierklinik bringen. Doch der Treibstoffvorrat ihres Ultraleichtflugzeuges ist begrenzt. Strecke und Verbrauch wollen genau berechnet sein – vielleicht hilft da Pythagoras weiter?

Wenn man einmal davon absieht, dass der verwundete Adler in diesen wenigen Zeilen vermutlich durch einen Übersetzungsfehler sogar noch zum Drachen mutiert, bleibt doch das Unbehagen, ob all diese Requisiten eine gelungene Exposition für eine Beschäftigung oder Untersuchung mit **den** Fragen darstellen, auf die der Satz von Pythagoras eine Antwort gibt.

Geht es bei solchen Problemstellungen tatsächlich um das, was die Einkleidung suggeriert? Oder ist diese nur ein billiger, wenngleich hier sehr aufwändiger Kundenfang, den der erfahrene, der „gelernte" Schüler schnell durchschaut, wenn er nicht sofort, aus seiner Unterrichtserfahrung heraus und um sich Enttäuschungen zu ersparen, solche bunten Verpackungen nahezu unbesehen wegwirft, weil er weiß, dass es eigentlich nur um deren – gerade in diesem Kontrast weniger bunten, wenn nicht langweiligen – Inhalt geht?!

● Produktive Aufgaben sollen authentisch sein

Produktive Aufgaben sollen authentisch sein. Eine Problemstellung ist aber nicht nur oder erst dann authentisch, wenn sie unmittelbar der Lebenswelt oder dem Erfahrungsbereich der Schüler entstammt oder gar ihm vertrauten Fernseh- oder Videowelten oder den so genannten virtuellen Welten der Computersoftware. Sie ist und wird auch nicht erst dadurch authentisch, dass ihre Bearbeitung Kenntnisse vermittelt, die bei der *Bewältigung alltags- und berufsrelevanter Anforderungen genutzt werden können,* wie z. T. behauptet oder zumindest nahe gelegt wird (vgl. MANDL; GRUBER; RENKL).

Authentisch **von der Sache her** ist eine Problemstellung, wenn sie inner- oder außermathematisch relevant ist; dies setzt auch voraus, dass es sich tatsächlich um originäres mathematisches Denken – auf welcher Niveaustufe auch immer – handelt und nicht um dessen curriculare Simulation oder formale Imitation, nicht um dessen Verschleifung in Plantagenaufgaben, die ihren mathematischen Sinn längst ausgehaucht haben. Authentisch **von den Lernenden her,** also *für* die Lernenden, ist eine Problemstellung, wenn diese sich ihrer tatsächlich annehmen, sich auf sie einlassen, wobei dieser zweite Punkt unterrichtlich der entscheidende ist.

Wo ist die Frau des Gärtners?

Natürlich können und sollen unterschiedliche Einkleidungen ein Problem anschaulicher und für die Bearbeitung (be-)greifbarer machen. Aber diese Funktion solcher Einkleidungen sollte nicht überspannt oder umgedeutet werden. Um es mit einem Vergleich zu sagen (Abb. links): Die Betrachtung von Vexierbildern kann durchaus spannend und interessant sein und sogar – wenn man das Gesuchte nicht findet – zu systematischeren Betrachtungen anregen.

Wenn man aber auf einem solchem Bild von einem Gemüsegarten voller Salatköpfe, Kürbisse und anderer Pflanzen die Frau des Gärtners suchen soll, dann wäre es unsinnig, die Beschäftigung mit diesem Auftrag damit zu motivieren, dass man dabei etwas über Salatbeete, Gartenbau oder Gärtnergattinnen oder deren Sichtbarkeit in Gemüsebeeten lernen könnte. Solche Motivation wäre absurd und auch dort, wo sie gelänge, den Zielen des Mathematikunterrichts abträglich, weil sie ein unsinniges Bild von Mathematik vermittelte. Insofern können auch Kopfnuss-Aufgaben redlicher sein als manche didaktischen Hühner- und Pferdeställe, die die Schulbuchliteratur zum Beispiel bei den Extremwertaufgaben für ihre Benutzer bereithält.

In der Aufgabe[2]

> 1½ Hühner legen in 1½ Tagen 1½ Eier. Wie viele Eier legt ein Huhn pro Tag?

dagegen machen die Zahlenangaben sofort deutlich, dass es hier nicht um die Leistungsfähigkeit von Legehennen oder die Kalkulation eines Hühnerhalters geht, sondern um die – durchaus reizvolle – Frage, ob und warum man von anderthalb, anderthalb, anderthalb auf eins, eins, eins schließen darf oder nicht. Natürlich sollte dies nicht der Prototyp einer Mathematikaufgabe sein, aber sie würde auch nicht dadurch besser oder realistischer, wenn wir in ihrer Formulierung nur ganze Zahlen vorkommen ließen.

---

[2] Diese Aufgabe wird in dem Artikel *Zur Eierfrage* von *Katrin Wilkens* in der (satirischen) Zeitschrift *Titanic* (Januar 1995, S. 62–64) fünf Hochschulangehörigen vorgelegt.

- **Produktive Aufgaben müssen komplex sein**

Ziel der Beschäftigung, der Auseinandersetzung mit produktiven Aufgabenstellungen sind nicht möglichst schnelle oder kurze Lösungen, sondern diese Aufgaben sollen den Schülerinnen und Schülern Gelegenheit geben, Erfahrungen zu machen und Erfahrungen zu sammeln. Dafür müssen die Aufgaben komplex und reichhaltig sein, dürfen also nicht den fertig filetierten Fall dem Schüler vorlegen, sondern Fallunterscheidungen, verschiedene Untersuchungen und verschiedene Blickrichtungen, verschiedene Herangehensweisen und Standpunkte provozieren und zulassen. Sie müssen aber nicht notwendig außermathematische Themen und Bezüge beinhalten. Hier sollte man zunächst eher bescheiden sein: also keine Projektaufgaben, die zu größeren Zusammenhängen gehören oder in solche führen, sondern Aufgaben, die dem curricularen Stoff nahe sind, diesen öffnen und erschließen helfen, stofflich eher begrenzt als in allen Richtungen offen, offen aber in ihrer Anlage.

- **Produktive Aufgaben dürfen nicht zu ergebnisorientiert sein**

Produktive Aufgaben dürfen nicht zu ergebnisorientiert sein. Mit dem folgenden Beispiel (MZ u. CUS: Das große Rätselrennen, Folge 2. – In: Süddeutsche Zeitung. Magazin No. 33 vom 20. 8. 1993, S. 28) habe ich in einer Klasse 8 „Schiffbruch" erlitten:

Mal = Plus?!

Kuno Klever kauft vier Tafeln Schokolade. Der Händler wähnt sich besonders gerissen: Er tippt die vier Preise in seinen Taschenrechner ein, drückt jedoch zwischen je zwei Preisen (jeweils in DM) die Multiplikations- statt der Additionstaste.

„Macht genau 7,77!", verkündet er das Ergebnis seines schlauen Tricks. Kuno Klever, nicht auf den Kopf gefallen, durchschaut die Gaunerei. Er berechnet deshalb die Summe der vier Preise selbst im Kopf und meint dann verblüfft: „7,77 Mark, stimmt genau!" Auch Klever hat dabei richtig gerechnet.

Wie viele Pfennige kostet die billigste dieser vier Tafeln?

Ich hatte die Aufgabe gestellt, um das Argumentationsniveau der mir noch unbekannten Klasse kennen zu lernen: Welche Überlegungen werden die Schüler anstellen? Wie werden sie 7,77 additiv oder multiplikativ zerlegen, wie mögliche Zerlegungen ordnen? Wird die Primzahlzerlegung von 777 dabei eine Rolle spielen? Nach etwa 20 Minuten hatte einer der Schüler die Aufgabe gelöst und das Ergebnis breitete sich schnell in der Klasse aus. Der erfolgreiche Schüler konnte aber über seinen Lösungsweg keinerlei Aufschluss geben; es gab in gewissem Sinne gar keinen Lösungsweg: der Schüler hatte – richtig – geraten und der Witz der Aufgabe war dahin. Für die Klasse gab es bei bekanntem Ergebnis nun kein Motiv mehr, sich weiter mit der Aufgabe zu beschäftigen. Ich hätte natürlich versuchen können, Motive nachzuschieben, wie: Ist dies die einzige Lösung? Wie wäre es bei einer anderen Summe, etwa 7,78 DM oder 7,80 DM? Wie sähe die Sache aus, wenn Fritz nicht vier, sondern fünf Artikel für 7,77 DM gekauft hätte?[3] Unterrichtlich hatte aber die starke Ergebnisorientierung der Aufgabe oder der Art und Weise, in der ich diese Aufgabe stellte, dieser den Garaus gemacht.

---

[3] Nach Angaben des Aufgabenstellers MZ gibt es bei vier Artikeln für 7,77 DM genau eine Lösung, für 7,78 DM keine, für 7,80 DM zwei und bei fünf Artikeln für 7,77 DM wieder genau eine Lösung.

Ob eine Aufgabe produktiv ist beziehungsweise wird, hängt vom Kontext, vom Unterricht und insbesondere von der Reaktion der Schülerinnen und Schüler, ihrem Vorwissen und dem Geschick der Lehrkraft ab. Um wieder ein extremes Beispiel zu nennen: Auch die Aufgabe $7\,x^7 + 7\,x^7 = ?$ *kann* eine produktive Aufgabe sein, obwohl ihre Bearbeitung im Normalfall eher zu Ausführungen über die Addition von Äpfeln oder zum Distributivgesetz (ein unverständlicher Formalismus wird durch einen anderen solchen „erklärt", Formales wird formal begründet) führt.

● Eine idealtypische Stundenstruktur

Die Arbeit mit produktiven Problemstellungen und Aufgaben kann eine bestimmte Stundenstruktur induzieren, die im Folgenden natürlich nur idealtypisch und als eine Möglichkeit skizziert wird.

1. Exposition
2. Schülerarbeit
3. Klassengespräch
4. Regularisierung

1. Exposition

Zunächst wird durch die Lehrkraft ein Problem dargestellt, eine Fragestellung entwickelt. Diese Exposition muss gründlich durchdacht und vorbereitet, vom „Anfänger" am besten schriftlich vorformuliert sein. Dies aus zwei Gründen: Zum einen besteht sonst die Gefahr, dass man die Aufgabenstellung mehrfach formuliert, sodass der Schüler, der sie ja noch nicht kennt, meint, es ginge um mehrere unterschiedliche Probleme, oder dass man sich oder die Schüler sogar in diesen Umformulierungen verheddert. Zum anderen neigt man sonst dazu, bei dem naturgemäß abwartenden, zögerlichen Arbeitsbeginn der Schülerinnen und Schüler und durch deren interessierte – vielleicht auch unterrichtsstrategische – Fragen veranlasst, immer mehr „nachzuschieben" aus der Sorge heraus, die Sache würde sonst nicht greifen, bis man sich schließlich in der Zähigkeit eines fragend-entwickelnden Unterrichtsgesprächs, das man gerade vermeiden wollte, wiederfindet. Die Problemdarstellung muss also klar und endlich sein. Der Beginn der nächste Phase muss für alle Lernenden deutlich akzentuiert sein. Jetzt haben sie, die Schülerinnen und Schüler, das Zepter oder Staffelholz in der Hand.

2. Schülerarbeit

Diese sollte ernsthaft und verbindlich angelegt sein. Als ich einmal eine offensichtlich rat- und tatenlose Schülerin etwa fünf Minuten nach einer – wie ich dachte – gelungenen Exposition fragte: „Was nun?", antwortete sie: „Das werden Sie uns ja gleich sagen!" Diese Antwort resümiert die Erfahrungen mit einer kleinschrittigen oder kurzphasigen Unterrichtsgestaltung, die sie tief berechtigt. Warum sollen sich Lernende einer Fragestellung tatsächlich annehmen, wenn sie wissen, dass der Lehrer in wenigen Minuten eine Antwort geben wird, die sie in dieser Zeitspanne kaum oder gar nicht finden können oder die sie, wenn sie sie tatsächlich einmal fänden, sicher nicht so resultativ und allgemein wie der Lehrer formulieren könnten. Solche Unterrichtsgestaltung muss doch den Schülerinnen und Schülern wie ein Hase-und-Igel-Spiel erscheinen: das „Ich bin schon da" des Lehrers als ein ständig entmutigendes Grundmotiv, das eine wirkliche, sozusagen eine persönliche Beteiligung am Unterricht sinnlos werden lässt.

Die mathematischen Überlegungen, die die Schülerinnen und Schüler anstellen, wenn sie merken, dass sie die Sache tatsächlich untersuchen sollen und dürfen, dass sie nicht die Technik kennen oder das Ergebnis wissen müssen, sind nach meiner Erfahrung häufig zunächst sehr einfach – um nicht zu sagen, archaisch, wenn man sie mit dem vergleicht, was wir erwarten (oder das Schulbuch an dieser Stelle vorsieht): Es beginnt mit rudimentären Versuchen; statt umzuformen wird mit Hilfe des Taschenrechners eingesetzt, statt zu verallgemeinern wird auf einfachste Fälle spezialisiert etc. Wenn man seinen Unterricht ehrlich meint, muss man das nicht nur zulassen, sondern ernst nehmen: Die Schülerinnen und Schüler beginnen dort, wo sie sind. Nur von hier aus können sie Neues aufbauen, können sie lernen.

3. Klassengespräch

Die Arbeitsergebnisse der einzelnen Schülerinnen und Schüler oder Schülergruppen der Klasse bekannt zu machen und nebeneinander zu stellen, ohne sie zunächst zu werten, erfordert eine große Zurückhaltung des Lehrers. Er ist hier „nur" ein behutsamer Moderator, fragt hier und da klärend nach, lässt sie im Gespräch untereinander ihre Ideen und Ergebnisse austauschen, befragen und erläutern. An der Tafel werden unterschiedliche Arbeitsergebnisse von den Schülerinnen und Schülern dargestellt und mit ihren Namen versehen. Jetzt kann der Boden bereitet sein für eine gemeinsame Klärung, die auf ihren eigenen Erfahrungen und im Wesentlichen auch ihren Sprech- und Schreibweisen beruht.

4. Regularisierung

Abschließend werden in einer relativ kurzen Phase – zumeist wohl durch den Lehrer – die Ergebnisse zusammengefasst, und auch der Anschluss an die Sprache und Begriffe, die in den Schulbüchern zu finden sind, wird hergestellt.

● **Produktive Aufgaben sind Aufforderungen zu schriftlichem Denken**

Dieses Buch enthält zahlreiche Beispiele für produktive Problemstellungen und Arbeitsaufträge zu mathematischen Unterrichtsthemen der Sekundarstufe I. Die Art ihrer Präsentation in einer Klasse wird wesentlich davon abhängen, ob und in welchem Umfang man schon mit solchen Aufgaben gearbeitet hat. Den Schülerinnen und Schülern sollte dabei stets deutlich gemacht werden, dass es sich um Aufforderungen zu schriftlichem Denken handelt, sodass sie später über die von ihnen bearbeitete Aufgabe kompetent Auskunft geben können.

Literatur
MANDL, Heinz; GRUBER, Hand; RENKL, Alexander: Das träge Wissen. – In: *Psychologie heute* September 1993. S. 64–69.
STRAKER, Anita: Maths, People and Computers. – In: *Micromath* 4 (1988) 1, S. 7–9.

Überarbeitete Fassung des gleichnamigen Beitrags in *Praxis Mathematik* 42 (2000) 1, 1–5.

Mehr überlegen, weniger rechnen
— eine Frage, viele Wege, viele Antworten

Wilfried Herget

Das Zeitungsfoto mit dem Riesenschuh (Abb. unten) dient als Auslöser für die Frage: „Welche Schuhgröße hat dieser Riesenschuh?" Eine solche Aufgabe ist ungewohnt und es ist immer sehr spannend, welche verschiedenen Lösungswege dazu gefunden werden.

Auf großem Fuß müsste leben, wem dieser Riesenschuh passt. Antal Annus, ein 73 Jahre alter Schuhmacher aus dem ungarischen Dorf Csanádapáca, zeigt stolz sein beeindruckendes Werk. Ob er den Schuh jedoch für einen seiner Kunden maßgeschneidert hat, ist nicht bekannt.

● Viele verschiedene Lösungswege

Ein häufig gewählter Weg ist, von der Brille, von der Größe des Kopfes oder von der Breite der Schürze auszugehen: Diese Größen lassen sich sowohl im Bild als auch in der Realität leicht messen. Schlichtes Hochrechnen liefert die Länge des Schuhs.

Eine andere Idee: „Ein Schuh ist ungefähr so lang wie ein Gesicht!" Ausgehend von einer Standard-Schuhgröße, etwa 41, können wir einfach hochrechnen – vorausgesetzt, die Zuordnung Schuhlänge–Schuhgröße ist linear. Ist sie das wirklich? Wie kann man das herausfinden? Ein kleines, interessantes Forschungsprojekt!

Eine dritte, faszinierende Variante, von einer Schülerin: Dreht man den Schuh in Gedanken um 90 Grad um den Bauchnabel des Mannes, dann erkennt man, dass der Schuh wohl ein bisschen kleiner als der Mann ist. Und da der Mann vielleicht 1,70 m ist, ist der Schuh ungefähr 1½ m lang. Damit hat man wiederum die Länge, aber noch nicht die Schuhgröße, wie schon beim ersten Weg.

Eine vierte, ähnliche Variante, gemeinsam von zwei Schülern sehr anschaulich „mit Händen und Füßen" vorgetragen: Wenn man sich den Mann in der Realität vorstellt, dann umfasst er mit ausgebreiteten Armen gut die Länge des Schuhs. Bei einem normal großen Menschen beträgt diese „Spannweite" so etwa 1,60 m. Also ist der Schuh in Wirklichkeit ungefähr 1½ m lang.

Die Ergebnisse liegen dabei meist zwischen 1 m und 1,50 m. Wie verlässlich sind die verschiedenen Ansätze? Wie genau sind die Messungen? Ein kritischer Vergleich der jeweiligen Wege kann schließlich vielleicht ein etwas kleineres Intervall nahe legen – aber es gibt ganz sicherlich nicht *die* richtige Lösung!

Damit hat man zwar die Schuhlänge, aber noch nicht die *Schuhgröße*. Wie aber hängen Schuhlänge und die verschiedenen Schuhgrößenangaben zusammen? Die nächste Runde ist angesagt ...

● **Welche Schuhgröße hat nun dieser Riesenschuh?**

Jetzt geht es darum, den Zusammenhang zwischen der vertrauten Schuhgrößen-Angabe und der Länge des Fußes in cm zu erkunden. Wie könnten wir vorgehen? Dies kann einerseits näherungsweise sehr gut experimentell erfolgen durch Zusammentragen verschiedener Messwertpaare (große und kleine Schuhe messen, auch als Hausaufgabe geeignet – in der Familie und in der Nachbarschaft gibt es sicherlich „Riesen" und „Zwerge", das erhöht unsere Genauigkeit und Sicherheit). Eine andere Variante, ungewöhnlich für den Mathematikunterricht: Wir lassen im Schuhgeschäft nachfragen – mit etwas Glück findet man Tabellen auf Schuhkartons:

Wesentlich ist dabei die Erkenntnis, dass die Zuordnung *Fußlänge (in cm)* ↦ *Schuhgröße* bei den üblichen Schuhgrößen (dem so genannten „Pariser Stich") offenbar proportional ist, und zwar mit dem Faktor $\frac{2}{3}$. Eine entsprechende Tabelle könnte etwa so aussehen:

Deutsche Größen (Pariser Stich)

Gr.	34	35	36	37	38	39	40	41	42	43	44	45	46	47
cm	22,7	23,3	24,0	24,7	25,3	26,0	26,7	27,3	28,0	28,7	29,3	30,0	30,7	31,3

Bei den Sportschuhen werden dagegen durchweg die US-Größen angegeben – diese Zuordnung erweist sich nicht als proportional, wohl aber als linear, ebenso wie bei den englischen Größen (vgl. auch Aufgabe 11 und die Lösung dazu):

Amerikanische Größen

Gr.	3	3½	4	4½	5	5½	6	6½	7	7½	8	8½	9	9½
cm	23,3	23,7	24,2	24,6	25,0	25,5	25,9	26,4	26,8	27,2	27,6	28,0	28,5	28,9

Englische Größen

Gr.	3	3½	4	4½	5	5½	6	6½	7	7½	8	8½	9	9½
cm	23,6	24,0	24,5	24,9	25,3	25,8	26,2	26,7	27,1	27,6	28,0	28,4	28,9	29,3
inch	9,3	9,5	9,7	9,8	10	10,2	10,3	10,5	10,7	10,8	11	11,2	11,3	11,5

● „In Mathe wird gerechnet!"

Insofern sich die Sätze der Mathematik auf die Wirklichkeit beziehen, sind sie nicht sicher, und insofern sie sicher sind, beziehen sie sich nicht auf die Wirklichkeit.

Albert EINSTEIN

„In Mathe wird gerechnet!" – Ja, aber nicht nur und nicht immer! Typisch für diese Aufgabe ist, dass nicht das Rechnen im Zentrum steht, sondern vielmehr das Mathematisieren und das Finden eines angemessenen Lösungsweges: „Here is a situation. Think about it!" (Henry POLLAK). Und am Ende steht schließlich nicht das richtige Ergebnis des Typs „Die Schuhgröße ist 107½" oder „Die Schuhlänge ist 127,386 cm". Deshalb gilt es für die Auseinandersetzung mit solchen Aufgaben zu werben, bei den Schülerinnen und Schülern, aber auch bei uns Lehrerinnen und Lehrern: Tatsächlich sind es ja grundlegende mathematische Überlegungen, die immerhin eine ungefähre Größenangabe ermöglichen – allerdings gibt es hier eben nicht *das* richtige Ergebnis und die Situation ist noch nicht in kleine „mundgerechte" Häppchen zerlegt, die Stück für Stück in der vorgelegten Reihenfolge verspeist werden können.

● Fermi-Aufgaben

Enrico FERMI (1901–1954), Nobelpreis 1938, zog direkte, eher provisorisch anmutende Lösungswege oft den „eleganteren", feinsinnigen und aufwändigen Methoden vor. Um dies an seine Studenten weiterzugeben, entwickelte er eine bestimmte Sorte von Fragen, die seither „Fermi-Fragen" heißen.

„Wie viele Klavierstimmer gibt es in Chicago?" – Dies ist wohl die bekannteste Fermi-Frage. Zunächst hat man nicht die leiseste Ahnung, wie die Antwort lauten könnte, und man ist sich ziemlich sicher, dass zu wenig Informationen angegeben sind, um überhaupt eine Lösung finden zu können. Wenn man jedoch die Frage in Unterprobleme aufspaltet und mutig einige plausible Annahmen macht, gelangt man schnell zu einer Näherungslösung: Chicago hat etwa drei Millionen Einwohner, eine Durchschnittsfamilie besteht aus vier Personen und ein Drittel aller Familien besitzt ein Klavier. Also gibt es 250 000 Klaviere in dieser Stadt. Wenn jedes Klavier alle zehn Jahre gestimmt wird, dann sind das 25 000 Stimmungen pro Jahr. Wenn jeder Klavierstimmer sich pro Tag um vier Klaviere kümmern kann, dann kommt er an 250 Arbeitstagen im Jahr auf 1000 Stimmungen, also muss es etwa 25 Klavierstimmer in dieser Stadt geben.

Wohlgemerkt, die Antwort ist nicht besonders genau, es könnten genauso gut nur zehn oder sogar 100 sein – wichtig ist die Erkenntnis, dass man auf den unterschiedlichsten Wegen trotzdem zu Näherungen gelangt, die alle „im richtigen Bereich" liegen.

„Wie viele Haare hat der Mensch auf dem Kopf?" – Diese Fermi-Frage hat schon vielen Schülerinnen und Schülern heitere Stunden beschert (Wilfried ROHM): Meist wird der behaarte Teil des Kopfes als Halbkugel betrachtet und die Schüler ermitteln mit dem Lineal am Kopf ihrer Nachbarn eine Schätzung für die Anzahl der Haare pro cm^2.

„Wie viel Papier verbraucht unsere Schule in einem Monat?" „Wie viel Wasser verbraucht ein Kind pro Woche?" – Solche Fragen lassen sich schon in der Grundschule, aber auch später noch bearbeiten (Andrea PETER-KOOP).

Hier noch einige solcher Aufgaben:

- Wie viele Luftballons passen in unseren Klassenraum?
- Wie viele Zensuren werden in unserer Schule pro Jahr erteilt?
- Wie lang wird der Streifen, wenn man eine Zahnpasta-Tube entleert?
- Wie viel Kilometer legen die Eltern unserer Schule pro Jahr zurück, um ihre Kinder mit dem Auto zur Schule zu bringen?
- Wie viel Papier verbraucht unsere Schule in einer Woche?
- Wie viele Streichhölzer werden in unserem Land pro Tag angezündet?

Der Wert dieser Fragen – oder richtiger: ihrer Lösungen – liegt in dem Vergnügen, sich kreativ und mutig auf den Weg gemacht zu haben, und in der Erfahrung, selbstständig zu einer (zugegebenermaßen angenäherten) Lösung gelangt zu sein, statt „zu einer Antwort nur ehrfürchtig aufzuschauen oder sie jemand anderes finden zu lassen" (von BAEYER).

Solche Fragen haben durchaus Tradition: Schon Archimedes von Syrakus versuchte, die Zahl der Sandkörner zu ermitteln, die im Universum Platz hätten – um seine Kollegen zu widerlegen, die die Unendlichkeit einer solchen Zahl behauptet hatten.

In diesem Buch werden Sie auch einige Aufgaben von diesem „unscharfen" Typ entdecken – zum „aktiven Durchleben" gemeinsam mit Ihren Schülerinnen und Schülern!

BAEYER, Hans Christian von: Essay: Fermis Lösung. – In: TIPLER, Paul A.: Physik. Spektrum. – Heidelberg-Berlin-Oxford 1994, S. 10–13.

HERGET, Wilfried: Ganz genau – genau das ist Mathe! – In: *mathematik lehren* 93 (April 1999), S. 4–9.

HERGET, Wilfried; STUCK, Corinna: Wie groß sind Sieben-Meilen-Stiefel? – In: *mathematik lehren* 74 (Februar 1996), S. 19–21.

HERGET, Wilfried: Wie groß? Wie hoch? Wie schwer? Wie viele? – Mathe Welt. Friedrich Verlag, Seelze 2000.

PETER-KOOP, Andrea: „Das sind so ungefähr 30 000". Schätzen und Überschlagsrechnen „aus der Sache heraus". – In: *Die Grundschulzeitschrift* 125 (1999), S. 12–15.

ROHM, Wilfried: Kopfrechnen – noch aktuell? – In: *Arbeitsgruppe für Modernen Mathematik-Unterricht (AMMU)* 10/Juni 1997, Beitrag 6, S. 1–11.

Zackiger Umfang

Ein Grundstück hat die Form eines Rechtecks $ABCD$, dem eine Fläche (I) an einer Stelle hinzugefügt und eine gleich große Fläche (II) an einer anderen Stelle weggenommen worden ist. Dadurch ändert sich sein Flächeninhalt nicht, wohl aber sein Umfang.

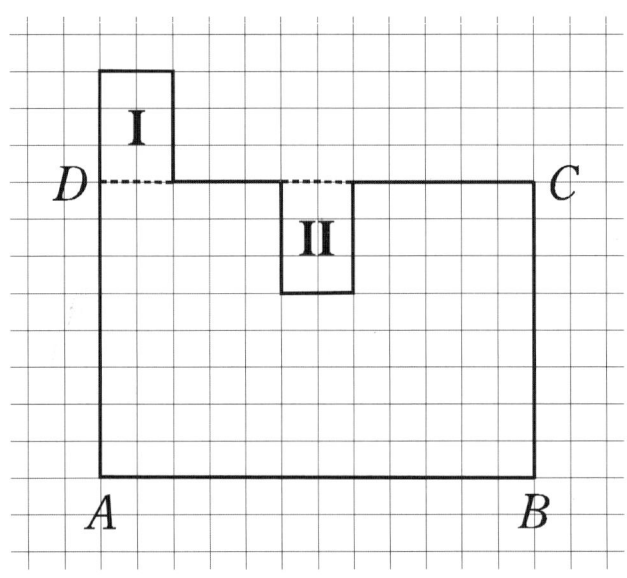

- Zeichne ein quadratisches Grundstück und verändere es nach dieser Methode so, dass der **Umfang doppelt so groß wie zuvor** wird. Das Grundstück darf dabei aber nicht in unzusammenhängende Teilstücke zerfallen.

- Löse dieselbe Aufgabe, wenn der Umfang um eine **vorgeschriebene Länge** größer werden soll. Die Länge kannst du selber wählen, prüfe aber, ob sie beliebig groß sein darf.

- Untersuche, ob man durch Anfügen und Wegnehmen von Dreiecken dieselben Aufgaben lösen kann. Geht dies (auch) mit anderen Figuren?

Lösungshinweise auf Seite 132

Gedrehte Dreiecke

Zeichne auf Kästchenpapier ein rechtwinkliges Dreieck ABC so wie in der nebenstehenden Figur. Die Längen der Seiten a und b kannst du beliebig wählen, aber a soll verschieden von b sein.

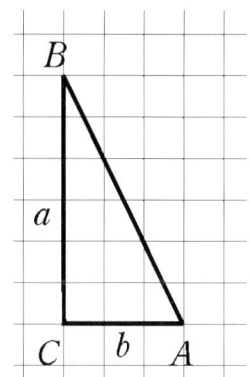

Drehe nun das Dreieck um den Punkt A um $90°$ im Uhrzeigersinn. Dabei geht B in einen Punkt B' und C in einen Punkt C' über. Zeichne das Dreieck in der neuen Lage.

Drehe nun das Dreieck $AB'C'$ um B' um $90°$ im Uhrzeigersinn. Du erhältst ein neues Dreieck $A''B'C''$. Drehe auch dieses wieder um $90°$ im Uhrzeigersinn, wobei A'' der Drehpunkt ist. Dabei geht B' in B über und C'' in einen Punkt C'''.

- Betrachte den Streckenzug $AC'B'C''A''C'''BCA$. Er umschließt eine Fläche. Wie groß ist sie? Löse diese Aufgabe für verschiedene Dreiecke ABC und vergleiche die Größe des Flächeninhalts mit den von dir gewählten Maßen für a und b. Kannst du einen Zusammenhang entdecken?

- Das Viereck $AB'A''B$ ist ein Quadrat. Bestimme auch dessen Flächeninhalt und erkläre, wie du dabei vorgehst.

- Welchen Grund hat es, dass nach der dritten Drehung der Punkt B' mit B zusammenfällt? Und warum muss das Viereck $AB'A''B$ genau ein Quadrat sein?

Lösungshinweise auf Seite 133

Reuters, Berlin

Lösungshinweise auf Seite 133

Etwa 50 000 Abdrücke von Saurierfüßen finden sich in einer Kalkwand der bolivianischen Kordilleren. Der riesige Tummelplatz der Echsen wird jetzt erforscht.

Dinospuren in der Steilwand

Das weltgrößte Vorkommen fossiler Fußabdrücke begeistert Paläontologen und Saurierfans

- Wie breit, wie lang, wie hoch war wohl ein solcher Saurier?

- Wie schwer war wohl ein solcher Saurier?

Niedersächsisches Forstamt Saupark, Springe

Lösungshinweise auf Seite 134

Europas größtes Landsäugetier: der Wisent

Der Wisent lebte früher in den Urwaldgebieten fast ganz Europas. Im Osten war er bis zur Wolga verbreitet, im Süden bis zum Kaukasus. Heute existieren von Polen bis Westrussland nur noch kleine Herden in naturnahen Laubwäldern mit feuchten Lichtungen und gut ausgebildetem Unterholz. Sie stammen alle aus der Nachzucht in Zoos und Wildgehegen. Die Nahrung des Wisents sind Gräser, Kräuter, Rinde von Bäumen und Sträuchern und auch Flechten und Moose. Mit einer Schulterhöhe bis zu 195 cm, 800 bis 1000 kg Gewicht und einer Länge von 290 cm ist der Wisent das größte an Land lebende Säugetier Europas. Der europäische Verwandte des amerikanischen Bison ist bedroht durch unkontrollierte Jagd und durch die Vernichtung der Wälder, die sein Lebensraum sind. Heute leben in den letzten intakten Wäldern Westrusslands nur noch etwa 300 dieser urtümlichen Wildrinder.

- Wie schwer ist wohl ein solches Wisentbaby?

Das Adenauer-Denkmal *vom Künstler Hubertus von Pilgrim*

Kanzler-Kopf

Dieses Denkmal steht am Bundeskanzlerplatz in Bonn.

Es zeigt den Kopf von Konrad Adenauer (1876–1967), der von 1949 bis 1963 erster Bundeskanzler der Bundesrepublik Deutschland war.

Lösungshinweise auf Seite 135

- Wie groß müsste wohl ein entsprechendes Denkmal sein, wenn es Adenauer „von Kopf bis Fuß" in demselben Maßstab darstellen soll?

Zum Vergleich: Die berühmte New Yorker Freiheitsstatue misst etwa 46 m vom Fuß bis zur Fackelspitze. Sie steht auf einem hohen Sockel, der an der Basis die Form eines elfzackigen Sterns hat.

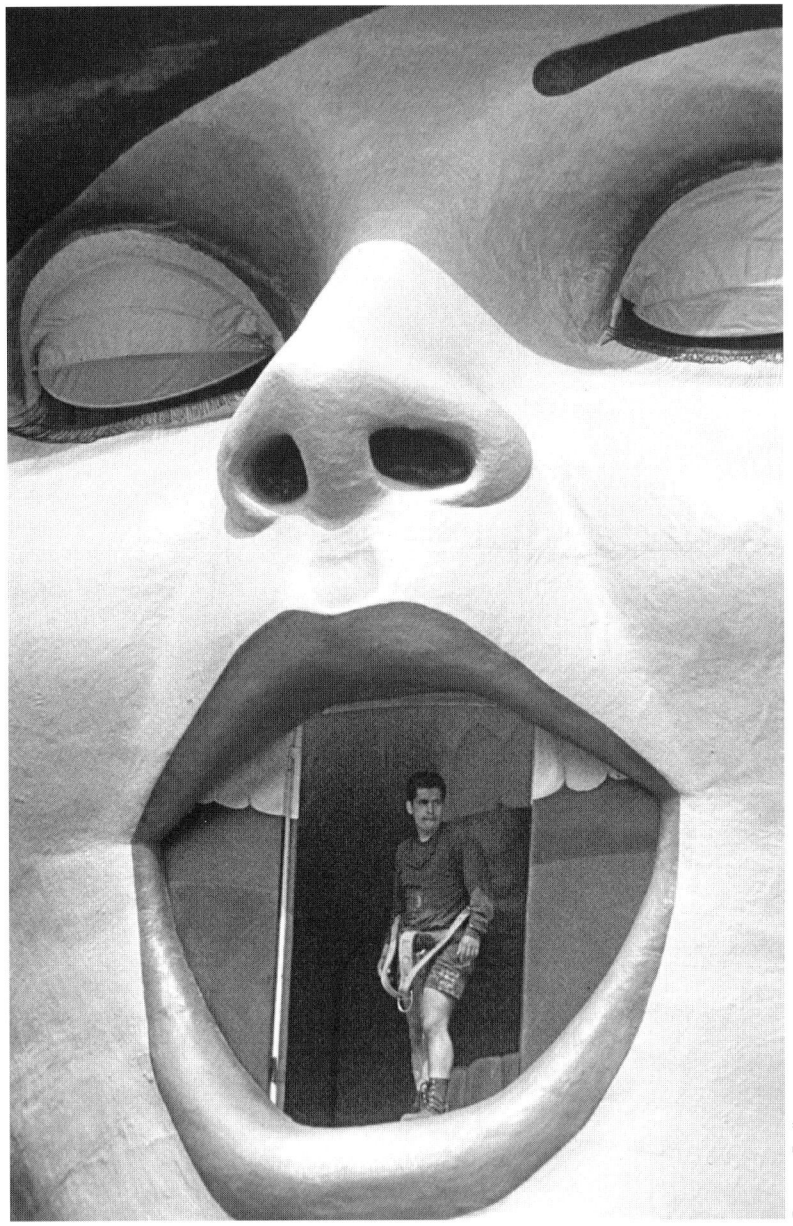

Reuters, Berlin

Der Mund

der gigantischen „Camila" bildet in der peruanischen Hauptstadt Lima den Eingang zu einer Ausstellung der besonderen Art. Durch ihn können Räume erreicht werden, in denen unterschiedliche Teile des menschlichen Körpers in überdimensionaler Größe dargestellt sind.

Lösungshinweise auf Seite 135

- Wie groß wäre wohl eine Person, die solch einen großen Mund hätte?

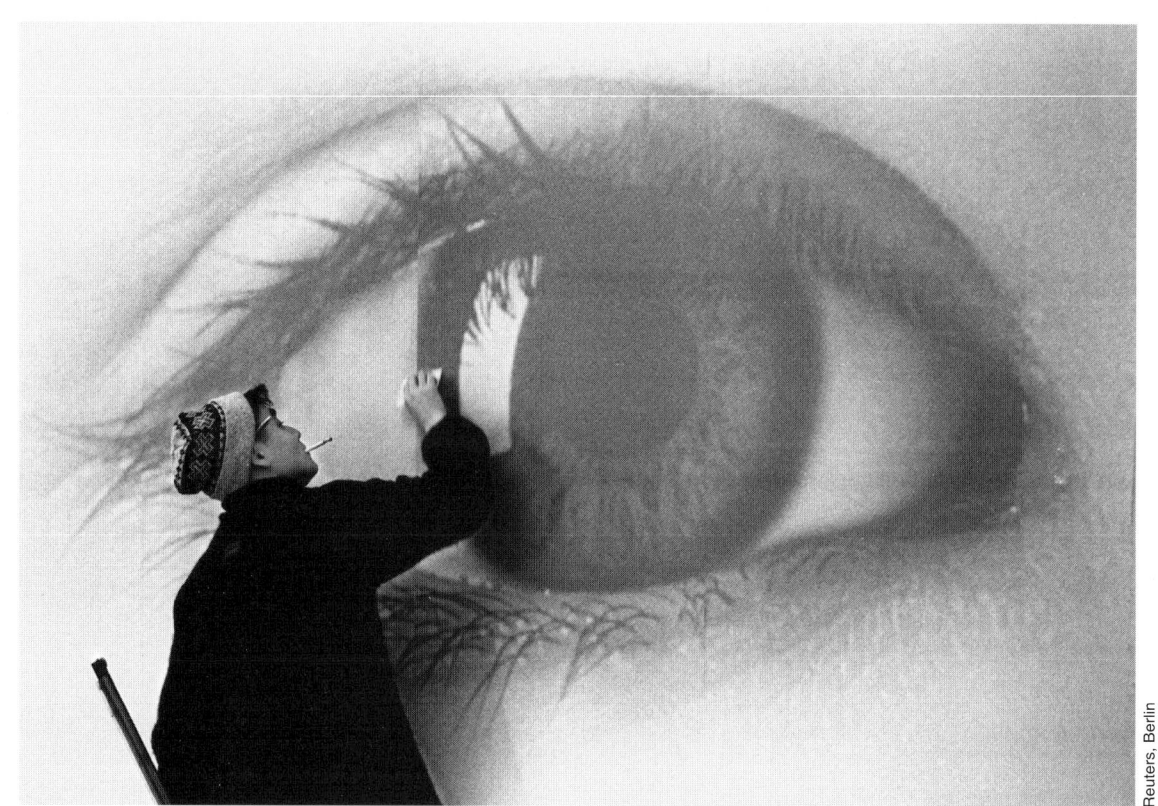

Reuters, Berlin

Lösungshinweise auf Seite 135

Letzter Schliff am Auge: Dieses große Plakat wirbt zur CeBIT auf dem Messegelände in Hannover für den südkoreanischen Computerhersteller LG Electronics.

- Wie groß wäre wohl ein Mensch, der solch ein großes Auge hätte?

Zum Vergleich: Der berühmte Koloss von Rhodos, eines der sieben Weltwunder der Antike, war etwa 30 m hoch. Diese Bronzestatue stellte den griechischen Sonnengott Helios dar und wurde von dem Bildhauer CHARES aus Lindos zwischen 292 und 280 v. Chr. erbaut und 227 v. Chr. durch ein Erdbeben zerstört. Sie stand oberhalb der Hafeneinfahrt von Rhodos, der Hauptstadt der gleichnamigen Insel im Ägäischen Meer.

AKG, Berlin

Zeitung lesen unter erschwerten Bedingungen ...

- Wie hoch ist ein Stapel von 11 111 Blatt Papier?

- Wie schwer ist wohl dieser Stapel Zeitungen?

Lösungshinweise auf Seite 135

Fotoagentur Voller Ernst (F. Stoppelman), Berlin

EDITORIAL K   USZ

Wie viel Wasser hat der Atlantik?

Justus ist unter den drei Detektivfreunden der Schlaumeier, der häufig mit seinem genauen Wissen nervt. Es war mal wieder so weit:

„Bob starrte den Freund an. Ein paar Sekunden überlegte er, ob er ihn rütteln und anflehen sollte, endlich einmal sein Wissen für sich zu behalten. Aber dann setzte er ein heimtückisches Lächeln auf. ‚Also gut‘, sagte er, ‚wir kapitulieren. Aber vorher musst du uns noch eins verraten: Wie viel Liter Wasser schwimmen im Atlantischen Ozean?‘

Justus grinste zurück. ‚Im Atlantischen Ozean? Das berechnet man besser in Hektolitern. Es sind fünfhundertachtundzwanzigbillionendreihundertsechsunddreißigmilliardenneunhundertvierundvierzigmillionensiebenhundertzweiundsechzigtausenddreihundertneunundsiebzig.‘ Er schlug Bob freundlich lächelnd auf den Rücken. ‚Oder hast du andere Informationen?‘"

(Aus: Die drei ??? und die Schattenmänner / erzählt von Brigitte Johanna Henkel-Waidhofer. Alfred Hitchcock. –

Franckh-Kosmos, Stuttgart 1995, S. 16)

- Was meinst du zu Justus' eindrucksvoller Zahl?

Aus dem Lexikon:

Atlantischer Ozean, *Atlantik, Teil d. Weltmeeres zw. Europa u. Afrika im O u. Amerika im W, von S-förm. Gestalt mit nahezu parallelen Küsten, 15 000 km l., 3000–7000 km br.; Fläche 82,4, mit Nebenmeeren 106,5 Mill. km^2; mittlere Tiefe 3926 m, größte 9219 m im Puertoricograben; wird der Länge nach von der Mittelatlant. Schwelle (1000–3000 m) durchzogen, beiderseits 5000 bis 6000 m tiefe Becken; geringe Inselbildg.; Nebenmeere: Europäisches, Amerikanisches und Arktisches Mittelmeer; Nordsee, Ostsee, Engl. Kanal, Irische See ...*

(aus: Knaurs Lexikon von A bis Z)

- Berechne selbst das Wasservolumen des Atlantiks
  a) mit den Längenangaben,
  b) mit den Flächenangaben.
  Überlege, wo du runden oder schätzen musst.

- Vergleiche die Ergebnisse und versuche eine brauchbare Antwort.

  Was meinst du: Hat Justus Bob reingelegt?

Lösungshinweise auf Seite 136

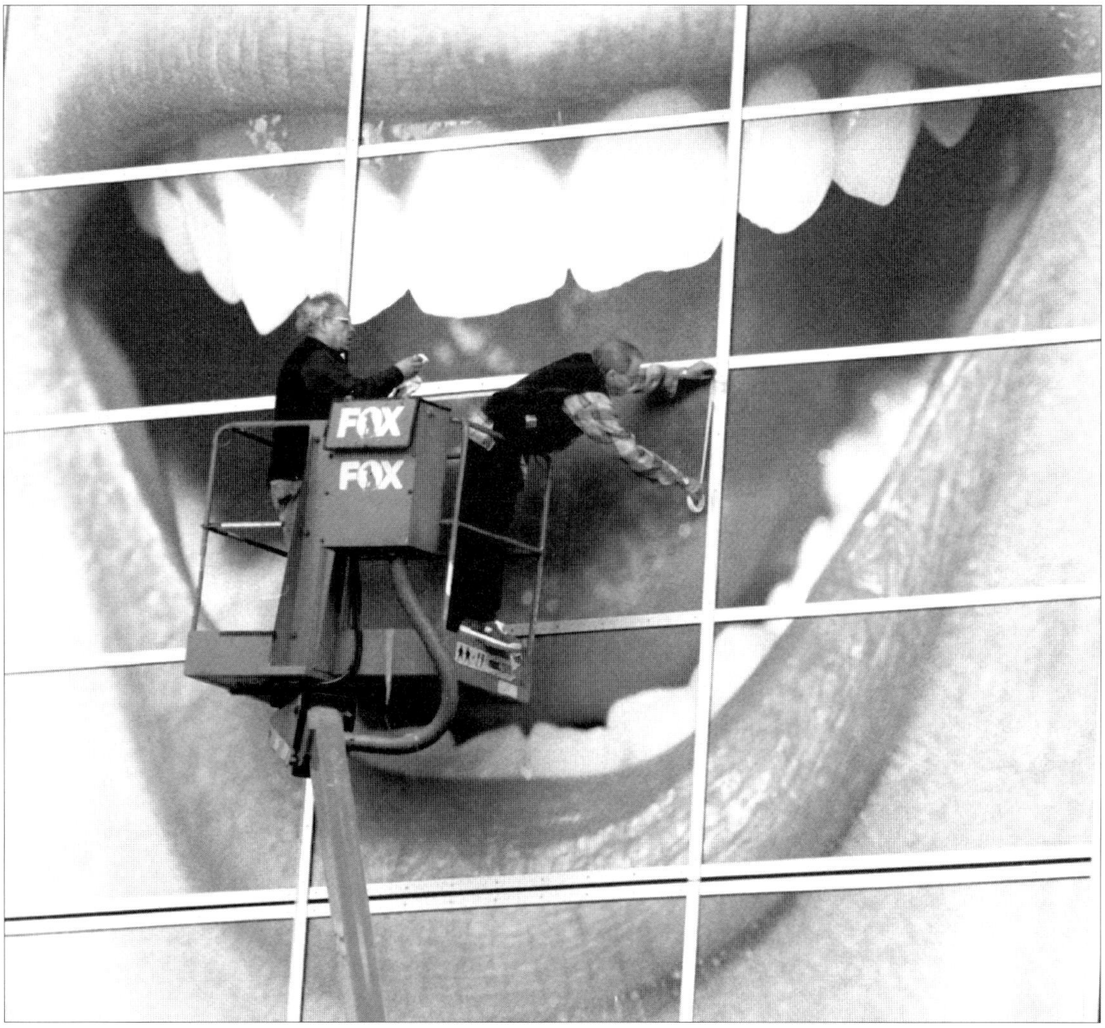

dpa. Frankfurt

LETZTER SCHLIFF: An einer Werbetafel der Weltausstellung verkleben Arbeiter auf dem Expogelände Dichtungsmaterial.

Lösungshinweise auf Seite 137

Zähne zeigen

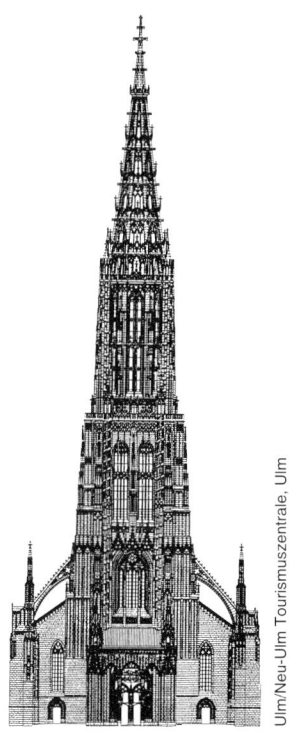

- Wie groß wäre wohl ein Mensch, der solch einen großen Mund hätte?

Zum Vergleich:
Der höchste Kirchturm der Welt ist der Turm des Münsters in Ulm (Baden-Württemberg) mit 161,53 m. Als Besucher kann man über 768 Stufen immerhin bis in die Höhe von 143 m steigen. Die Grundsteinlegung erfolgte am 30. 6. 1377.

Ulm/Neu-Ulm Tourismuszentrale, Ulm

Neue Schuhe für den längsten Mann der Welt

Alexander Sizonenko bekommt Spezialanfertigung Größe 63

Wenn Frau Sizonenko ihren Mann küssen will, muss sie auf eine Leiter steigen. Sie ist 1,65 Meter groß – und er 2,42. Der größte Mensch der Welt, Alexander Sizonenko aus St. Petersburg, muss gekrümmt durchs Leben gehen, um nicht überall anzuecken. Kein Auto, kein Flugzeug und kaum eine Hose ist groß genug für ihn. Damit ihm wenigstens die Schuhe passen, kam er jetzt nach Deutschland. Beim Übergrößenschuster Georg Wessels im Münsterland bekam er eine Spezialanfertigung: Größe 63.

Doch die Laune der Natur, die den gebürtigen Ukrainer wachsen und wachsen ließ, hatte nicht nur unangenehme Seiten: „Die schönste Zeit war vor 15 Jahren, als ich in der sowjetischen Basketball-Auswahl spielte. Fast alle Punkte für unsere Mannschaft machte ich", berichtet Alexander Sizonenko. Er stand sogar schon mal bei einem Märchenfilm vor der Kamera – natürlich als Riese.

Verkäuferin Birgit (1,55 m) zeigt Alexander neue Schuhe.

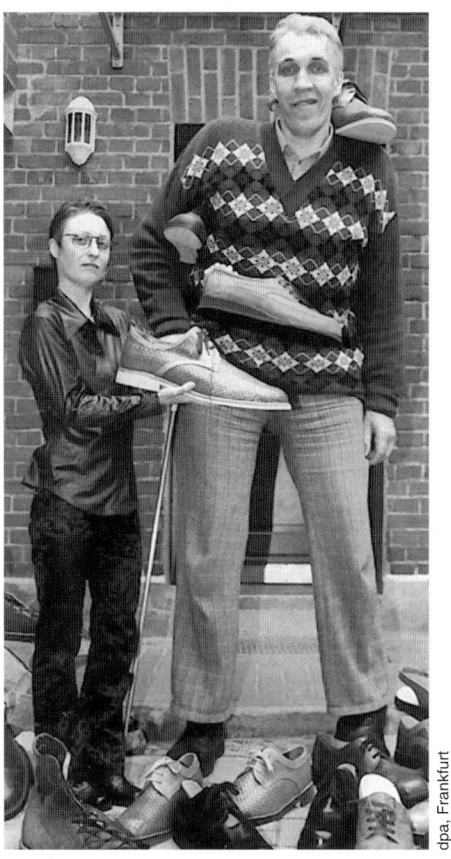

dpa, Frankfurt

Mitteldeutsche Zeitung, 21. 4. 1998

Lösungshinweise auf Seite 137

- Wie lang (in cm) sind die Füße von Alexander Sizonenko?

- Welche Schuhgröße wird er für seine Sportschuhe wählen?

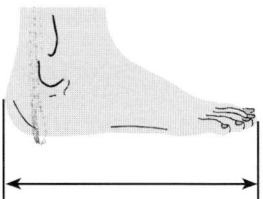

Millimeterarbeit leisten Arthur (33) und Christa (28) Wenkert aus Tuttlingen (Schwäbische Alb): Mit Pinzette und viel Fingerspitzengefühl gelang es jetzt den beiden, die kleinsten Schuhe der Welt herzustellen. genau fünfeinhalb Millimeter messen die Winzlinge aus feinem Kalbsleder, die mit hauchdünnen Schnürsenkeln aus handgedrehtem Ziegenleder sogar gebunden werden können. Vor fünf Jahren fingen der Mechaniker und die Schuhverkäuferin an, Lederschuhe im Miniformat herzustellen. Ihr erstes Exemplar maß noch 22 Millimeter, doch schon bald folgten 14 Millimeter kleine Exemplare. Doch jetzt wollen sie ihren eigenen Rekord unterbieten. Die nächsten Schühchen sollen nur noch drei Millimeter werden – und auch die kann sich keiner mehr anziehen.

Fernsehwoche 21/1984

Das kleinste Exemplar der Welt ist nur fünfeinhalb Millimeter groß

Diesen Schuh kann sich keiner anziehen

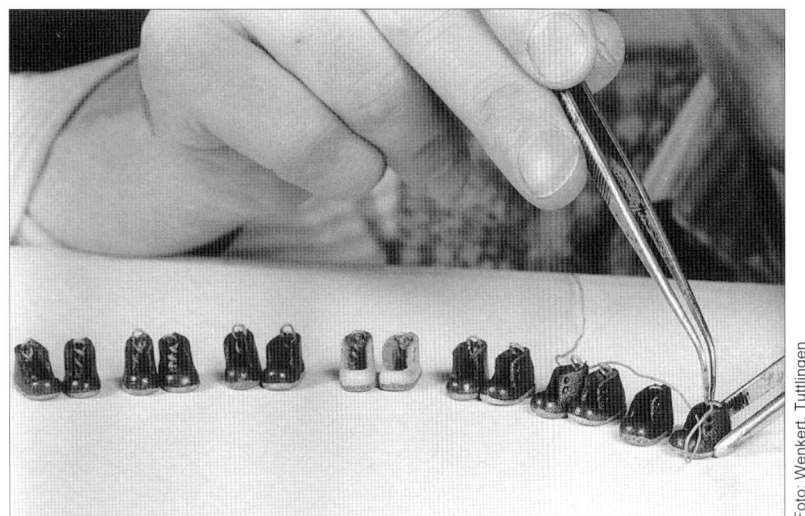

Foto: Wenkert, Tuttlingen

Wie richtige Schuhe, nur eben im Kleinstformat, sehen diese Winzlinge aus. Sie sind aus feinem Kalbsleder gearbeitet.

Lösungshinweise auf Seite 138

- Welche Schuhgröße haben diese kleinsten Schuhe der Welt?

- Wie viel Schritte bräuchte ein Zwerg, dem diese Schuhe passen, für einen Meter?

Expo-Park im Chemiewerk eröffnet

Lösungshinweise auf Seite 138

MZ-Foto: Wolfgang Scholtyseck

Seit gestern kann auf rund 15 Hektar ehemaliger Industriefläche ein Garten- und Landschaftspark im Chemiewerk des US-Konzerns Dow Chemical in Schkopau (Kreis Merseburg-Querfurt) besichtigt werden. Er ist Teil der fünf Projekte des Unternehmens zur Expo.

- Wie groß müsste wohl ein entsprechendes Denkmal sein, wenn es nicht nur diesen „Wasser-Kopf", sondern die ganze Person „von Kopf bis Fuß" in demselben Maßstab darstellen soll?

Lüneburger Weitblick

dpa (Wege), Frankfurt

Lösungshinweise auf Seite 139

Den besten Blick über Lüneburg hat, wer die Mühsal auf sich nimmt und den 56 Meter hohen Wasserturm erklimmt. Das im Jahre 1907 errichtete und 1985 stillgelegte neugotische Back steinbauwerk wird derzeit für 3,5 Millionen Mark restauriert. Die Aussichtsplattform allerdings ist bereits jetzt zugänglich. Bei sehr guten Bedingungen kann der Blick 40 Kilometer weit ins Umland schweifen.

- 40 Kilometer weit sehen – kann das stimmen?

Riesengroße Hagelkörner

TENNISBALLGROSS

Hagel so groß wie Tennisbälle prasselte in Teilen Salzburgs und Tirol nieder und machte Dächer und Autos kaputt. Die dicken Schloßen fügten mehreren Personen Platzwunden zu.
AP/KERTSIN JOENSON
Bericht Seite 16

AP (K. Joensson), Frankfurt

Lösungshinweise auf Seite 141

- Welches Volumen hat dieses Hagelkorn?

- Welches Volumen hat dieses Ei?

Märchenhaft leicht –
die Goldkugel

„Es war einmal ein König, der hatte vier Töchter. Eine war schöner als die andere, aber die jüngste war die allerschönste …" So beginnt das Märchen vom Froschkönig.

Und die Jüngste war nicht nur die Schönste, sondern offensichtlich auch die Stärkste, denn „sie spielte mit ihrer goldenen Kugel, warf sie in die Luft und fing sie mit beiden Händen wieder auf".

- Wie schwer darf die Kugel sein, damit die Prinzessin sie noch fangen kann? Wie groß darf die Kugel dann sein?

- War die Kugel vielleicht hohl? Wie dick darf dann die Wand sein?

- Schwimmt dann die Kugel oder geht sie unter?

Kinder- und Hausmärchen, gesammelt durch die Brüder Grimm. Bertelsmann Gütersloh, 1902, S. 4

Lösungshinweise auf Seite 143

Bulls Press, Hamburg

Lösungshinweise auf Seite 142

Luft-Nummer

Viel heiße Luft bringt einen mit Sicherheit nach oben. Niemand weiß das besser als **Ian Ashpole**. Der 43-Jährige stand in England auf der Spitze eines Heißluftballons. Die Luft-Nummer in 1500 Meter Höhe war noch der ungefährlichste Teil der Aktion. Kritischer war der Start: Nur durch ein Seil gesichert, musste sich Ashpole auf dem sich füllenden Ballon halten. Bei der Landung strömte dann die heiße Luft aus einem Ventil direkt neben seinen Beinen vorbei. Doch außer leichten Verbrennungen trug der Ballonfahrer keine Verletzungen davon.

- Wie viel Liter Luft sind wohl in diesem Heißluftballon?

Zweizylinder-Fahrrad

FAST SO RAR
WIE GUTE
ARCHITEKTUR:

Echt chinesische Szenerien
im „internationalen" Shanghai.

Althergebrachtes
chinesisches Leben findet
sich, anders als in Hongkong,
fast nur in besonderen
Stadtteilen.

Lösungshinweise auf Seite 143

U. Brandes, Köln

- Wie viel Wasser könnte der junge Mann mit seinem Fahrrad transportieren?

Lösungshinweise auf Seite 143

Meissner, Köln

- Wie viele vollständige Konfettikreise lassen sich mit einem üblichen Locher aus einem A4-Blatt höchstens stanzen?

Dreilagig zum Mitsingen

Was für schlichte Stuhlgänger nur eine Rolle Klopapier ist, könnte die längste Werbefläche der Welt sein. Jetzt soll sie genutzt werden.

Thomas Klink / STERN

Das Format ist etwas gewöhnungsbedürftig: __ Meter lang, zehn Zentimeter breit. Aber der gelernte Dekorateur und Werbefachmann Georges Hemmerstoffer, 50, aus Saarbrücken ist dennoch guten Mutes. Denn was für einen normalen Stuhlgänger eine schlichte Rolle Klopapier ist, betrachtet er als „die längste Werbefläche der Welt".

Wer, genervt von den überlangen Werbeblöcken der TV-Sender, auf seinem WC die werbefreie Stille sucht, soll sich ab Herbst wundern. Rohrreinigungs-, Pharmaunternehmen und Putzmittelhersteller machen den Anfang mit Werbebotschaften auf Toilettenpapier. Die Berliner Band „Knorkator" hat auch schon fest gebucht. Pünktlich zum Erscheinen ihrer neuen CD will sie die Liedertexte dreilagig zum Mitsingen bringen. Der Kontakt zur Werbebotschaft ist garantiert, schließlich müsse jeder mehrmals pro Tag auf die Toilette, schwärmt Hemmerstoffer.

Hemmerstoffer ist zuversichtlich. Schon prophezeit der Saarbrücker Klopapier zum Nulltarif. Was heute noch im Sechserpack so zwischen drei und sechs Mark kostet, werde dank der Werbebotschaften in ein paar Jahren grundsätzlich „umsonst werden". Etwa so, wie Anzeigenblätter, die sich rein über Werbung finanzieren.

Es bleiben ein paar „emotionale Probleme". Hemmerstoffer: „Der Gang zur Toilette ist auch heute noch bei manchen Mitmenschen mit höchster Diskretion verbunden." Doch glücklicherweise werde das Verhältnis der Deutschen zu ihrem Stoffwechsel immer unverkrampfter: [...] Den 1. FC Kaiserslautern als potenziellen Werbetreibenden konnte dieses Argument nicht überzeugen. Dort konterten die Vereinsoberen kurzerhand: „Wir wollen nicht, dass sich unsere Gegner mit unserem Logo den Hintern abwischen."

ULRIKE BRANDT

(STERN 35/1999)

Lösungshinweise auf Seite 144

- Wie lang ist eine Rolle Klopapier?

Abwiegen und Abwägen

Storck, Stuttgart

Das Bild auf einer Tempelwand in Ägypten zeigt dir, wie ein Ägypter vor 3500 Jahren Ringe mit einem Stiergewicht abwiegt.
Im klassischen Altertum gebräuchliche Gewichte waren

die **Drachme** 6 g, die **Unze** 27 g, die **attische Mine** 436 g, die **äginische Mine** 624 g, das **Talent** 37,44 kg.

(Das Gewichtsmaß „Talent" wurde auch als Geldmaß gebraucht und im übertragenen Sinne bezeichnete es dann so wie heute das geistige Vermögen oder die geistige Anlage eines Menschen.)

Schon mit wenigen Gewichten kann man relativ viele Mengen abwiegen, wenn man die Gewichte auf beide Waagschalen verteilt.

- Mit einem Gewichtssatz aus 1 Drachme, 1 Unze und 1 attischen Mine kann man 13 verschiedene Mengen abwiegen. Finde möglichst viele von ihnen heraus.

- Ein Gewichtssatz enthält drei Gewichtsstücke: 2 g, 6 g, 7 g. Wie schwer sollte ein viertes Gewichtsstück sein, damit man **lückenlos** alle Mengen von 1 Gramm bis zu einer gewissen Obergrenze abwiegen kann?

- Versuche einen möglichst kleinen Gewichtssatz zu finden, um die Mengen 5 g, 10 g, 15 g, … , 195 g, 200 g alle abwiegen zu können.

Lösungshinweise auf Seite 145

Kleingeld ist keine Kleinigkeit

In der sagenhaften Stadt Moneta gab es nur zwei Münzen, eine im Wert von 7 Pf und eine im Wert von 12 Pf. Die Stadt Schilda machte es ihr nach, prägte aber Münzen im Wert von 6 Pf und 15 Pf.

- Untersuche, welche Beträge die Bürger von Moneta und Schilda bezahlen können, wenn sie immer genug Münzen bei sich tragen und ihnen auch entsprechend herausgegeben werden kann. Können sie etwas kaufen, was nur 1 Pf kostet?

- Ein pfiffiger Bürger von Moneta behauptet, er könnte jeden Betrag mit nur **einer** Münzsorte bezahlen, wenn ihm nur mit der **anderen** herausgegeben wird.

- Ein anderer Bürger von Moneta hat den Ehrgeiz, den Geldbetrag immer passend zu haben. Deshalb geht er auch nur in Kaufhäuser, deren Preise nicht zu niedrig sind. Gibt es einen Betrag, sodass er alles bezahlen kann, was einen höheren Preis hat?

Lösungshinweise auf Seite 145

Was man aus Resten machen kann

Ein Computer kennt nur die Zahlen 0 und 1 (Schalter offen, Schalter geschlossen). Deshalb muss er sich die gewöhnlichen Zahlen in „Computerzahlen" übersetzen.
Das ist auf folgende Weise möglich: Wenn die zu übersetzende Zahl z. B. 157 ist, teilt man sie durch 2:

$$157 : 2 = 78 \textbf{ Rest 1.}$$

Dann teilt man das Ergebnis **ohne den Rest,** also 78, wieder durch 2:

$$78 : 2 = 39 \textbf{ Rest 0.}$$

Der Rest 0 wird mit aufgeschrieben, weil die Reste hier sehr wichtig sind. Nun fährt man auf die gleiche Weise fort:

$$39 : 2 = 19 \textbf{ Rest 1,}$$
$$19 : 2 = 9 \textbf{ Rest 1,}$$
$$9 : 2 = 4 \textbf{ Rest 1,}$$
$$4 : 2 = 2 \textbf{ Rest 0,}$$
$$2 : 2 = 1 \textbf{ Rest 0.}$$

Und nun werden die Reste **von unten nach oben hinter eine zusätzliche 1 geschrieben, die immer am Anfang stehen muss.** Die Computerzahl für 157 lautet demnach

$$1\ 0\ 0\ 1\ 1\ 1\ 0\ 1.$$

- Übersetze nun selbst einige Zahlen in Computerzahlen.

- Gibt es Zahlen, bei denen die Rechnung besonders einfach wird? (Warum?)

- Wie findet man zu einer Computerzahl die gewöhnliche Zahl?
  Erkläre deine Rechnung anhand eines selbst gewählten Beispiels.

Lösungshinweise auf Seite 146

Max minus Min

- Wähle eine dreistellige Zahl, z. B. 303.
  Ordne ihre Ziffern so um, dass die Zahl möglichst groß wird. Du erhältst in diesem Falle 330. Ordne dann ihre Ziffern so um, dass die Zahl möglichst klein wird (0 darf dann vorne stehen). Du erhältst in diesem Falle 033. **Subtrahiere nun die kleinere von der größeren Zahl,** Ergebnis 297. Fahre jetzt mit dem Ergebnis in derselben Weise fort und wiederhole das Verfahren so lange, bis du merkst, dass sich nichts Neues mehr ergibt.

  Überprüfe nun, was passiert, wenn du mit einer anderen dreistelligen Zahl beginnst. Wähle auch besonders einfache Ausgangszahlen. Vergleiche mit deinem Nachbarn. Könnt ihr an den Subtraktionsergebnissen etwas Auffälliges bemerken?

- Um festzustellen, ob bei allen 900 dreistelligen Zahlen die gleichen Gesetzmäßigkeiten auftreten, muss man keineswegs mit allen die obige Rechnung durchführen. Versuche herauszubekommen, auf welche es ankommt. (Es sind sehr viel weniger, als man denkt!)

Führe dieselbe Untersuchung wie oben mit zweistelligen Zahlen aus.

Lösungshinweise auf Seite 147

Zahlen im Quadrat

Du siehst hier ein Quadrat, in das zwei kleinere Quadrate eingezeichnet sind. In die äußeren Ecken sollen **im Uhr-zeigersinn,** beginnend oben links, Zahlen eingetragen wer-den, die – wie im Beispiel – immer um den gleichen Betrag größer werden. In die zwischen je zwei Zahlen liegenden Dreiecksfelder schreibt man dann die Summe der beiden Nachbarzahlen und in das mittlere Quadrat die Summe aller Eckzahlen des großen Quadrats.

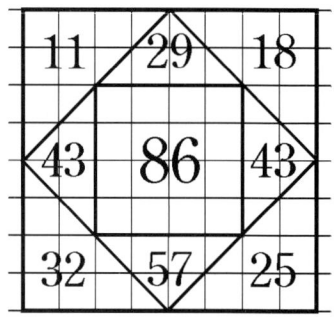

- Zeichne in deinem Heft die Figur ab. Wähle eine beliebige **zweistellige** Zahl für die linke obere Ecke und eine weitere Zahl, um die sie größer werden soll. Fülle dann die übrigen Felder so aus, wie es oben beschrieben worden ist. Wiederhole dann die Aufgabe mit anderen Zahlen. Schreibe auf, welche Zusammenhänge dir zwischen den Zahlen auffallen. Kannst du dir diese Zusammenhänge erklären?

- Suche dir eines der folgenden Quadrate aus und fülle die leeren Felder aus. Erkläre, wie du die Zahlen findest. Gibt es mehrere Möglichkeiten?

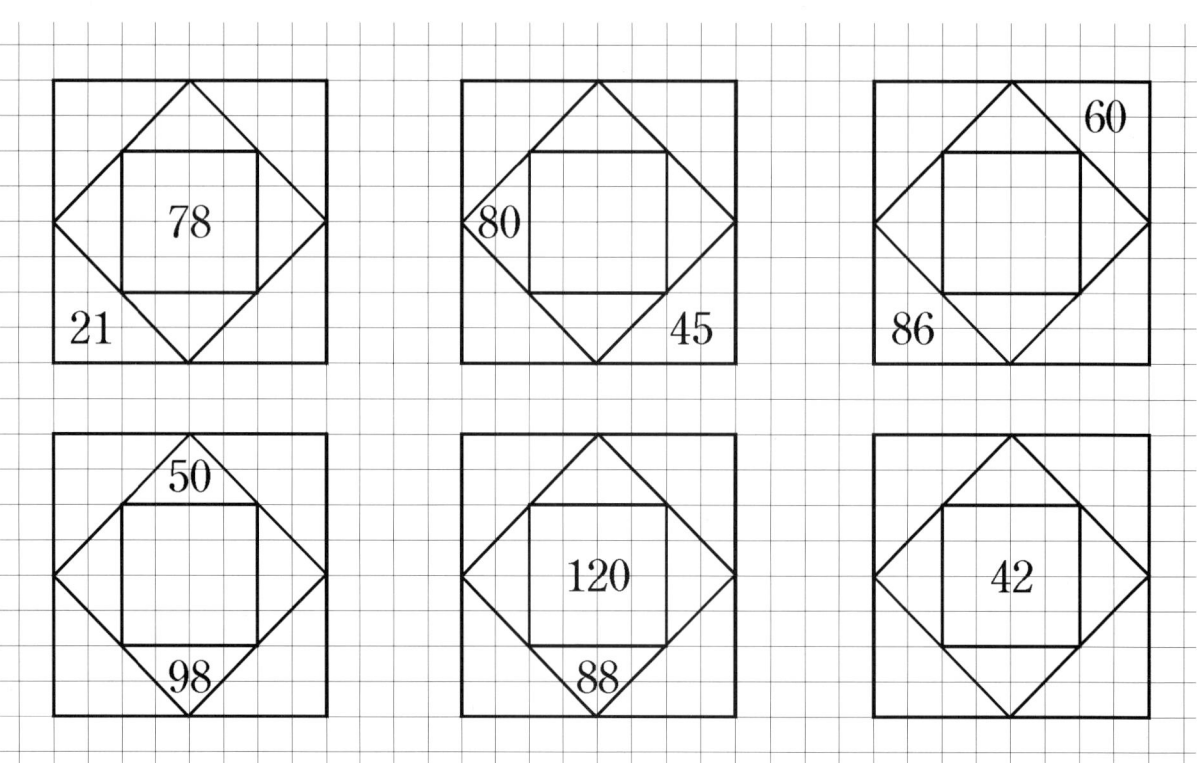

Lösungshinweise auf Seite 147

Rechenketten

Die folgende Tabelle enthält eine Reihe von Rechenaufgaben, die alle nach dem gleichen Schema gebildet sind. Berechne die Ergebnisse mindestens bis zur 12. Teilaufgabe.

Entdeckst du eine Regelmäßigkeit?

Prüfe dabei auch die Teilbarkeit der Ergebnisse. Schreibe alles auf, was dir auffällt. Wenn du dir die Besonderheiten, die du bemerkst, erklären kannst, so schreibe dies ebenfalls auf.

Nr.	Aufgabe	Ergebnis
1	$1 \cdot 2 + 1$	
2	$2 \cdot 3 + 1$	
3	$3 \cdot 4 + 1$	
4	$4 \cdot 5 + 1$	
5	$5 \cdot 6 + 1$	
6	$6 \cdot 7 + 1$	
7	$7 \cdot 8 + 1$	
8	$8 \cdot 9 + 1$	
9	$9 \cdot 10 + 1$	
10	$10 \cdot 11 + 1$	
11	$11 \cdot 12 + 1$	
12	$12 \cdot 13 + 1$	
13		
14	$\vdots$	
15		
16	$\vdots$	
17		
$\vdots$		

Lösungshinweise auf Seite 148

Teilen und Zusammensetzen

Die Zahl 48 hat die echten Teiler 1, 2, 3, 4, 6, 8, 12, 16, 24. Aus einigen von ihnen lässt sie sich wieder „zusammensetzen", zum Beispiel

$$48 = 2 + 4 + 6 + 8 + 12 + 16$$

oder

$$48 = 8 + 16 + 24.$$

- Prüfe, ob sich auch andere Zahlen aus ihren echten Teilern zusammensetzen lassen.

- Gibt es Zahlen, bei denen man alle echten Teiler zur Zusammensetzung braucht?

- Birgit stellt fest, dass sie immer mindestens drei Teiler braucht, um eine Zahl zusammenzusetzen. Muss das so sein?

- Eine bestimmte Zahl soll außer 1 lauter gerade echte Teiler haben. Gib Beispiele für solche Zahlen an und prüfe, ob sie sich aus ihren Teilern zusammensetzen lassen.

Lösungshinweise auf Seite 149

Bruchsummen

Die folgenden Gleichungen beruhen alle auf einer einheitlichen Regel:

$$\frac{1}{3} = \frac{1}{4} + \frac{1}{16} + \frac{1}{48}; \quad \frac{1}{3} = \frac{1}{4} + \frac{1}{16} + \frac{1}{64} + \frac{1}{192};$$

$$\frac{1}{4} = \frac{1}{5} + \frac{1}{25} + \frac{1}{100}; \quad \frac{1}{4} = \frac{1}{5} + \frac{1}{25} + \frac{1}{125} + \frac{1}{500};$$

$$\frac{1}{5} = \frac{1}{6} + \frac{1}{36} + \frac{1}{180} \quad \text{usw.}$$

- Überprüfe die Richtigkeit dieser Gleichungen und gib für $\frac{1}{5}$ die entsprechende Summe mit vier Summanden an.

- Wie lauten die Summen für $\frac{1}{2}$ bzw. für $\frac{1}{9}$?

- Kann man nach derselben Regel auch noch längere oder kürzere Summen für $\frac{1}{2}$, $\frac{1}{3}$ usw. bilden?

- Versuche die Regel in Worten zu formulieren und schreibe sie auf.

Lösungshinweise auf Seite 150

Stammbruch-Summen

Ein Ganzes lässt sich als Summe von **verschiedenen** Brüchen mit dem Zähler 1, so genannten „Stammbrüchen", schreiben, zum Beispiel

$$1 = \frac{1}{3} + \frac{1}{4} + \frac{1}{5} + \frac{1}{6} + \frac{1}{20}.$$

- Überprüfe diese Zerlegung der 1 in verschiedene Stammbrüche und finde selbst andere Zerlegungen. (Es gibt sehr viele!)
  Beschreibe, wie du sie gefunden hast.

- Tatsächlich kann man auch jeden Bruch wie zum Beispiel $\frac{2}{3}$ oder $\frac{5}{7}$ in verschiedene Stammbrüche zerlegen. Gib dafür einige Beispiele.
  Erkläre deine Strategie.

- Nun darf auch subtrahiert werden. Gib möglichst verschiedene Zerlegungen für $1, \frac{3}{4}, \frac{2}{5}$ an, bei denen mindestens eine Subtraktion vorkommt.

Lösungshinweise auf Seite 150

Ägyptische Bruchrechnung

1858 fand der schottische Archäologe A. H. RHIND einen Papyrus, der nach 1800 v. Chr. vom Ägypter AHMES geschrieben worden ist, aber bereits, wie der Schreiber versichert, auf eine Vorlage aus dem Mittleren Reich (2000–1800 v. Chr.) zurückgeht. Es handelt sich um das älteste mathematische Handbuch, das vollständig erhalten ist, und enthält 84 Aufgaben, die in systematischer Form in das mathematische Wissen der damaligen Zeit einführen.

Wir wollen uns hier mit der ägyptischen Bruchrechnung beschäftigen. Die Ägypter kannten keine Brüche mit Zähler und Nenner wie wir, sondern nur Stammbrüche, d. h. Brüche mit dem Zähler 1. Einzige Ausnahme war der Bruch $\frac{2}{3}$. In Anlehnung an die ägyptische Hieroglyphenschreibweise bezeichnen wir sie folgendermaßen:

$$\overline{2},\ \overline{3},\ \overline{4},\dots \text{ für } \frac{1}{2},\ \frac{1}{3},\ \frac{1}{4},\dots \text{ und } \overline{\overline{3}} \text{ für } \frac{2}{3}.$$

Alle anderen Brüche mussten die Ägypter als **Summen von Stammbrüchen mit verschiedenen Nennern** schreiben, z. B. $\frac{3}{8}=\frac{1}{4}+\frac{1}{8}$. Dabei wurden die Brüche einfach nebeneinander geschrieben, also $\frac{3}{8}=\overline{4}\,\overline{8}$ oder $\overline{\overline{3}}=\overline{2}\,\overline{6}$. Die Multiplikation mit einem Stammbruch war dann einfach. Zum Beispiel ist

$$\overline{4}\,\overline{8}\cdot\overline{3}=\overline{12}\,\overline{24}=\overline{8}.$$

- Nach welcher Regel wird die Multiplikation ausgeführt? Wie lässt sich die Regel begründen?

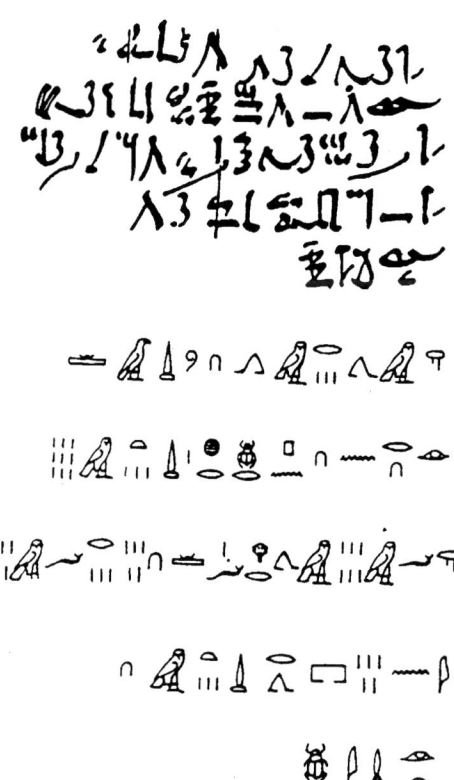

Die 28. Aufgabe des Papyrus RHIND, oben im Original in hieratischer Schrift, darunter umgeschrieben in Hieroglyphen. Die erste Zeile lautet übersetzt: „$\frac{3}{8}$ hinzu, $\frac{1}{3}$ weg, 10 ist der Rest."

Lösungshinweise auf Seite 151

Für die schwierigere Aufgabe der Zerlegung in Stammbrüche gibt der Schreiber Ahmes als Hilfsmittel eine Tabelle an, von der hier ein Auszug abgedruckt ist:

$$2:5 = \overline{3} + \overline{15}$$
$$2:7 = \overline{4} + \overline{28}$$
$$2:11 = \overline{6} + \overline{66}$$
$$2:13 = \overline{8} + \overline{52} + \overline{104}$$
$$2:17 = \overline{12} + \overline{51} + \overline{68}$$
$$2:19 = \overline{12} + \overline{76} + \overline{114}$$
$$2:23 = \overline{12} + \overline{276}$$
$$2:25 = \overline{15} + \overline{75}$$
$$2:29 = \overline{24} + \overline{58} + \overline{174} + \overline{232}$$
$$2:31 = \overline{20} + \overline{124} + \overline{155}$$
$$2:35 = \overline{30} + \overline{42}$$
$$2:37 = \overline{24} + \overline{111} + \overline{296}$$
$$2:41 = \overline{24} + \overline{246} + \overline{328}$$
$$2:43 = \overline{42} + \overline{86} + \overline{129} + \overline{301}$$
$$2:47 = \overline{30} + \overline{141} + \overline{470}$$
$$2:49 = \overline{28} + \overline{196}$$
$$2:51 = \overline{34} + \overline{102}$$

$$2:53 = \overline{30} + \overline{318} + \overline{795}$$
$$2:55 = \overline{30} + \overline{330}$$
$$2:59 = \overline{36} + \overline{236} + \overline{531}$$
$$2:61 = \overline{40} + \overline{244} + \overline{488} + \overline{610}$$
$$2:65 = \overline{39} + \overline{195}$$
$$2:67 = \overline{40} + \overline{335} + \overline{536}$$
$$2:71 = \overline{40} + \overline{568} + \overline{710}$$
$$2:73 = \overline{60} + \overline{219} + \overline{292} + \overline{365}$$
$$2:77 = \overline{44} + \overline{308}$$
$$2:79 = \overline{60} + \overline{237} + \overline{316} + \overline{790}$$
$$2:83 = \overline{60} + \overline{332} + \overline{415} + \overline{498}$$
$$2:85 = \overline{51} + \overline{255}$$
$$2:89 = \overline{60} + \overline{356} + \overline{534} + \overline{890}$$
$$2:91 = \overline{70} + \overline{130}$$
$$2:95 = \overline{60} + \overline{380} + \overline{570}$$
$$2:97 = \overline{56} + \overline{679} + \overline{776}$$
$$2:101 = \overline{101} + \overline{202} + \overline{303} + \overline{606}$$

- Betrachte die Tabelle. Wie würdest du mit ihrer Hilfe einen Bruch mit dem Zähler 3, 4 oder 5 in eine Stammbruchsumme zerlegen? (Beachte, dass die Ägypter kürzen konnten.)
  Untersuche auch Beispiele mit noch größeren Zählern.

- Warum fehlen in der Tabelle gewisse Brüche, z. B. $\frac{2}{26}$ und $\frac{2}{27}$?
  Wie erhält man deren Stammbruchzerlegungen?

- Viele Stammbruchzerlegungen haben nur zwei Summanden, andere drei oder vier. Untersuche, ob auch in diesen Fällen Zerlegungen in zwei Summanden möglich sind.

- Wie kann man Aufgaben von der Art $2\,\overline{7} \cdot 2\,\overline{12}$ lösen, wenn man nur Stammbrüche und ihre Summen verwenden darf?

Lösungshinweise auf Seite 151

Reich durch Runden?

Welche Rundungsregel wird bei der Umrechnung angewandt?

Um eine reibungslose Abwicklung aller Transaktionen zu gewährleisten, hat der Europäische Rat in seiner EG-Verordnung über die Einführung des Euro verbindliche Regeln zur Umrechnung und Rundung festgelegt.

Für die Umrechnung ist der Eurokurs in nationaler Währung mit sechs Stellen maßgeblich. Für Deutschland bedeutet dies, dass der Umrechnungskurs fünf Nachkommastellen haben wird, zum Beispiel 1 Euro = 1,95583 DM. Alle Transaktionen und Geldwerte sind mit diesem Kurs umzurechnen.

Der Umrechnungskurs darf nicht gerundet werden. Es ist also nicht gestattet, aus Vereinfachungsgründen mit einem Kurs von 1,95 zu rechnen, weil damit Ungenauigkeiten vor allem bei größeren Beträgen verbunden wären.

In Euro umgerechnete Beträge sind stets auf ganze Cents, auf D-Mark lautende Beträge immer auf ganze Pfennige auf- und abzurunden. Alle Rundungen erfolgen nach der kaufmännischen Regel, das heißt, von 1 bis 4 wird abgerundet, von 5 bis 9 aufgerundet.

1. Bei welchen DM-Beträgen macht man beim Umwechseln in Euro einen – vielleicht sehr kleinen – Rundungsgewinn?

2. Du hast eine Million DM. Zerlege sie so in Teilbeträge, dass du beim Umwechseln in Euro einen möglichst großen Gewinn machst! (Die einzelnen Umtauschvorgänge sollen dabei natürlich kein Geld kosten!)

Lösungshinweise auf Seite 152

Mauritius (Habel), Berlin

Ein Quader aus Würfeln

Hier siehst du das „Kantengerüst" eines Quaders dargestellt. Es ist aus kleinen Würfeln zusammengeklebt.

• Wie viele Würfel braucht man für seine Herstellung?
Erkläre, wie du die Anzahl ermittelst.

• Wie viele Würfel wären noch nötig, wenn man die Wände und Boden und Deckfläche ganz mit Würfeln ausfüllen wollte, sodass ein hohler Kasten entsteht?
Erkläre, wie du die Anzahl findest.

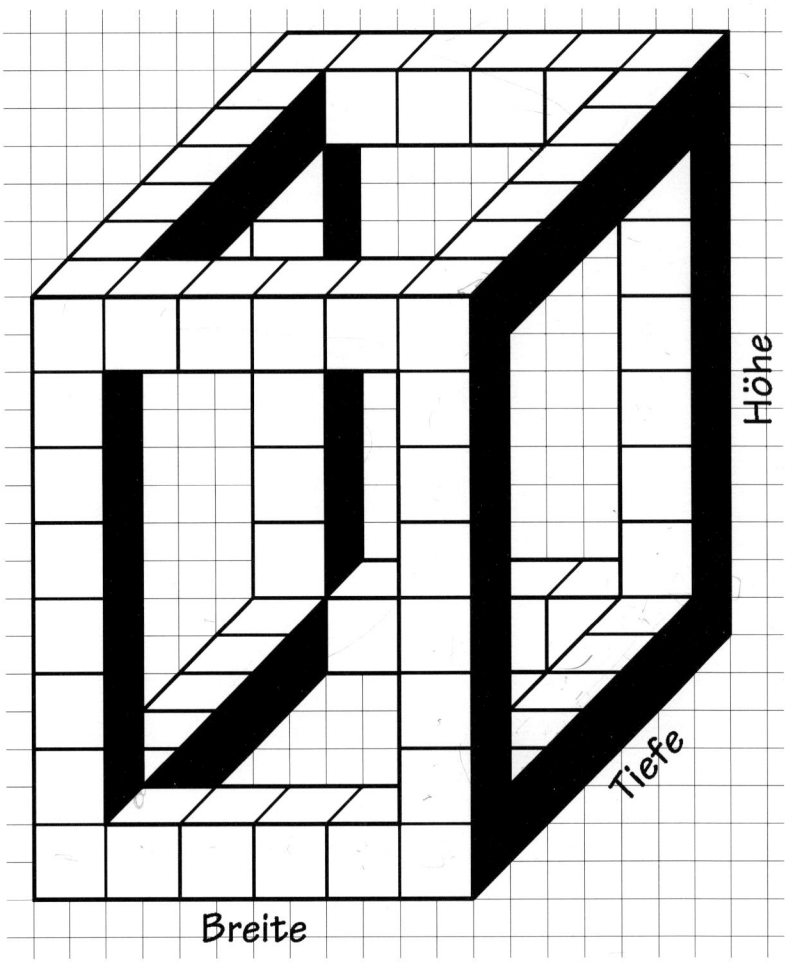

• Nun sollst du selbst die Herstellung eines solchen Kantengerüstes aus 36 Würfeln planen. Bedingung ist dabei, dass Breite, Tiefe und Höhe mindestens drei Würfel lang sind, damit die „Kantensäulen" auch wirklich frei stehen.

Welches ist die geringste Zahl von Würfeln, aus denen man ein solches Kantengerüst mit frei stehenden Kantensäulen bauen kann?
Geht es mit jeder größeren Zahl von Würfeln?

Lösungshinweise auf Seite 153

Geteilte Karos

Zeichne ein 3 Karos breites und 8 Karos langes Rechteck. Zeichne eine Diagonale ein!
Wie viele Karos werden durch die Diagonale zerteilt?
Untersuche diese Frage auch für andere Seitenlängen!

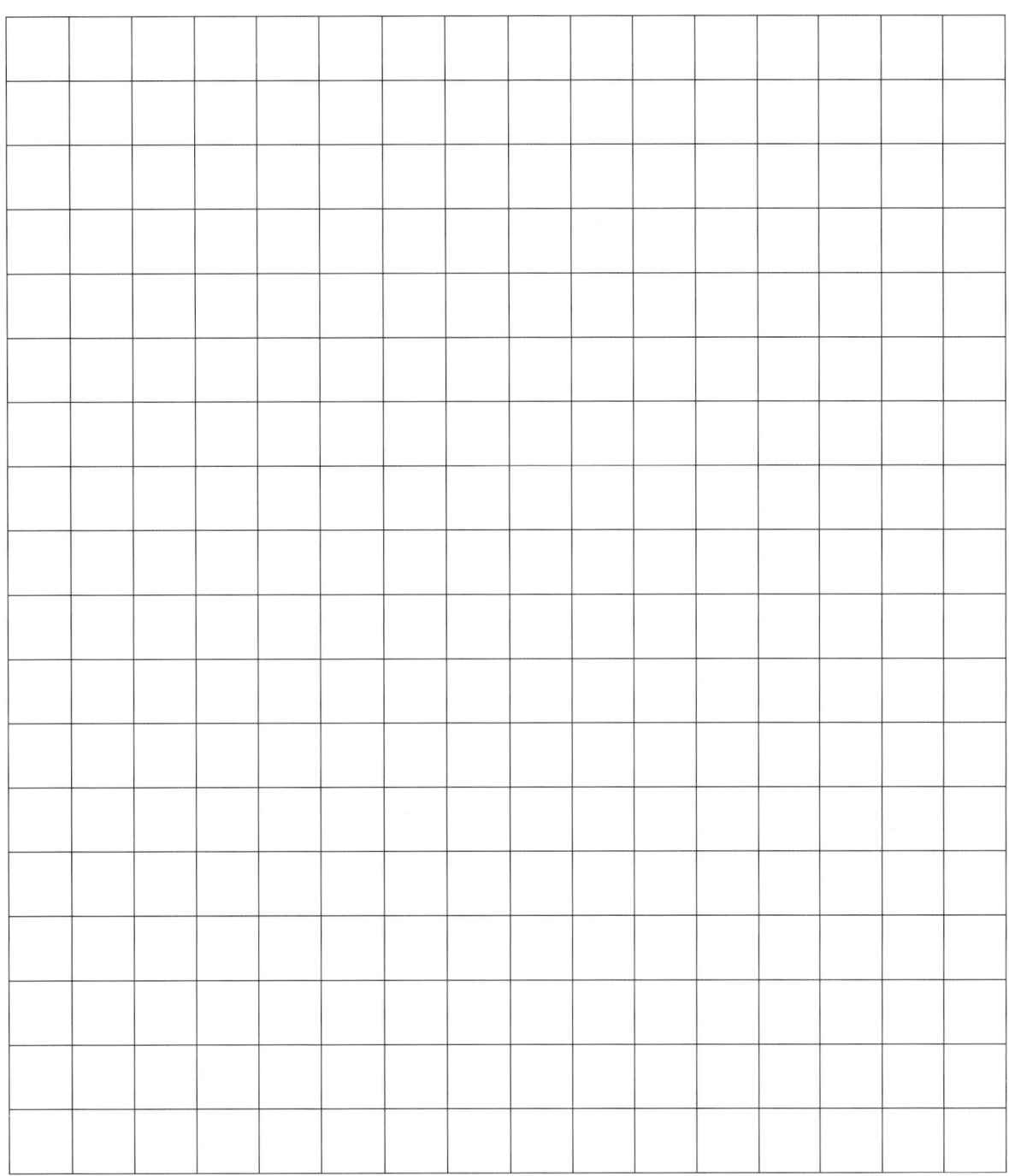

Lösungshinweise auf Seite 153

Brüche in Reih' und Glied

Die folgenden Zahlengleichungen

$$\frac{1}{2} = \frac{1}{3} + \frac{1}{9} + \frac{1}{18}; \qquad \frac{1}{2} = \frac{1}{3} + \frac{1}{9} + \frac{1}{27} + \frac{1}{54};$$

$$\frac{1}{3} = \frac{1}{4} + \frac{1}{16} + \frac{1}{48}; \qquad \frac{1}{3} = \frac{1}{4} + \frac{1}{16} + \frac{1}{64} + \frac{1}{192}$$

beruhen auf einer **für alle Brüche** $\frac{1}{n}$ gültigen Regel.

- Stelle die entsprechende Formel für drei Summanden auf und beweise sie.

- Mache dasselbe für vier Summanden und beweise sie.

- Gibt es auch eine entsprechende Regel für zwei Summanden?

- Gibt es auch eine entsprechende Regel für mehr als vier Summanden?

Lösungshinweise auf Seite 154

Pythagoreische Dreiecke und Quader

Ein rechteckiges Dreieck soll pythagoreisch heißen, wenn seine Seiten ganzzahlig sind. Ein solches ist z. B. das Dreieck mit den Seiten $a=3$, $b=4$, $c=5$, denn es gilt für sie der Satz des Pythagoras: $a^2+b^2=c^2$.

Um solche Zahlentripel zu finden, kann man folgendermaßen vorgehen: Man formt die Gleichung in $a^2=(c+b)(c-b)$ um und erkennt, dass man eine Quadratzahl in ein Produkt zerlegen muss, dessen Faktoren die Summe bzw. Differenz der *gleichen* Zahlen sind. Im obigen Beispiel gilt dementsprechend

$$3^2=9=9\cdot1=(5+4)\cdot(5-4).$$

- Finde auf diese Weise pythagoreische Dreiecke.

- Bei einem Quader mit den Kantenlängen a, b, c gilt für die Länge der Raumdiagonalen d die Formel $a^2+b^2+c^2=d^2$. Gesucht sind Quader mit ganzzahliger Kantenlänge und ganzzahliger Raumdiagonale ("pythagoreische" Quader).

Lösungshinweise auf Seite 154

Quadrate im Gitternetz

Zeichne in ein Koordinatensystem die beiden Punkte $P(6|4)$ und $Q(3|5)$.

- Die Punkte sind zwei Ecken eines Quadrats. Konstruiere die beiden anderen Eckpunkte und gib ihre Koordinaten an.

- Die beiden Punkte sind zwei Seitenmittelpunkte eines Quadrats. Konstruiere das Quadrat und gib die Koordinaten seiner Eckpunkte an.

- Der erste Punkt ist der Mittelpunkt eines Quadrats und der zweite der Mittelpunkt einer Seite dieses Quadrats. Bestimme die Koordinaten der Eckpunkte des Quadrats.

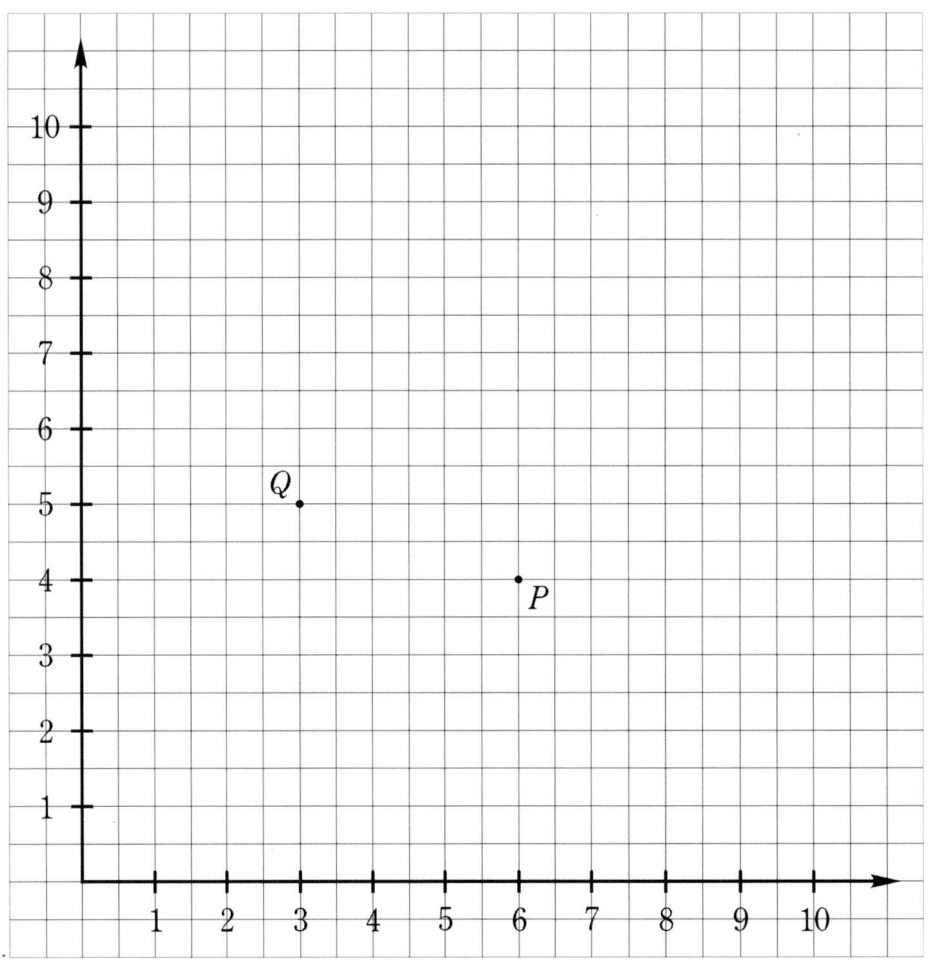

Lösungshinweise auf Seite 156

Gerechte Teilung

- Zeichne mehrere Kreise und zerlege jeden auf andere (möglichst interessante) Weise in *zwei kongruente* Teile. Man nennt solche Teile **kongruent,** d. h. deckungsgleich, wenn man sie ausgeschnitten so aufeinander legen kann, dass sie miteinander genau zur Deckung kommen.

- Löse dieselbe Aufgabe für vier gleiche Teile.

Lösungshinweise auf Seite 156

Umquadrate, Umrechtecke

- Zeichne um jede der unteren Figuren ein Quadrat, und zwar so, dass auf jeder seiner Seiten genau eine Ecke der gegebenen Figur liegt. Sind dabei verschieden große Quadrate möglich?

- Kannst du in der gleichen Weise diese Figuren auch mit Rechtecken, *die keine Quadrate sind,* umschreiben?

Lösungshinweise auf Seite 157

Rechtecke, die *in* sind

Unten siehst du einen Kreis, auf dessen Rand ein Punkt A markiert ist. Er ist eine Ecke eines Rechtecks $ABCD$, dessen andere Ecken B, C, D ebenfalls auf dem Kreisrand liegen.

- Zeichne ein oder mehrere solche Rechtecke ein, falls das möglich ist, und erkläre, wie du das machst.

- Kannst du auch ein Quadrat mit der Ecke A finden, das genau in den Kreis passt?

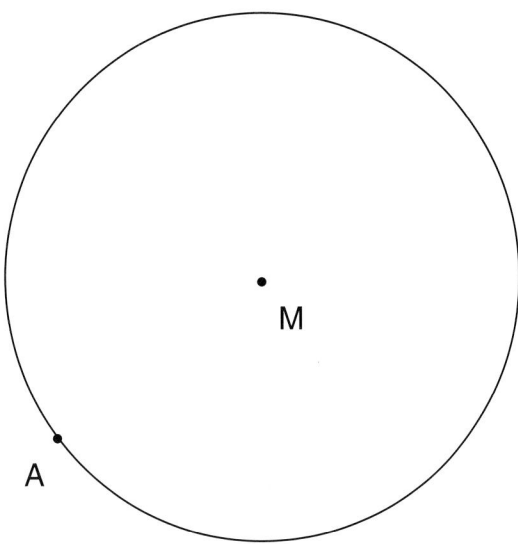

Lösungshinweise auf Seite 157

Ein Rautenrechteck

Du siehst unten ein Rechteck *ABCD*. In dieses Rechteck sind auf besondere Weise 6 Parallelogramme eingezeichnet, deren Ecken auf den Seiten des Rechtecks liegen.

- Untersuche diese Figur. Wie sind wohl die Parallelogramme eingezeichnet worden?
  Was kannst du über ihren Umfang feststellen?
  Haben die Parallelogramme den gleichen Flächeninhalt?

- Zeichne nun selbst ein Rechteck deiner Wahl und vier Parallelogramme in derselben Weise ein.

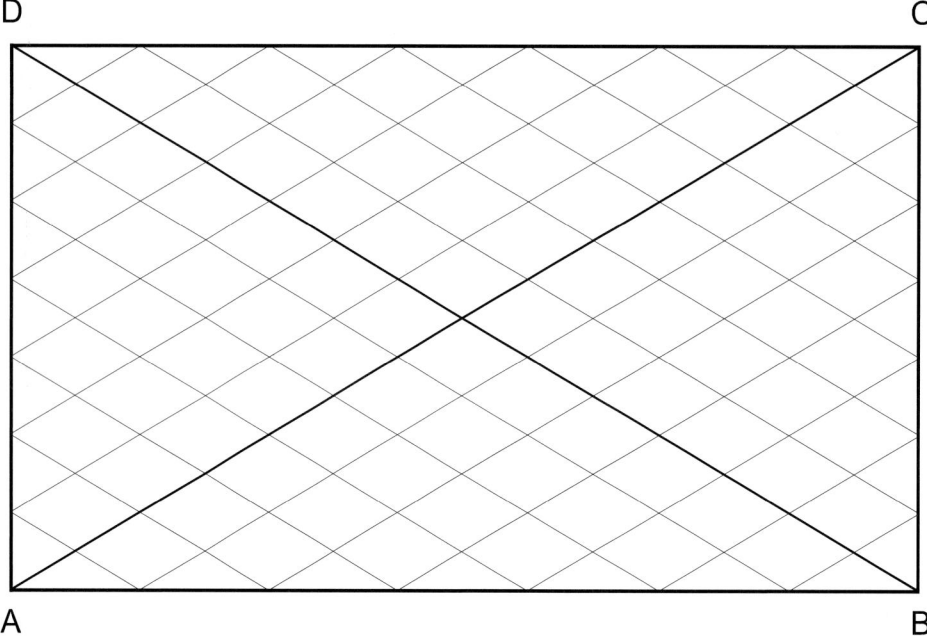

Lösungshinweise auf Seite 158

Platten legen

Auf den Feldern unten sollen Platten von der Größe eines Teilquadrates verlegt werden, und zwar so, dass jede Platte an **genau zwei** ihrer Kanten Kontakt zu ihren Nachbarplatten hat.

- Zeichne einige Möglichkeiten. Fällt dir etwas dabei auf? Gib jeweils an, wie viele Platten du verwendet hast.

- Löse dieselbe Aufgabe noch einmal und versuche dabei möglichst viel bzw. möglichst wenig Platten zu verwenden.
  Gibt es verschiedene Möglichkeiten?

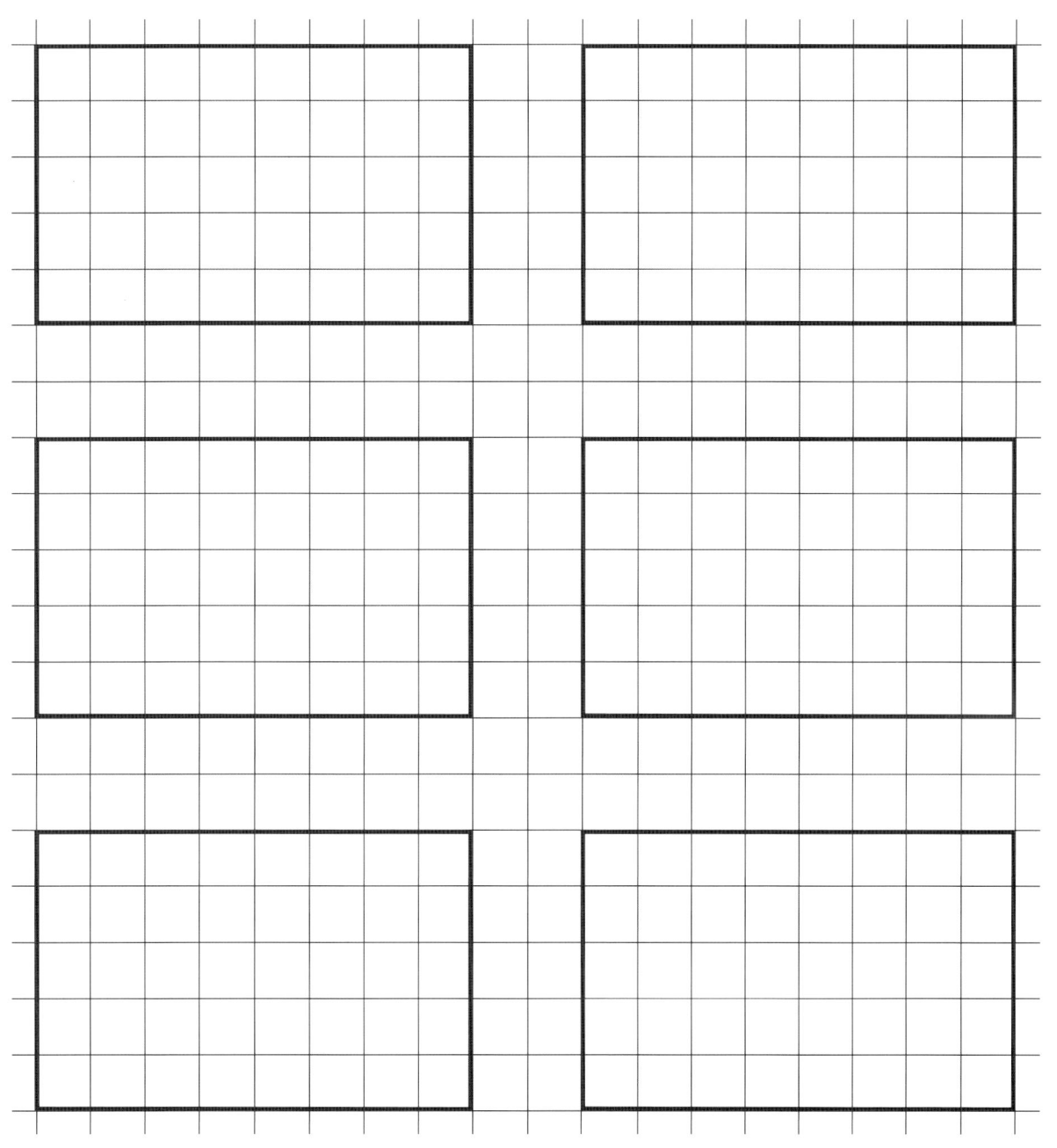

Lösungshinweise auf Seite 158

Unglaubliche Entfernung?

Nach den Sommerferien kommen Klara und Franziska in eine neue Schule. Kinder, bei denen die Entfernung zwischen Schule und Wohnhaus in der Luftlinie größer als zwei Kilometer ist, erhalten von der Stadt eine kostenlose Buskarte. Klara erhält eine, Franziska nicht. Sie ärgert sich, weil ihr Schulweg länger als der von Klara ist. Außerdem hält der Bus, den Klara benutzt, sogar vor Franziskas Haus.

Zeichne eine Karte (1 km $\cong$ 4 cm) und erkläre!

Lösungshinweise auf Seite 160

Mittendreiecke

Zeichne irgendein Dreieck. Verbinde die Mittelpunkte der Seiten miteinander – es entsteht das zugehörige „Mittendreieck".

- Vergleiche das ursprüngliche Dreieck mit diesem Mittendreieck!
  Vergleiche die Seiten, die Winkel, die Flächen!

- Zeichne zu dem Mittendreieck nun wieder das zugehörige Mittendreieck.
  Setze das Verfahren fort.
  Was fällt dir alles auf?

- Ist das immer so? Und warum?

- Und geht das auch mit einem Viereck?

Lösungshinweise auf Seite 160

Vier Viertelkreise und ein Achteck

Zeichne ein Quadrat $ABCD$ mit $|AB| = 8$ cm. Zeichne um jede seiner Ecken den Viertelkreis, der durch den Mittelpunkt des Quadrates geht.

Untersuche nun das **Achteck,** das von den acht Endpunkten der Viertelkreise gebildet wird. Versuche deine Aussagen nicht nur durch Messen, sondern auch durch Schlussfolgerungen aus der Konstruktion zu begründen.

Lösungshinweise auf Seite 161

Winkel im Halbkreis

- Wähle eine beliebige Größe für den Winkel δ in der unten stehenden Figur und berechne alle übrigen Winkel, die in der Figur auftreten.

- Löse dieselbe Aufgabe, indem du jetzt aber vom Winkel $\angle MAC = \alpha$ ausgehst.

- Bei **jeder** Wahl von δ bzw. α ergibt sich ein besonderes Ergebnis. Wie kann man sich das erklären?

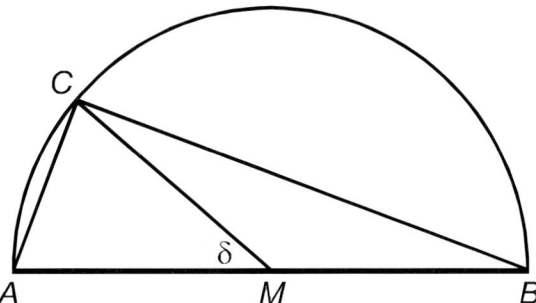

Lösungshinweise auf Seite 162

Ein Fünfeck und viele Dreiecke

Zeichne ein regelmäßiges Fünfeck *ABCDE*, d.h. ein Fünfeck mit fünf gleich langen
Seiten und gleich großen Winkeln. Zeichne ferner alle Diagonalen ein.

Analysiere die entstandene Figur nach Art und Größe der entstandenen Teildreiecke
und bestimme auch deren Winkel.

Lösungshinweise auf Seite 162

Vier Grundstücke

Familie Richter plant den Bau eines Eigenheims.
Vier Grundstücke im Blumenviertel stehen
zur Wahl und Tochter Charlotte möchte
gern wissen, welches sie nehmen.
Der Vater sagt: „Nicht das größte,
aber auch nicht das kleinste."
Das Arbeitsblatt im Maß-
stab 1 : 250 zeigt dir
die Grundstücke.

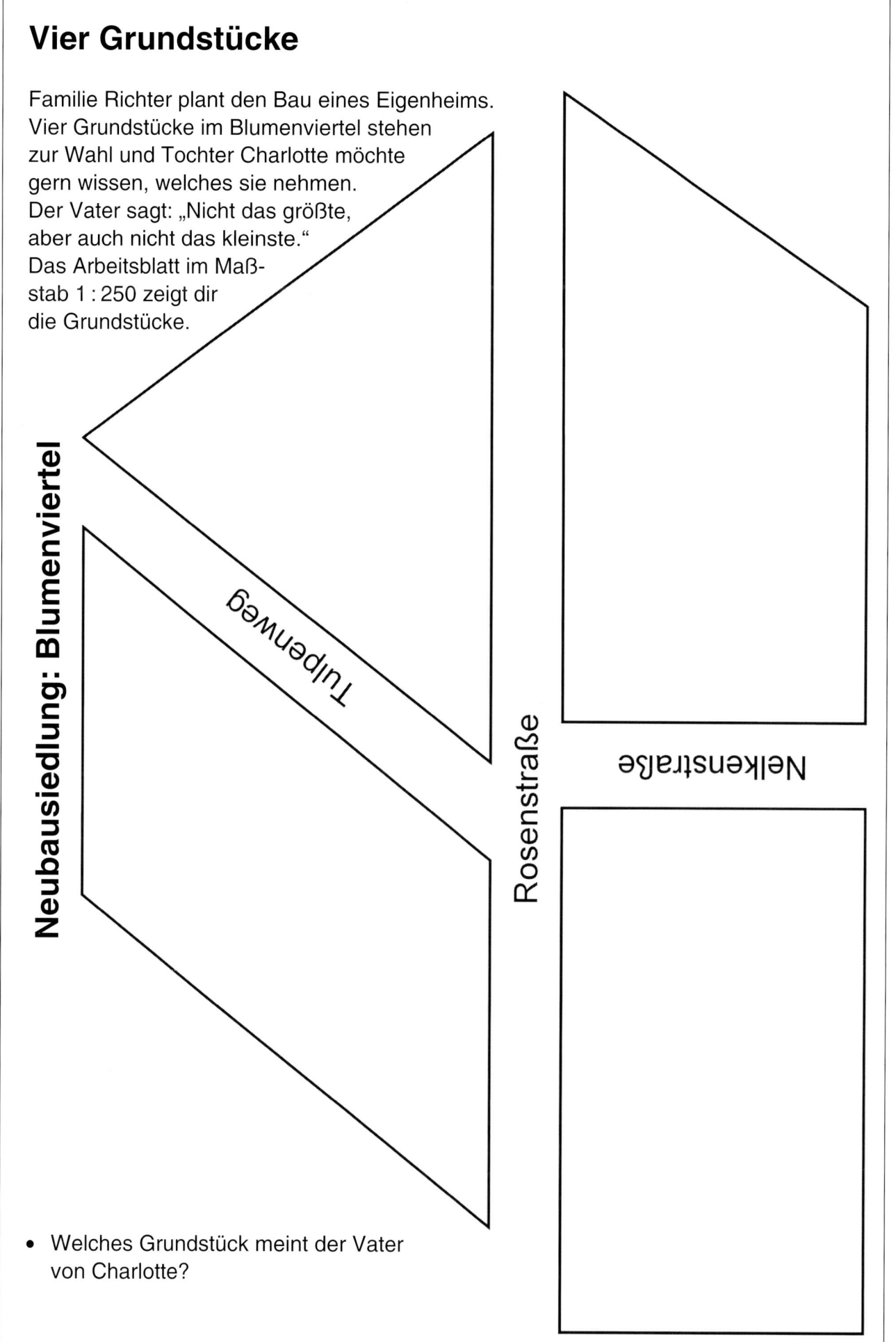

Neubausiedlung: Blumenviertel

Tulpenweg

Rosenstraße

Nelkenstraße

Lösungshinweise auf Seite 163

• Welches Grundstück meint der Vater
　von Charlotte?

€uro am Telefon

A. Zeichne das Euro-Symbol mit Bleistift, Lineal, Zirkel und Winkelmesser! Geht es auch ohne Winkelmesser?

B. Zeichne das Euro-Symbol mit einem Computerprogramm wie DERIVE® oder CABRI®.

C. Leider ist dein Faxgerät gestört. Du musst aber einem Grafiker, der das Euro-Symbol noch nicht gesehen hat, am Telefon erklären, wie es aussieht, damit er es zeichnen kann. Schreibe dir auf, was du ihm sagen wirst.

D. Euro-Fan Frieda Friedel aus Friedelhausen will auf ihren blauen Geldspeicher ein möglichst großes Euro-Symbol zeichnen lassen. Sie hat gelbe Farbe gekauft, die laut der Aufschrift auf der Dose für 10 bis 12 qm Fläche ausreicht. Wie groß wird das Symbol werden?

Bundesfinanzministerium, Bonn

Lösungshinweise auf Seite 163

Schwalbe mit Rahmen

Zeichne ein Quadrat $ABCD$ mit $|AB| = 8\,\text{cm}$. Zeichne die beiden Mittelparallelen $m \parallel AB$, $n \parallel BC$. Zeichne um B einen Viertelkreis mit Radius $r = 8\,\text{cm}$ im Innern des Quadrats. Er schneidet m in einem Punkt P und n in einem Punkt Q.

- Untersuche nun die Dreiecke, die entstehen, wenn man P und Q miteinander und mit den Quadratecken verbindet.
  Welche Besonderheiten weisen sie auf? (Achte auf die Winkel.)
  Vergleiche auch die Dreiecke miteinander.

- Was kann man über die Lage von P und Q innerhalb gewisser Teildreiecke sagen?

Versuche alle deine Aussagen nicht nur durch Messen, sondern auch durch Schluss-folgerungen aus der Konstruktion zu begründen.

Lösungshinweise auf Seite 164

Quadrate – vorwärts und rückwärts

Gegeben ist ein Quadrat $ABCD$ mit der Seitenlänge a. Verlängere AB über B hinaus um sich selbst und nenne den Endpunkt C'. Verlängere BC über C hinaus um sich selbst und nenne den Endpunkt D'. Fahre so fort, indem du CD um sich selbst verlängerst bis A' und DA um sich selbst bis B'. Zeichne das Quadrat $A'B'C'D'$.

- Bestimme den Flächeninhalt von $A'B'C'D'$.

- Nun ist das Quadrat $A'B'C'D'$ gegeben und du sollst das Ausgangsquadrat $ABCD$ dazu rekonstruieren. Führe die Konstruktion für den Fall aus, dass das Quadrat $A'B'C'D'$ die Seitenlänge 6 cm hat. Erkläre, wie du vorgehst.

Lösungshinweise auf Seite 164

Geteiltes Leid ist halbes Leid – oder?

Zeichne ein gleichseitiges Dreieck ABC. Bestimme A' auf BC, B' auf CA, C' auf AB so, dass diese Punkte die jeweilige Dreiecksseite innen im Verhältnis $2:1$ teilen.

Betrachte nun das gleichseitige Dreieck $A'B'C'$ und untersuche seine Lage im Dreieck ABC. Wie verhält sich sein Flächeninhalt zu dem des gegebenen?

Lösungshinweise auf Seite 165

Schräge Parkett-Quadrate

Auf dem Arbeitsblatt siehst du ein Parkett, das aus zwei verschieden großen Quadraten gelegt worden ist. Gesucht sind neue Quadrate, die man „schräg" auf das Parkett legen kann, und zwar so, dass ihre Ecken mit schon vorhandenen Ecken der großen oder kleinen Quadrate zusammenfallen.

• Finde solche Quadrate und begründe, dass es wirklich Quadrate sind.

• Drücke den Flächeninhalt der von dir gefundenen Quadrate mittels der Seiten a und b der großen bzw. kleinen Quadrate aus.

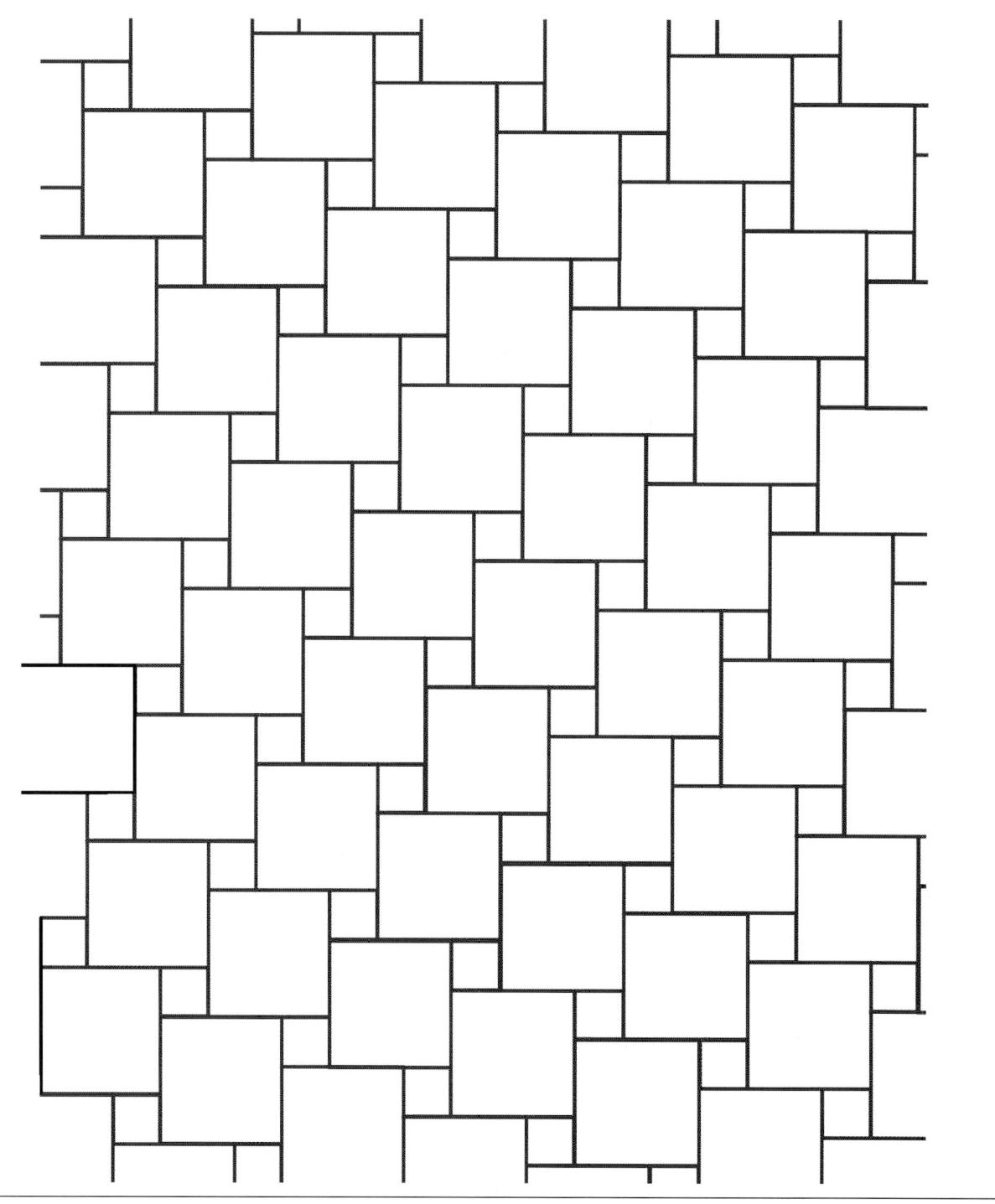

Lösungshinweise auf Seite 166

Richtig verdreht

Gegeben ist ein Quadrat $ABCD$ mit Mittelpunkt M. In A wird eine Senkrechte auf AM errichtet und auf dieser von A aus eine Strecke der Länge e abgetragen.

Dreht man nun das Quadrat $ABCD$ um M so, dass A auf B fällt, dann geht A' in einen Punkt B' über.

Dreht man es weiter um $90°$, geht A' in C' und bei nochmaliger Drehung um $90°$ in D' über.

- Zeichne diese Figur mit selbst gewählten Maßen für die Seitenlänge a des Quadrats und für die Strecke e, wobei diese jedoch größer als $|AM|$ sei.

  Bestimme den Flächeninhalt des Quadrates $A'B'C'D'$ mit Hilfe von a und e.

- Untersuche, was passiert, wenn $e < |AM|$ gewählt wird.

  Was erhält man jetzt für den Flächeninhalt von $A'B'C'D'$?

Lösungshinweise auf Seite 168

Drudenfuß

Unten siehst du ein regelmäßiges *Sternfünfeck*, das auch „Drudenfuß" genannt wird. Bestimme die auftretenden Winkel und Teilverhältnisse. Wie lassen sie sich erklären?

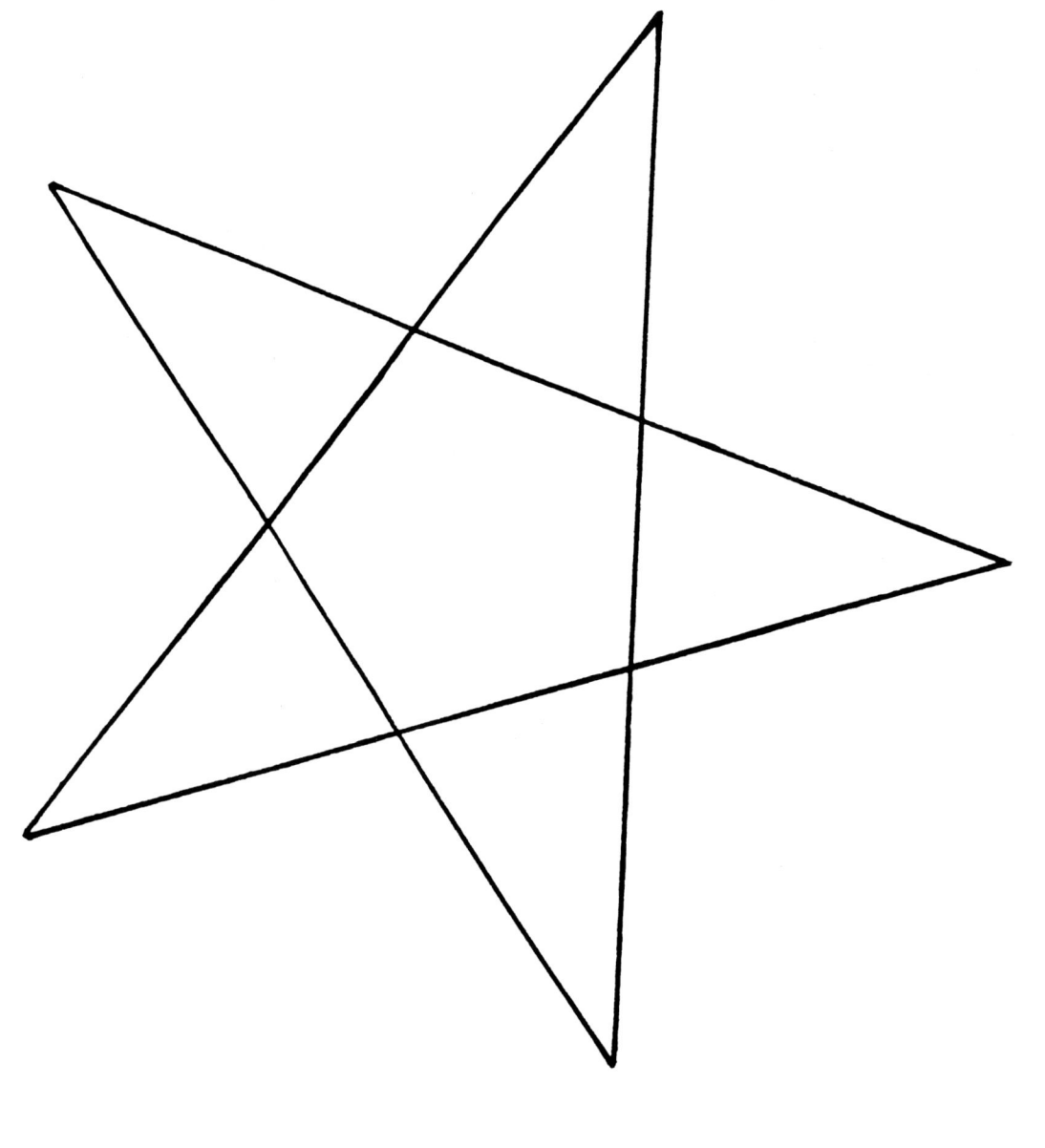

Lösungshinweise auf Seite 169

Verhältnismäßig

Zeichne ein gleichseitiges Dreieck ABC und bestimme die Punkte A', B', C' so, dass A Mittelpunkt von CB', B Mittelpunkt von AC' und C Mittelpunkt von BA' ist. Untersuche nun die Beziehungen der beiden gleichseitigen Dreiecke ABC und $A'B'C'$ zueinander insbesondere auf weitere Teilverhältnisse und Flächeninhalte. Wie könnte man zu einem gegebenen gleichseitigen Dreieck $A'B'C'$ das ursprüngliche Dreieck ABC rekonstruieren?

Lösungshinweise auf Seite 169

Wellness im Quadrat

Die Abbildung zeigt ein Quadrat $ABCD$, um dessen Seiten Viertelkreise abwechselnd nach außen und innen gezeichnet sind, sodass eine wellenförmige Umrandung entstanden ist.

Zeichne ein Quadrat mit einer wellenförmigen Umrandung, die aus **Halbkreisen** besteht. Berechne die Länge der Umrandung, ausgedrückt in Vielfachen von π.

Zeichne ein zweites Quadrat **gleicher Größe,** aber mit einer **anderen wellenförmigen Umrandung aus Halbkreisen** und berechne deren Länge wie oben. Vergleiche und erkläre.

Statt Halbkreise wie oben kannst du auch **Drittelkreise, Viertelkreise** oder **Sechstelkreise** nehmen. Welches Ergebnis erwartest du, wenn du die Länge der Berandung ermittelst? Begründe.

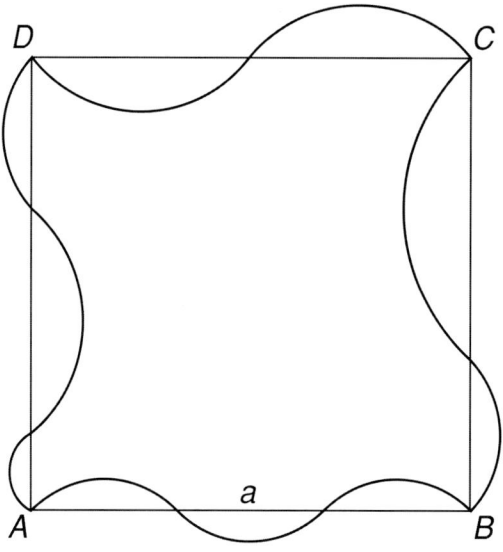

Lösungshinweise auf Seite 170

Dreiecks-Wellen

Die Abbildung zeigt ein gleichseitiges Dreieck mit zwei wellenförmigen Umrandungen aus Drittelkreisen. Dabei wird die erste von sechs **kongruenten** Bögen gebildet, während bei der zweiten der Teilpunkt stets um das gleiche Stück d im entgegengesetzten Uhrzeigersinn vom jeweiligen Seitenmittelpunkt entfernt ist.

- Zeichne entsprechend ein gleichseitiges Dreieck mit sechs kongruenten *Halbkreisen* und vergleiche den Inhalt der von ihnen umrandeten Figur mit dem des Dreiecks.

- Zeichne eine zweite Umrandung „im Abstand d" und eine dritte Umrandung, bei der der Teilpunkt erneut um den gleichen Betrag d verschoben worden ist. Berechne den Inhalt der von jeweils zwei aufeinander folgenden Umrandungen eingeschlossenen Fläche.

- Wie könnte man die in der zweiten Teilaufgabe festgestellte Tatsache nutzen, um einen Kreis z. B. in sieben flächengleiche Teile zu zerlegen, deren Umfang jeweils mit dem Kreisumfang übereinstimmt?

Lösungshinweise auf Seite 171

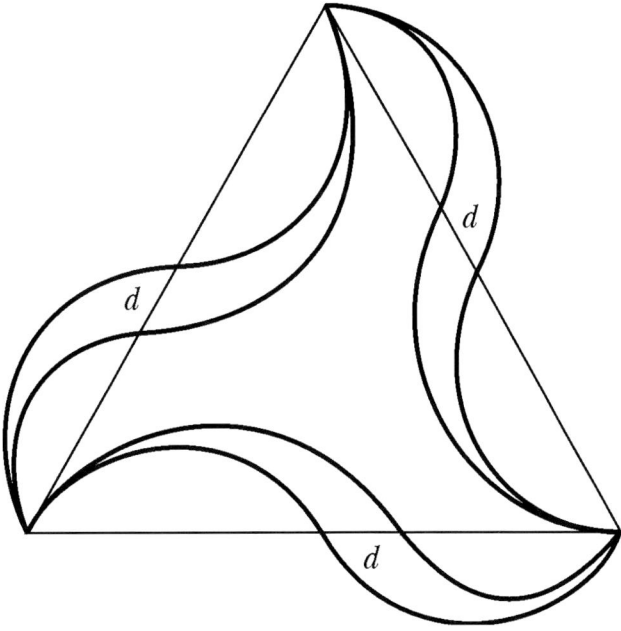

Knochenarbeit

Die Abbildung zeigt eine von Halb- und Viertelkreisen berandete Figur, die aus einem festen Quadrat der Seitenlänge a erzeugt ist.

- Berechne ihren Umfang und Flächeninhalt, wenn die Halbkreise den Durchmesser d haben.

- Durch Variation von d kann man verschiedene Figuren dieses Typs zeichnen, wobei sich aber die Viertelkreise nicht schneiden oder berühren sollen. Untersuche, ob diese Figuren untereinander ähnlich sind und ob man d so wählen kann, dass der Umfang der Figur mit dem Umfang des Inkreises des Quadrates übereinstimmt.

- Ist es möglich, d so zu wählen, dass der Flächeninhalt der Figur mit dem des Quadrates übereinstimmt?

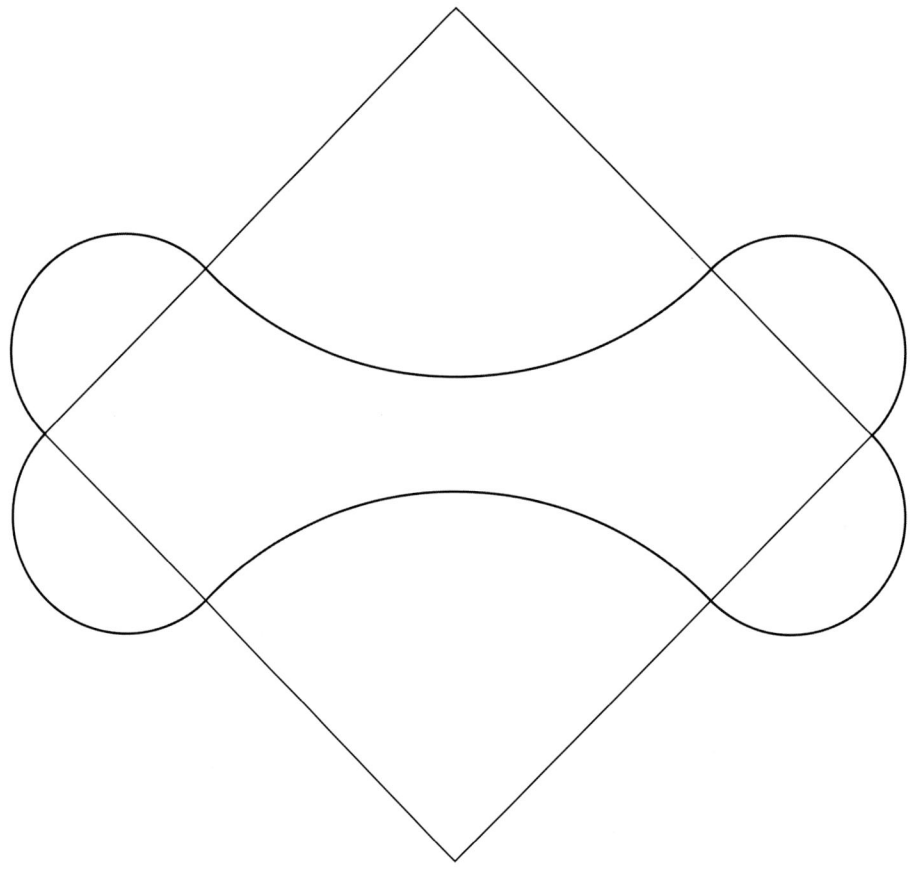

Lösungshinweise auf Seite 172

Bärenmäßig

Um die Ecken eines gleichseitigen Dreiecks mit der Seite a werden Kreisbögen mit gleichem Radius $r < \frac{1}{2}a$ gezogen, die im Innern des Dreiecks von Seite zu Seite verlaufen. Die Enden dieser Bögen werden durch Halbkreise verbunden, die auf den Seiten nach außen aufgesetzt sind. Auf diese Weise entsteht eine geschlossene Figur.

- Zeige, dass man den Radius so wählen kann, dass der Flächeninhalt der Figur mit dem des Dreiecks übereinstimmt. **Konstruiere** in diesem Fall die Figur und versuche dabei Rechnungen möglichst zu vermeiden. Berechne auch den Umfang der Figur und zeichne einen Kreis um den Mittelpunkt des Dreiecks, der denselben Umfang besitzt.

- Löse die entsprechende Aufgabe unter der Bedingung, dass die Figur den gleichen Umfang besitzen soll wie der Umkreis des Dreiecks.

Lösungshinweise auf Seite 172

Mal Kleeblatt, mal Malteserkreuz

Untersuche die unten abgebildete Figur im Hinblick auf Umfang und Flächeninhalt von
Teilfiguren. Beachte dabei insbesondere die stark umrandete Figur.

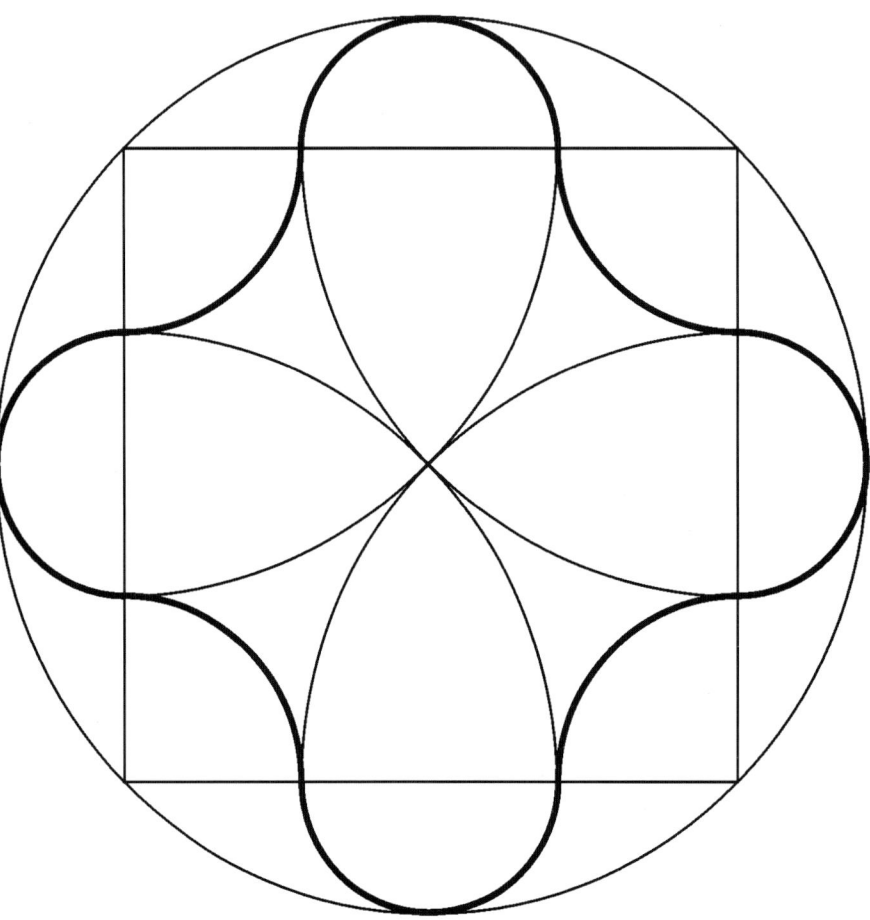

Lösungshinweise auf Seite 173

Ganz schön teuer

Der Bau eines Autobahnkilometers kostete 1998 ca. 10 Millionen €.

Wie viel Autobahn kann sich Lena von ihrem monatlichen Taschengeld von 15 € kaufen?
Wie lange müsste sie für einen Meter Autobahn sparen?

Lenas Vater verdient monatlich 2500 €. Wie viel Autobahn könnte er sich davon kaufen? Wie lange müsste er für einen Meter Autobahn sparen?

In Deutschland gab es 1998 insgesamt 11 190 km Autobahn. Was würde es kosten, diese Strecke heute zu bauen?

Rechne in Autobahnlänge um:
- den Preis für einen Mittelklassewagen (20 000 €)
- den Preis für ein Einfamilienhaus (300 000 €)
- den Preis für ein Schulgebäude (4 Millionen €).

Rechne andere Preise in Autobahnlängen um!
Was kostet ein Quadratzentimeter Autobahn?

Entwirf eine Modellrechnung, wie man die Baukosten einer 10 km langen Autobahn durch Autobahngebühren decken könnte.

Lösungshinweise auf Seite 174

Arbeitslosigkeit unverändert hoch

Im Herbst 1997 waren in Deutschland mehr Menschen als je zuvor als arbeitslos gemeldet.

Die Arbeitslosenquote betrug 11,4 %.

Deutliche Unterschiede zeigen sich dabei zwischen West und Ost: In den neuen Bundesländern beträgt die Arbeitslosenquote 18,3 %, während sie in den alten Bundesländern mit 9,7 % deutlich niedriger liegt.

Franziska und Paul unterhalten sich über die Zeitungsmeldung.

Franziska: „Ich wüsste gern mal, wie viel Prozent aller Arbeitslosen in Deutschland in den neuen Bundesländern wohnen."

Paul: „Wie willst du das denn rauskriegen?"

Franziska: „Na, ausrechnen!"

Paul: „Das geht doch gar nicht!"

Lösungshinweise auf Seite 175

Fußball-WM

Bei der Fußballweltmeisterschaft 1998 haben zunächst 32 Ländermannschaften in 8 Gruppen (A bis H mit jeweils 4 Ländern) gespielt. In diesen Gruppen spielte jede Mannschaft gegen jede. Für ein gewonnenes Spiel gibt es 3 Punkte, für ein unentschiedenes 1 Punkt und für ein verlorenes Spiel 0 Punkte.

Nach der Vorrunde ergab sich folgender Punktestand:

Die *Fußball-Weltmeisterschaft '98*

Gruppe A		Gruppe B		Gruppe C		Gruppe D	
1 Brasilien	6	1 Italien	7	1 Frankreich	9	1 Nigeria	6
2 Norwegen	5	2 Chile	3	2 Dänemark	4	2 Paraguay	5
3 Marokko	4	3 Österreich	2	3 Südafrika	2	3 Spanien	4
4 Schottland	1	4 Kamerun	2	4 Saudi-Arabien	1	4 Bulgarien	1

Gruppe E		Gruppe F		Gruppe G		Gruppe H	
1 Niederlande	5	1 Deutschland	7	1 Rumänien	7	1 Argentinien	9
2 Mexiko	5	2 Jugoslawien	7	2 England	6	2 Kroatien	6
3 Belgien	3	3 Iran	3	3 Kolumbien	3	3 Japan	3
4 Südkorea	1	4 USA	0	4 Tunesien	1	4 Jamaika	0

U. Sengebusch, Geseke

Die Punkteverteilung war also in fast allen Gruppen verschieden.

- Kannst du aus der Punkteverteilung jeder Gruppe schließen, wie die Spiele in dieser Gruppe ausgegangen sind?

- Geht das wohl immer?

Lösungshinweise auf Seite 175

Informiere dich über den Dax!

Hier siehst du zwei Grafiken über den Verlauf des Dax.
Die linke war „Der Höhenflug des DAX" überschrieben. Erkläre!
Finde einen Titel für die rechte. Welcher Titel ist richtig?

Welche Möglichkeiten gibt es, dem Betrachter ganz unterschiedliche Eindrücke zu vermitteln, selbst wenn solche Graphen den gleichen Sachverhalt veranschaulichen?

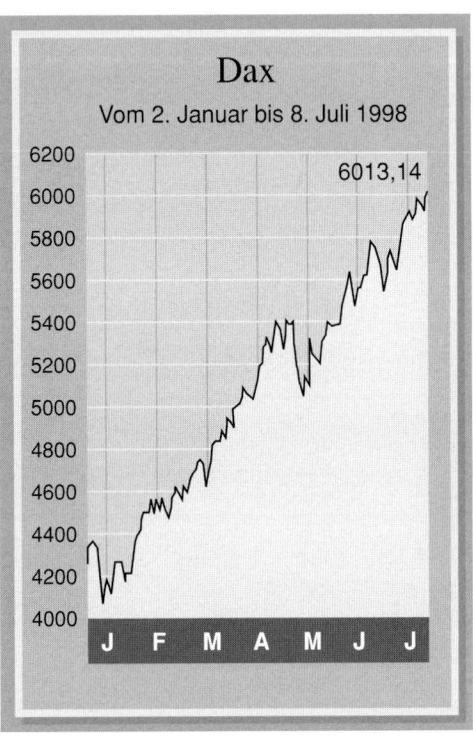

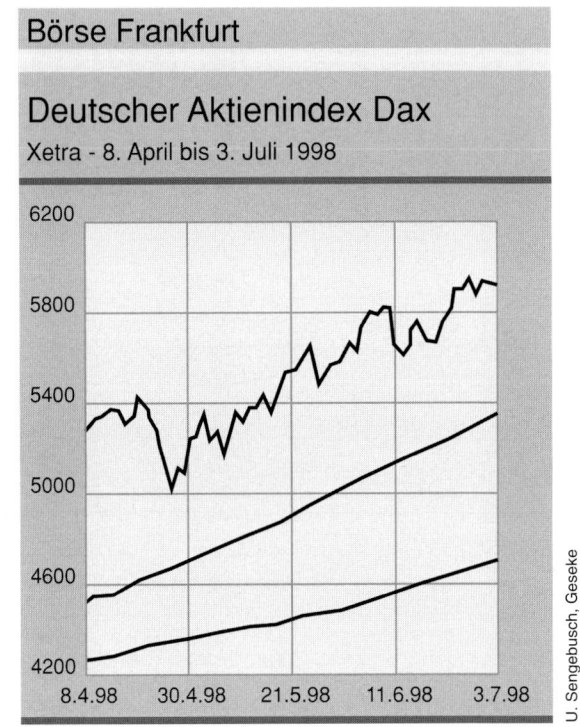

Lösungshinweise auf Seite 177

U. Sengebusch, Geseke

Fischers Fritze fischte ...

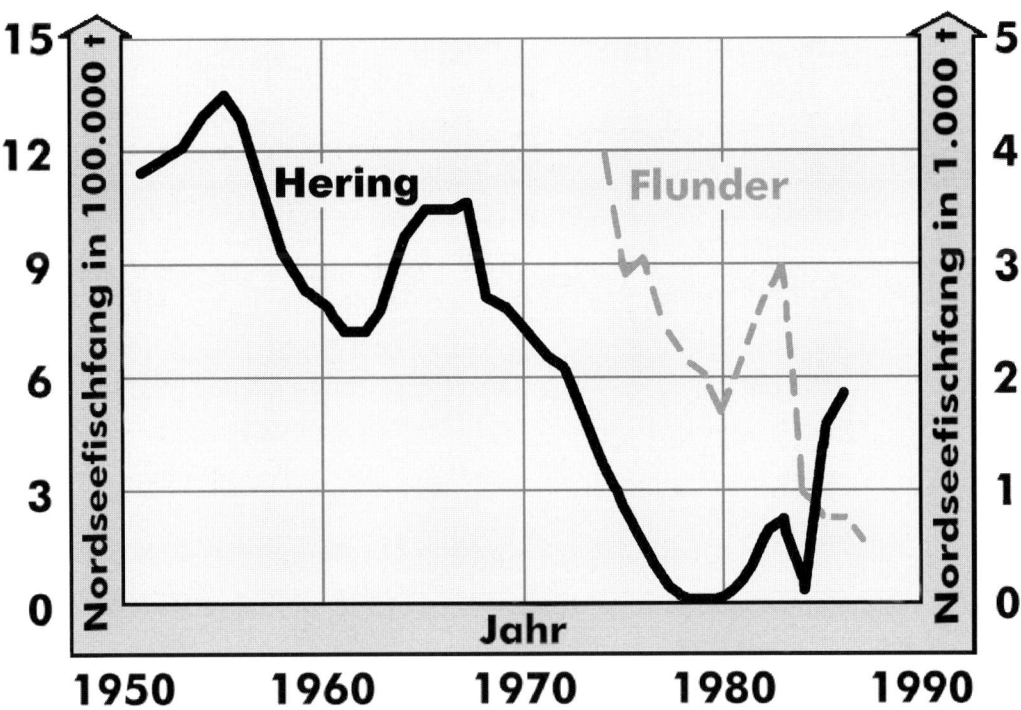

Diese Grafik gibt Informationen zum Fischfang in der Nordsee.
Zu dem schwarz dargestellten Graphen (Hering) gehört die linke Skala, zu dem grau gestrichelt dargestellten Graphen (Flunder) gehört die rechte Skala.

- Beschreibe die Informationen dieser Grafik mit deinen eigenen Worten!

Lösungshinweise auf Seite 178

Lösungshinweise auf Seite 178

Marktanteile des Sportmagazins „ran"

Sat 1 samstags, 18.00 Uhr

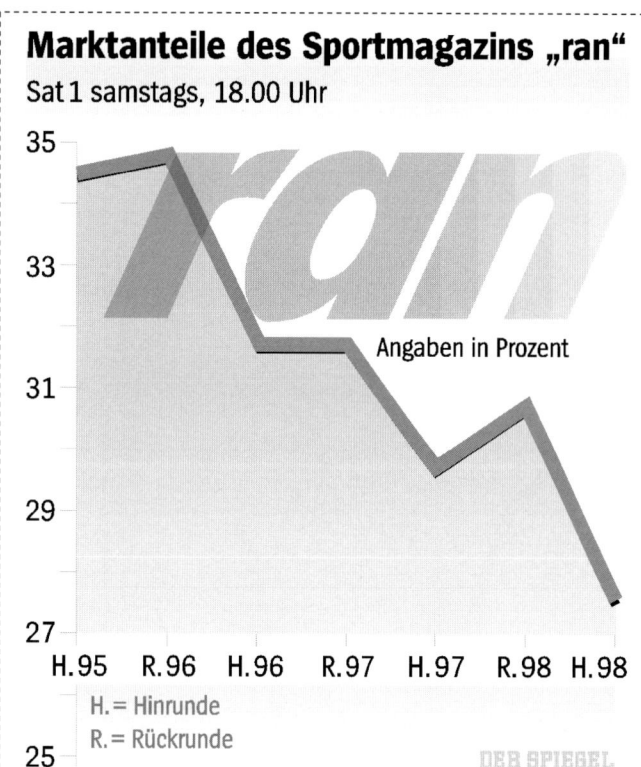

Angaben in Prozent

H. = Hinrunde
R. = Rückrunde

DER SPIEGEL

Runterissimo

Immer weniger Zuschauer wollen in der Sat-1-Sendung „ran" den Bundesliga-Fußball verfolgen. Der „Kress Report" veröffentlichte eine Erhebung, die eine kontinuierliche Abnahme der Zuschauerquote von 1996 an bis heute ausweist. Der Verzicht auf Showelemente zu Gunsten von mehr Journalismus und Spielberichten hat den Negativtrend nicht stoppen können. Offenbar schaden „ran" die vielen das Publikum übersättigenden Live-Übertragungen von Europokal- und Länderspielen – auch König Fußballs Reich ist nicht beliebig ausdehnbar.

Der Text beschreibt „eine kontinuierliche Abnahme der Zuschauerquote von 1996 an bis heute" und das Schaubild zeigt einen offensichtlich dramatischen Sturz „bis ins Bodenlose".

- Was meinst du dazu? Schreibe einen Leserbrief!

0,176 Sekunden Rückstand

<u>Qualifikationstraining zum Großen Preis von San Marino in Imola:</u>

»Schumi« knabbert am McLaren-Vorsprung
Kerpener mit nur 0,176 Sekunden Rückstand auf Platz drei

(lo). Die McLaren-Mercedes haben ihre Vormachtstellung in der Formel-1 auch beim Qualifikationstraining zum Großen Preis von San Marino in Imola aufrechterhalten, jedoch nur, wenn man die Positionen betrachtet. Michael Schumacher (Kerpen/Ferrari) bot Pole-sitter Mika Häkkinen (Finnland) und dem zweitplatzierten Schotten David Coulthard einen heißen Kampf und belegte mit nur 0,176 Sekunden Rückstand den dritten Platz. Sein Teamkollege Eddie Irvine (Nordirland) steht direkt hinter „Schumi" auf Platz vier. Für eine Überraschung sorgte Jacques Villeneuve (Kanada) als Fünfter.

(Sonntag-Morgenmagazin, 2. 5. 1999)

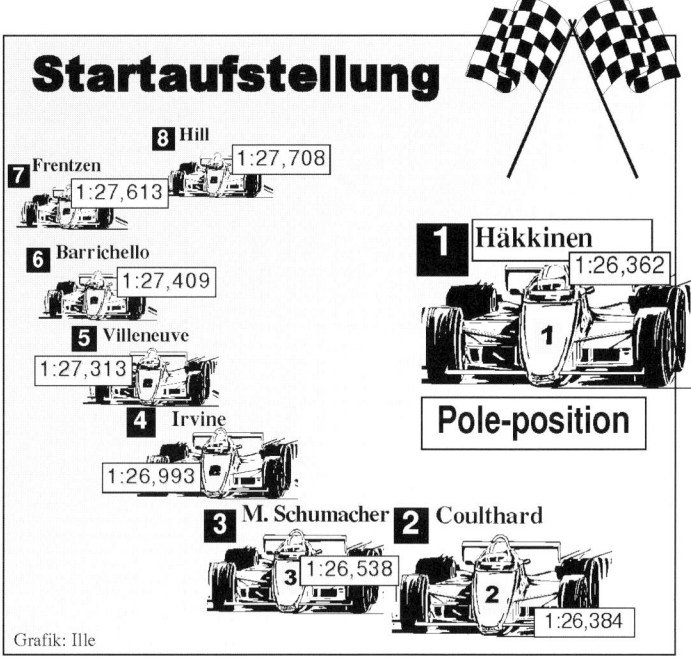

Grafik: Ille

Angenommen, die Fahrer hätten hinter- und nebeneinander fahren können: Wie viele Zentimeter wären sie dann noch von der Ziellinie entfernt gewesen, als HÄKKINEN im Ziel war?

Lösungshinweise auf Seite 178

Fakten, Fakten, Fakten

Die Zeitschrift FOCUS (in der Ausgabe 45/99) fasst die Ergebnisse eines Testes von Mobilfunkanbietern in einer Grafik zusammen.

Mobilfunkanbieter im Vergleich
(Angaben in Prozent)

Anbieter	Interkom*	D2	E-Plus	D1
erfolgreiche Gespräche	89,1	91,0	93,8	90,0
Gespräche mit Störgeräusch	5,2	5,3	2,8	4,9
Abbruch	3,0	1,2	1,4	2,1
Aufbau gestört	2,4	2,1	0,9	2,3
Funkloch	0,3	0,3	1,1	0,7

Focus-Magazin, München

- Welcher Eindruck wird durch die Grafik erzielt?
- Sind die Prozentangaben angemessen veranschaulicht?
- Gestalte mit diesen Angaben jeweils eine Anzeige für die vier Mobilfunkanbieter.

Lösungshinweise auf Seite 179

Gut schießen – gut messen

Zwei Schützen messen sich im Schießen mit dem Luftgewehr. Beide geben 15 Schuss auf eine Zielscheibe ab (siehe unten links).

- Welcher von beiden ist nach deiner Meinung der bessere Schütze?
  Begründe deine Antwort. Wie könnte man den Qualitätsunterschied messen?

- Markiere auf den beiden Zielscheiben unten rechts die Einschüsse von zwei Schützen wie folgt: Bei beiden soll die Zahl der Schüsse 10 und die „Summe der Ringe" 90 betragen, in einem Fall sollen aber die Schüsse möglichst weit über die Scheibe verteilt sein, im andern sehr konzentriert.

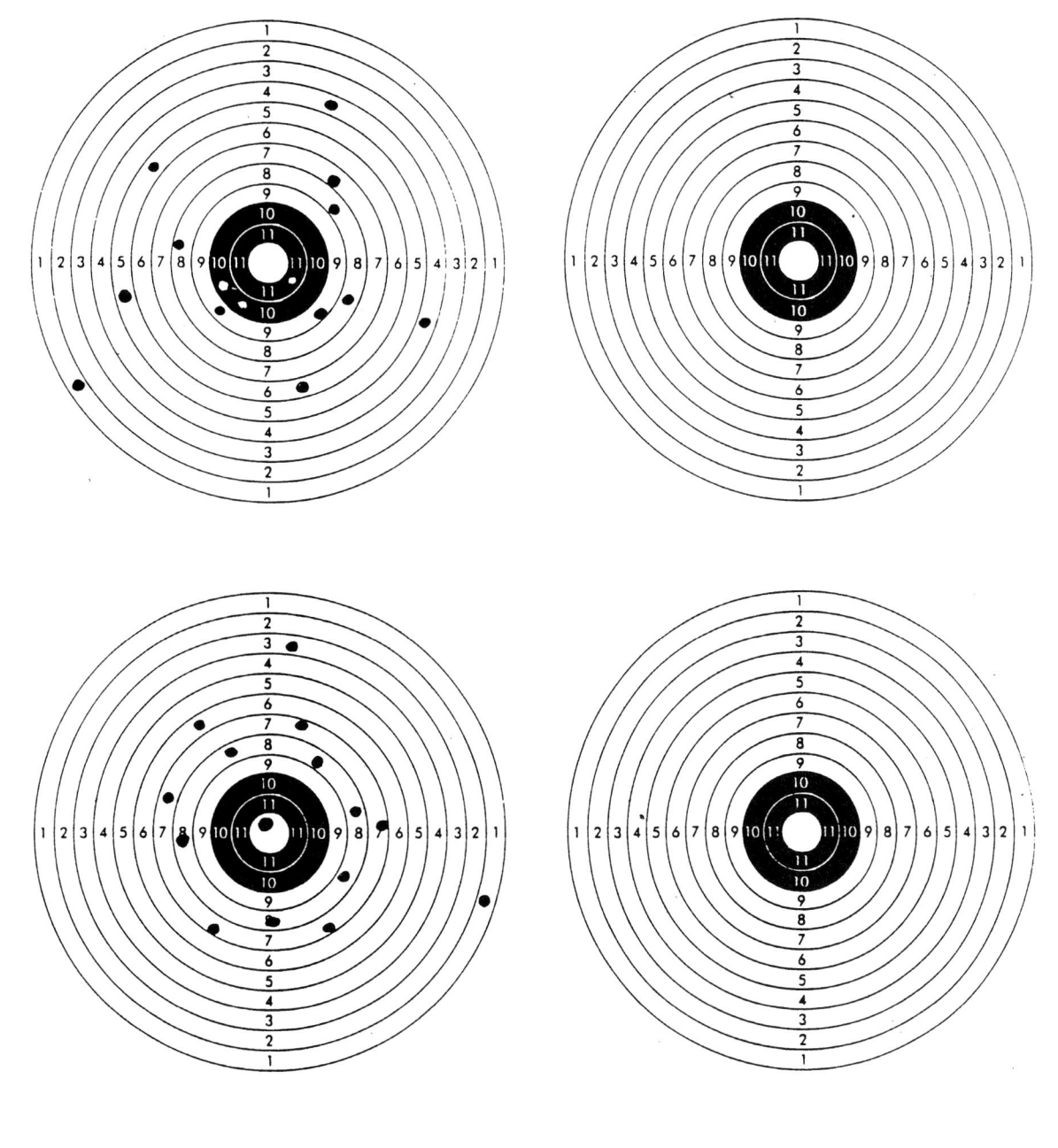

Lösungshinweise auf Seite 179

Die schwersten Flugzeugunglücke der vergangenen Jahre

1 Kinshasa
mind. 350 Tote
8. Januar 1996
Antonow 32

2 Dom. Rep.
189 Tote
7. Februar 1996
Boeing 757

3 New York
230 Tote
17. Juli 1996
Boeing 747

Paris-Roissy, 25. Juli 2000
113 Tote
Concorde

AFP
0007 2602

4 Spitzbergen	**6 Neu Delhi**	**8 Sumatra**	**10 Halifax** (Kanada)	**12 Elfenbeinküste**
141 Tote	349 Tote	234 Tote	229 Tote	169 Tote
29. August 1996	12. November 1996	26. September 1997	2. September 1998	31. Januar 2000
Tupolew 154	*Boeing 747/Iljuschin*	*Airbus 300*	*McDonnell Douglas 11*	*Airbus A310*

5 Nigeria	**7 Guam**	**9 Taipeh** (Taiwan)	**11 New York**	**13 Philippinen**
142 Tote	226 Tote	202 Tote	217 Tote	131 Tote
7. November 1996	5. August 1997	16. Februar 1998	31. Oktober 1999	19. April 2000
Boeing 727	*Boeing 747*	*Airbus A300-600*	*Boeing 767*	*Boeing 737-200*

Lösungshinweise auf Seite 180

* Welche Aussagen sind richtig?
* Welche Aussagen sind angemessen?

1. Bei mehr als der Hälfte der schwersten Flugzeugabstürze der vergangenen Jahre waren Flugzeuge der Firma Boeing beteiligt.

2. In den letzten Jahren stürzen zunehmend Airbus-Flugzeuge ab.

3. Südlich des Äquators ist Fliegen doppelt so gefährlich wie auf der Nordhalbkugel.

4. New York: Das gefährlichste Flugziel.

5. Fliegen endlich sicher: 1996 kamen noch fast siebenmal so viele Passagiere bei schweren Flugzeugabstürzen um wie 1999.

6. Fernreisen waren bisher nur im März und Juni wirklich sicher.

7. …

8. …

9. …

Sieben Millionen Menschen in der Bundesrepublik sind arm

Caritas-Verband beklagt „gigantische Spreizung" der Vermögen / Ein Drittel der Bevölkerung in „existenzieller Unsicherheit"

Von Karl-Heinz Baum

„Ein drastisches Gefälle zwischen Arm und Reich in Deutschland" registriert der Caritas-Verband, der am Donnerstag in Berlin eine Armutsstudie vorgelegt hat.

BERLIN, 21. Oktober. Die enormen Unterschiede von Einkommen und Vermögen ziehen sich als immer schmerzhafter werdender Riss durch die Gesellschaft, meint der Präsident des Deutschen Caritas-Verandes, Hellmut Puschmann. Besonders bei den Vermögen bestehe eine „gigantische Spreizung", sagte er am Donnertag. Er präsentierte eine von der Caritas in Auftrag gegebene Studie, nach der das untere Zehntel der Bevölkerung über ein 25stel (4,1 Prozent) des Gesamteinkommens verfügt, das obere Fünftel dagegen über ein Drittel.

Mehr als sieben Millionen Menschen (8,7 Prozent), darunter eine Million Minderjährige, gehören demnach zu einem „sich verfestigenden Sockel einer Armutsbevölkerung": Sie haben weniger als 460 € *monatlich zur* Verfügung, nicht mal die Hälfte des durchschnittlichen Netto-Einkommens. Ein weiteres Viertel (20 Millionen Menschen) lebten, wie Puschmann es nannte, „im prekären Wohlstand". Unvorhergesehene Ereignisse wie Arbeitslosigkeit oder Krankheit könnten sie jederzeit unter die Armutsgrenze geraten lassen. So lebe ein Drittel der Bevölkerung mit „existenzieller Unsicherheit, wirtschaftlicher Sorge und mangelnder Daseinsvorsorge".

Noch ungleicher sind laut Studie die Vermögen (Guthaben und Immobilien) verteilt: Im Westen gehört den unteren 30 Prozent aller Haushalte nicht einmal ein Hundertstel des Gesamtvermögens von knapp 3,6 Billionen €. Die oberen zehn Prozent dagegen verfügen über zwei Fünftel (41 Prozent) aller Vermögen.

In Geld umgerechnet hat das untere Zehntel aller Haushalte der Studie zufolge einen „mehr oder weniger großen Schuldenberg". Dagegen verfüge das oberste Zehntel der Haushalte über Vermögen von je mehr als 500 000 €. *Gewinn bringend* verzinst, werfe das Vermögen alleine dieses oberen Zehntels mehr Ertrag im Jahr ab, als die unteren 40 Prozent an Vermögen überhaupt haben.

Die Menschen in Ostdeutschland besitzen weniger Vermögen als im Westen; der Abstand zwischen den oberen zwei Zehnteln zum Rest der Bevölkerung ist im Osten aber noch drastischer, denn 20 Prozent haben drei Viertel aller Vermögen, die anderen 80 Prozent den Rest.

Das untere Zehntel im Osten hat Schulden von zusammen 0,8 Milliarden €.

Puschmann nannte Vorwürfe von Sozialhilfemissbrauch „gedankenlose Vorurteile". Laut Statistik nähmen 7,4 Prozent der Sozialhilfeempfänger ihnen nicht zustehende Leistungen in Anspruch – ein Schaden von 140 Millionen €. *Doch die verdeckt Armen, die keine Sozialhilfe beanspruchten, obwohl sie ihnen zustehe, sparten der öffentlichen Hand 2,2 Milliarden €. Über Steuermissbrauch verliere der Staat 70 Milliarden € im Jahr.*

Der Caritas-Präsident forderte ein „armutsfestes soziales Sicherungssystem", das ein soziokulturelles Existenzminimum sicherstelle. Familien seien steuerlich spürbar zu entlasten, Bezieher hoher und höchster Einkommen müssten Steuern tatsächlich zahlen; Wertschöpfung aus Vermögens- und Kapitalanlagen seien zu besteuern.

Puschmann nannte es „befremdlich", dass politisch Verantwortliche Armut leugneten. Seien Arme unvermeidliches Überbleibsel am Rande der Großbaustelle Wirtschaftsstandort Deutschland? „Die Caritas kann hier nicht unparteiisch bleiben, wir müssen die Partei der Armen ergreifen."

(Frankfurter Rundschau, 22. 10. 1999)

- Zeichne aussagekräftige Grafiken zu den Zahlenangaben in diesem Artikel.

Lösungshinweise auf Seite 181

Kaufkraftverlust

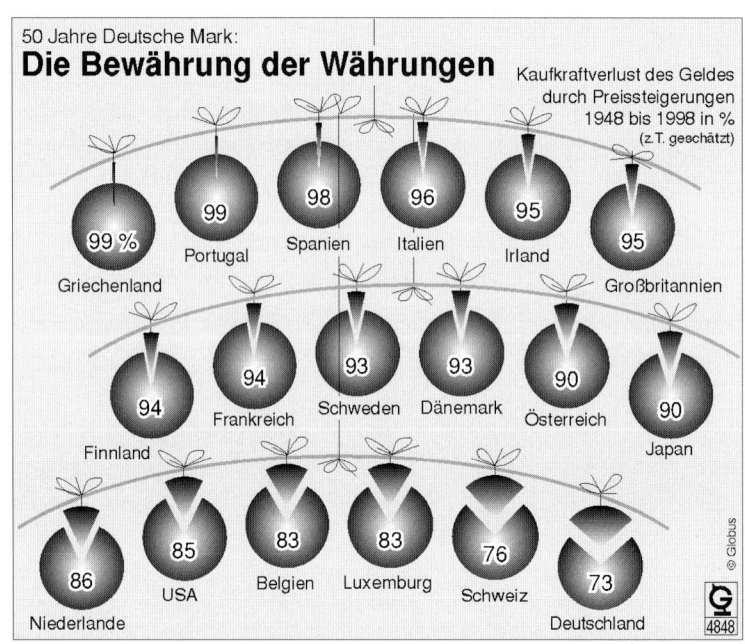

- Erläutere die Grafik!

- Berechne den durchschnittlichen jährlichen Kaufkraftverlust des Geldes für die einzelnen Länder!

- Nach wie vielen Jahren waren die einzelnen Währungen jeweils nur noch halb so viel wert?

- Finde einen Zusammenhang zwischen dem jährlichen Kaufkraftverlust und der Halbwertszeit des Geldes!

Bis zum 1.1.2002 war die Deutsche Mark (DM) die Währungseinheit in Deutschland. Seither wird in Euro (€) gezahlt. Eine DM entsprach etwa einem halben Euro, siehe dazu auch die Aufgaben 31 und 48.

Lösungshinweise auf Seite 182

Nichtraucher leben länger und werden reicher

Wer 50 Jahre nicht raucht, kann zwei Millionen Mark sparen

Genf/München (KNA/dpa) Täglich sterben weltweit rund 11 000 Menschen an den Folgen des Rauchens. Das erklärte die Weltgesundheitsorganisation (WHO) zum internationalen Nichtrauchertag, der weltweit am Mittwoch begangen wird. Die meisten der etwa 1,2 Milliarden Raucher hätten bereits als Minderjährige zur Zigarette gegriffen. Eine „aggressive Werbe- und Verkaufswirtschaft" locke schon Neunjährige zum Nikotinkonsum an, indem suggeriert werde, Zigaretten zeugten von Freiheit und vom Erwachsensein, so die WHO. Daher fordert die Organisation absolutes Werbeverbot für Tabakprodukte.

Zu einem verblüffenden Rechenergebnis kam der Ärztliche Arbeitskreis Rauchen und Gesundheit in München: 50 Jahre Nichtrauchen können einen Menschen zum Doppelmillionär machen. Bei einer klugen Anlagestrategie ließen sich mehr als zwei Millionen Mark erwirtschaften. Stecke ein Raucher die täglichen fünf Mark für eine Schachtel Zigaretten nicht in den Automaten, sondern in ein Sparschwein, sei das nach einem Jahr mit 1825 Mark gefüllt. Wenn ein junger Mann diesen Betrag von seinem 15. Lebensjahr an in Aktienfonds mit einer Wertsteigerung von zehn Prozent investiere, besitze er mit 65 Jahren mehr als 2,1 Millionen Mark, errechneten die Ärzte.

Alleine von den zehnprozentigen Zinsen dieses Vermögens ergebe sich eine monatliche Zusatzrente von rund 17 700 Mark. Nichtraucher leben nach Angaben der Mediziner statistisch gesehen zudem zehn Jahre länger als hartnäckige Qualmer, Rauchen sei die mit Abstand größte vermeidbare Ursache für häufige Erkrankungen und vorzeitigen Tod.

(Potsdamer Neue Nachrichten, 31. 5. 2000)

- Vielleicht wäre dir ja schon eine Million Mark genug?
  Wie lange müsste man denn dafür nicht rauchen?

Lösungshinweise auf Seite 183

Bis zum 1. 1. 2002 war die Deutsche Mark (DM) die Währungseinheit in Deutschland. Seither wird in Euro (€) gezahlt. Eine DM entsprach etwa einem halben Euro, siehe dazu auch die Aufgaben 31 und 48.

Weltbevölkerung in Zahlen

Länder der Erde mit einer Bevölkerung von über 100 Millionen 1998 und 2050

Bevölkerung in Millionen, mittlere Variante

1998		
1	China	1 256
2	Indien	982
3	Vereinigte Staaten	274
4	Indonesien	206
5	Brasilien	166
6	Pakistan	148
7	Russische Föderation	147
8	Japan	125
9	Bangladesch	125
10	Nigeria	106

2050		
1	Indien	1 529
2	China	1 478
3	Vereinigte Staaten	349
4	Pakistan	346
5	Indonesien	312
6	Nigeria	244
7	Brasilien	244
8	Bangladesch	213
9	Äthiopien	170
10	Kongo, Dem. Rep.	160
11	Mexiko	147
12	Philippinen	131
13	Vietnam	127
14	Russische Föderation	122
15	Iran	115
16	Ägypten	115
17	Japan	105
18	Türkei	101

- Mit welchen Zahlen ist nach dieser Prognose für 2010 und für 2020 zu rechnen?

Lösungshinweise auf Seite 183

Gefäße füllen ...

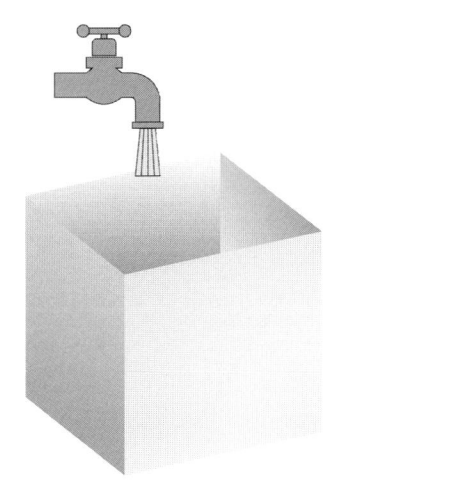 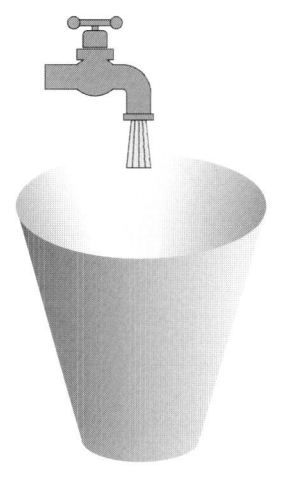 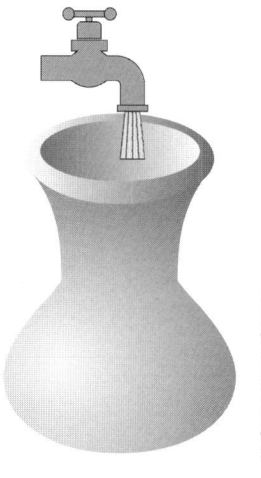

U. Sengebusch, Geseke

Auf den Bildern sind verschieden geformte Gefäße zu sehen. Sie werden mit gleichmäßig zulaufendem Wasser gefüllt.

Jedes Gefäß ist 20 cm hoch.

• Skizziere für jedes Gefäß einen Graphen, der zeigt, wie die Wasserhöhe in dem Gefäß in Abhängigkeit von der Zeit steigt!

Lösungshinweise auf Seite 184

... und Gefäße finden

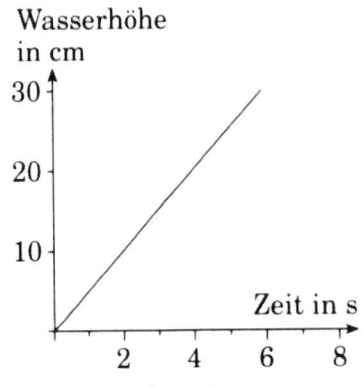 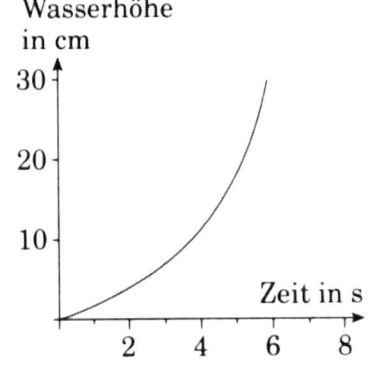 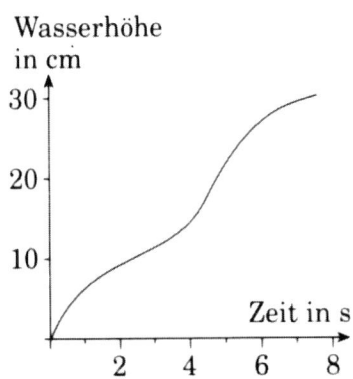

In diesen Graphen ist dargestellt, wie die Wasserhöhe in verschiedenen Gefäßen im Laufe der Zeit ansteigt. Das Wasser läuft in allen drei Fällen gleichmäßig zu.

• Zeichne zu jedem Graphen ein passendes Gefäß!

Badewannen-Geschichten

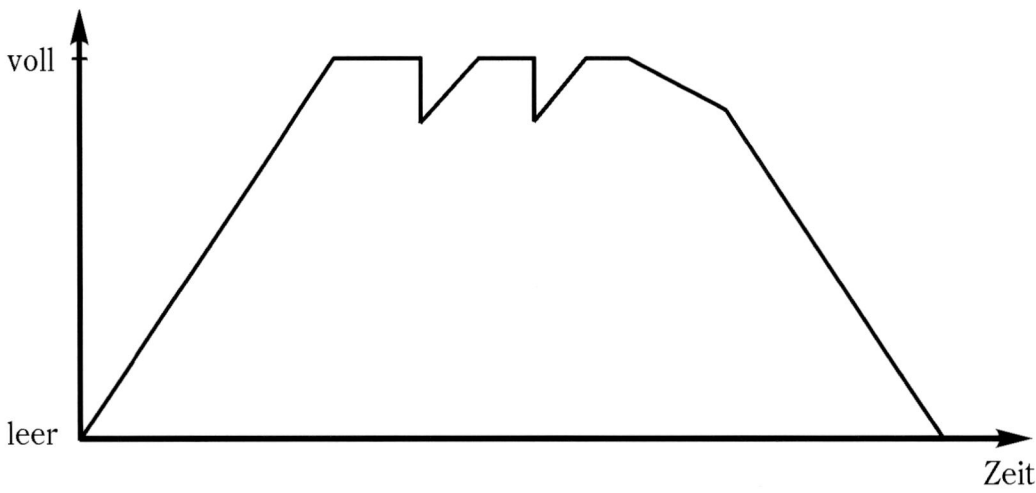

Der obige Graph beschreibt den Wasserstand in einer Badewanne.

• Erfinde eine Geschichte dazu!

Lösungshinweise auf Seite 185

Anglerlatein?

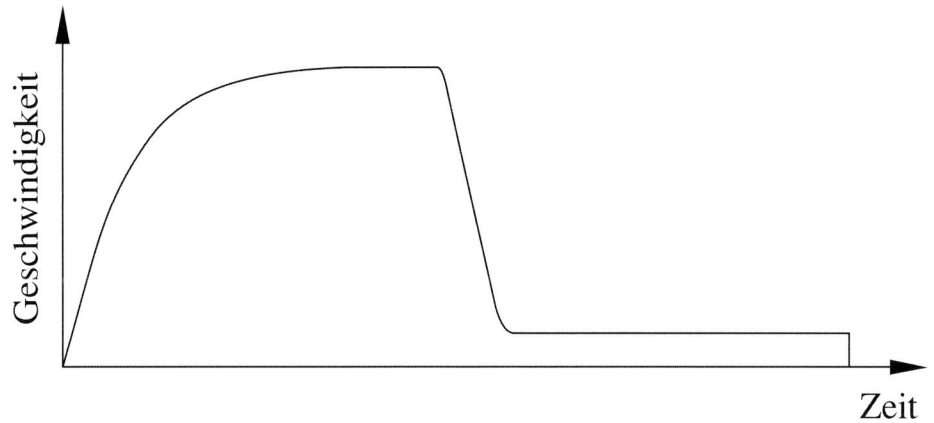

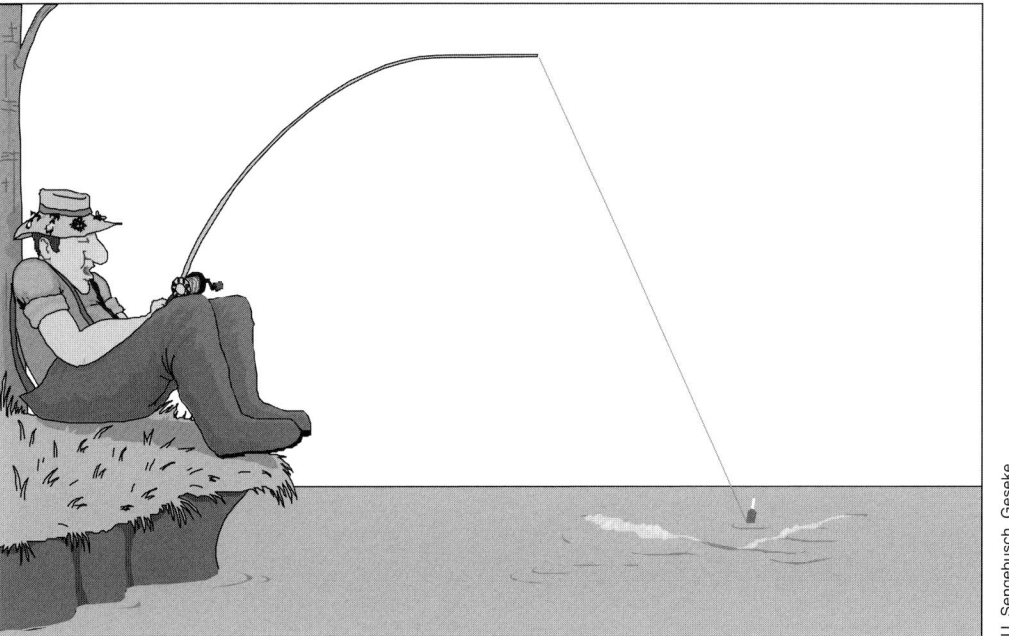

U. Sengebusch, Geseke

Lösungshinweise auf Seite 185

- Welche Sportart passt zu dem obigen Graphen?

Wähle diejenige Antwort aus der folgenden Liste, die am besten passt:
- Angeln
- Stabhochsprung
- 100-m-Lauf
- Fallschirmspringen
- Golf
- Speerwerfen
- Hochsprung
- Turmspringen
- Drag Racing (Auto-Beschleunigungsrennen)
- Wasserski

Bilanz des Lebens

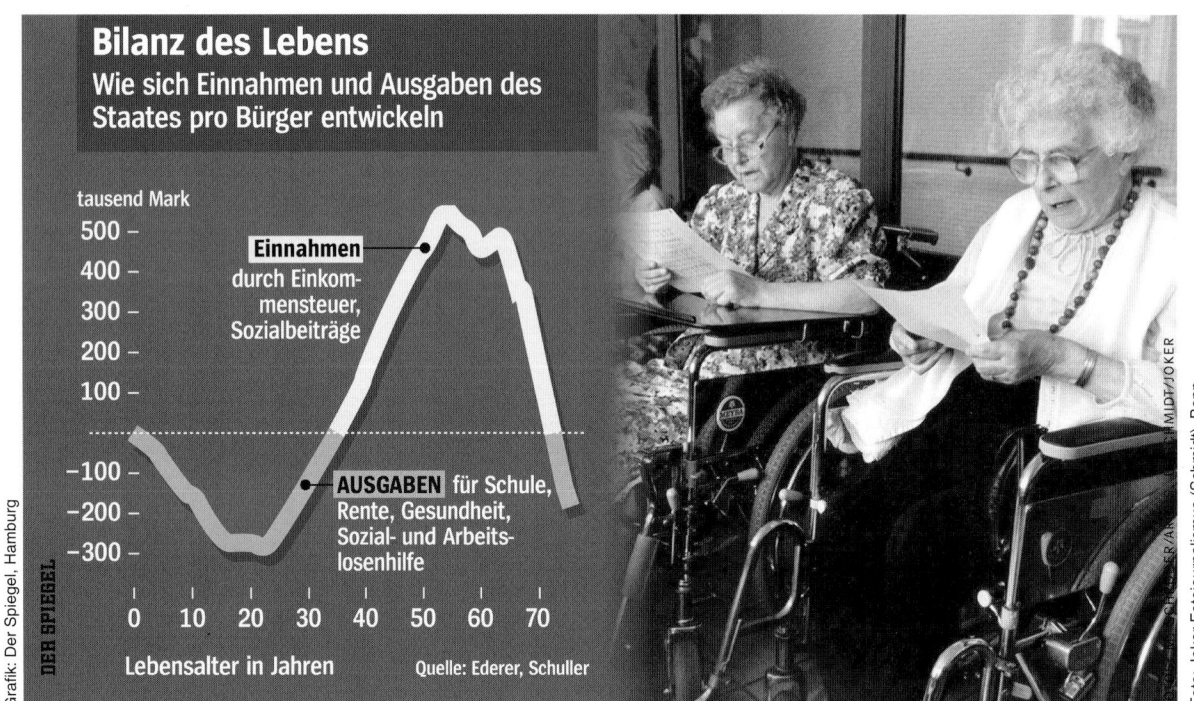

- Betrachte und erkläre!

- Betrachte die 10-Jahres-Abschnitte:
  Was nimmt der Staat jeweils ein bzw. was muss er ausgeben?

Bis zum 1. 1. 2002 war die Deutsche Mark (DM) die Währungseinheit in Deutschland. Seither wird in Euro (€) gezahlt. Eine DM entsprach etwa einem halben Euro, siehe dazu auch die Aufgaben 31 und 48.

Lösungshinweise auf Seite 185

Fragen kostet was

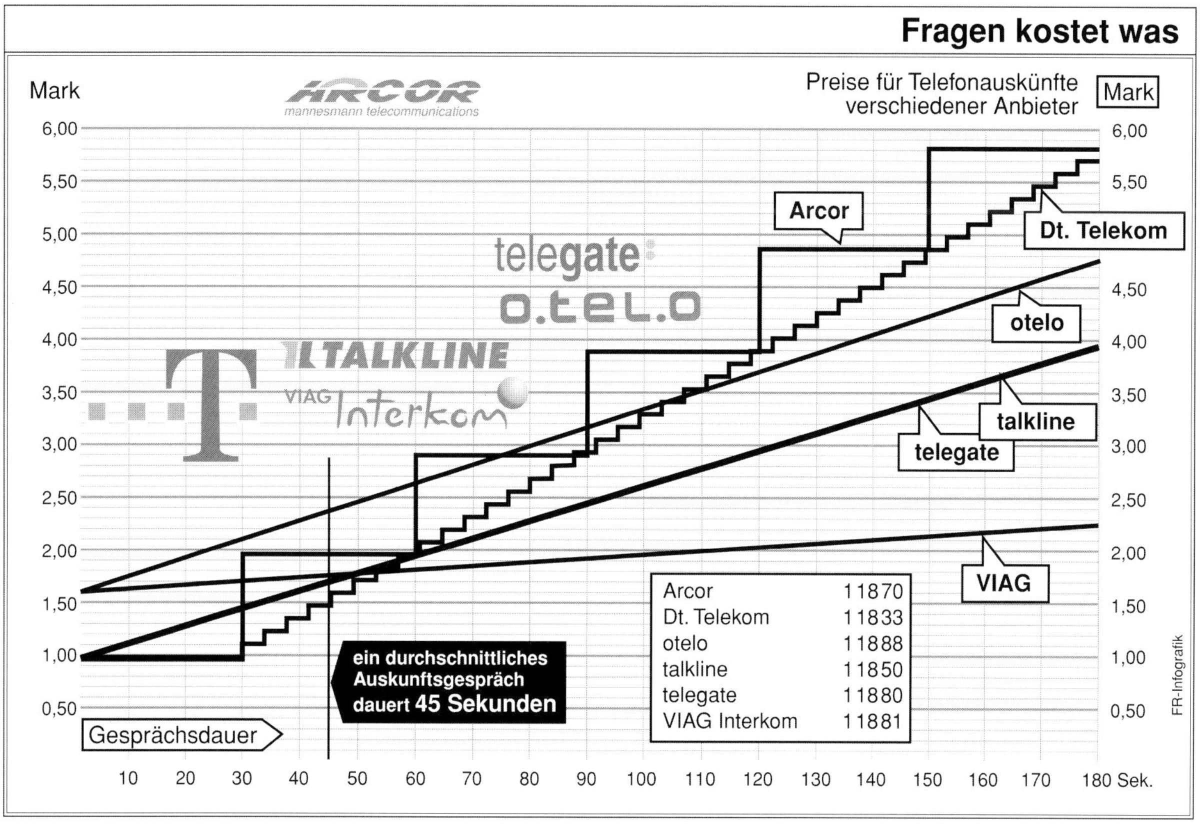

Fragen kostet was

Mark / Preise für Telefonauskünfte verschiedener Anbieter / Mark

Anbieter	Nummer
Arcor	11870
Dt. Telekom	11833
otelo	11888
talkline	11850
telegate	11880
VIAG Interkom	11881

ein durchschnittliches Auskunftsgespräch dauert 45 Sekunden

Gesprächsdauer

- Bestimme Funktionsterme zu den Graphen!

Bis zum 1. 1. 2002 war die Deutsche Mark (DM) die Währungseinheit in Deutschland. Seither wird in Euro (€) gezahlt. Eine DM entsprach etwa einem halben Euro, siehe dazu auch die Aufgaben 31 und 48.

Abdruck mit freundlicher Genehmigung der Frankfurter Rundschau

Lösungshinweise auf Seite 186

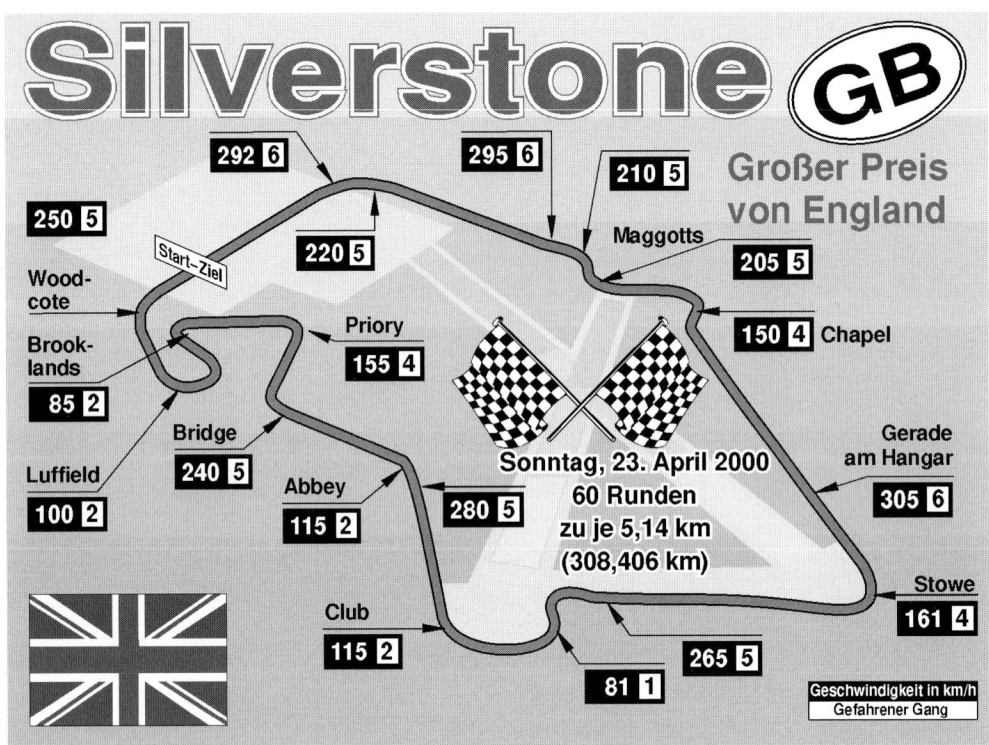

Die Grafik zeigt den Kurs des Formel-1-Rennens in Silverstone, das Michael SCHUMA-CHER 1998 in 1 Stunde 47 Minuten 2 Sekunden mit einer Durchschnittsgeschwindigkeit von 172,5 $\frac{km}{h}$ gewann.

Skizziere den Graph einer Weg-Geschwindigkeits-Funktion für einen Fahrer, der eine Runde des Formel-1-Kurses in Silverstone – wie angegeben – durchfährt.

Skizziere auch den Graph einer Weg-Geschwindigkeits-Funktion für einen Fahrer, der an der „Chapel" von der Bahn abkommt, ins Kiesbett gerät und dann wieder weiterfahren kann.

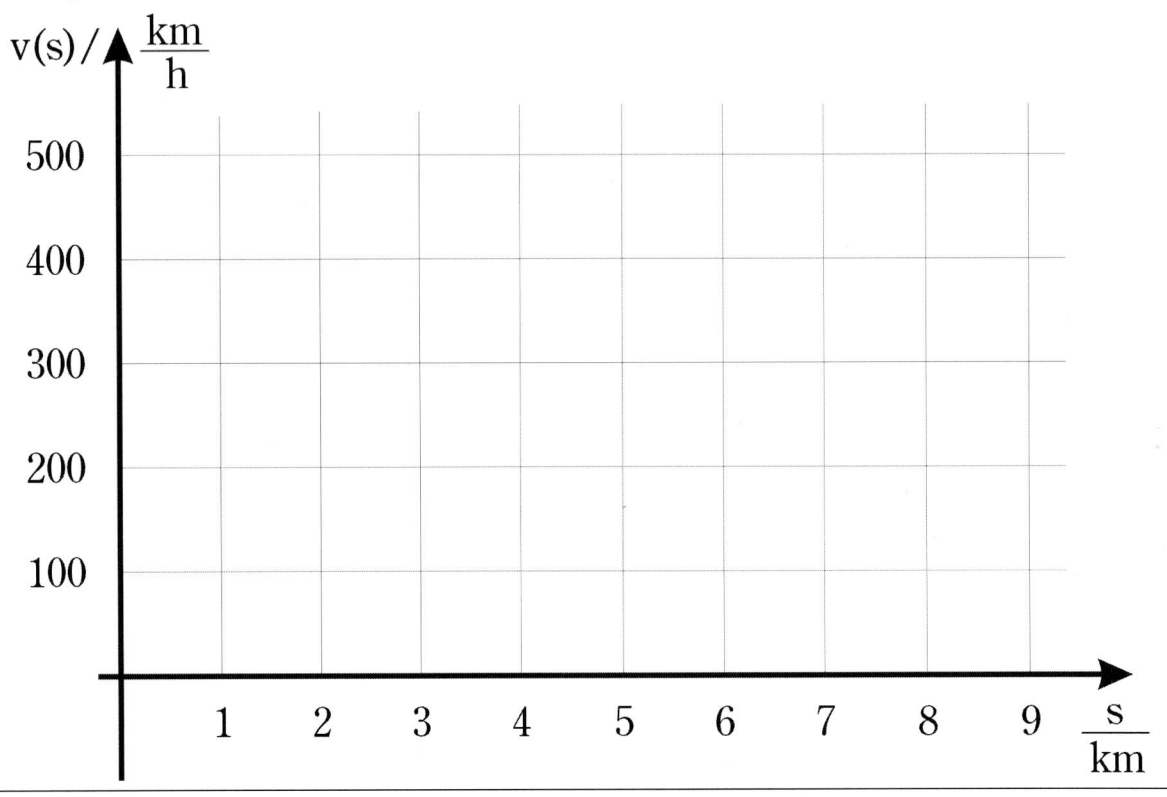

Lösungshinweise auf Seite 186

Geraden, Gleichungen, Gitterpunkte

Punkte, deren Koordinaten ganzzahlig sind, heißen *Gitterpunkte*.

- Zeichne die Geraden g_1 bis g_3

$$g_1: \quad y = -\frac{5}{6}x + \frac{9}{2}; \qquad g_2: \quad y = \frac{6}{7}x - \frac{2}{7}; \qquad g_3: \quad y = \frac{3}{4}x - \frac{7}{6}$$

jede für sich in ein Koordinatensystem und untersuche die Frage, ob sie durch Gitterpunkte gehen. Gib diese Gitterpunkte – möglichst alle! – an und begründe deine Aussage.

- Bei welchen Geradengleichungen vom obigen Typ erscheint die Suche nach Gitterpunkten Erfolg versprechend?
  Wie würdest du bei einer solchen Gleichung die Gitterpunkte finden?

Lösungshinweise auf Seite 187

Alles ganz normal?

Die Abbildung zeigt die Normalparabel zu $y = x^2$ und die Gerade zu $y = \frac{1}{2}x + 1$. An der Stelle $x = 1$ sind die y-Werte der Geraden und der Parabel addiert.

- Mache das Gleiche an anderen Stellen.

- Was für eine Kurve entsteht? Beschreibe sie. Wie lautet ihre Gleichung?

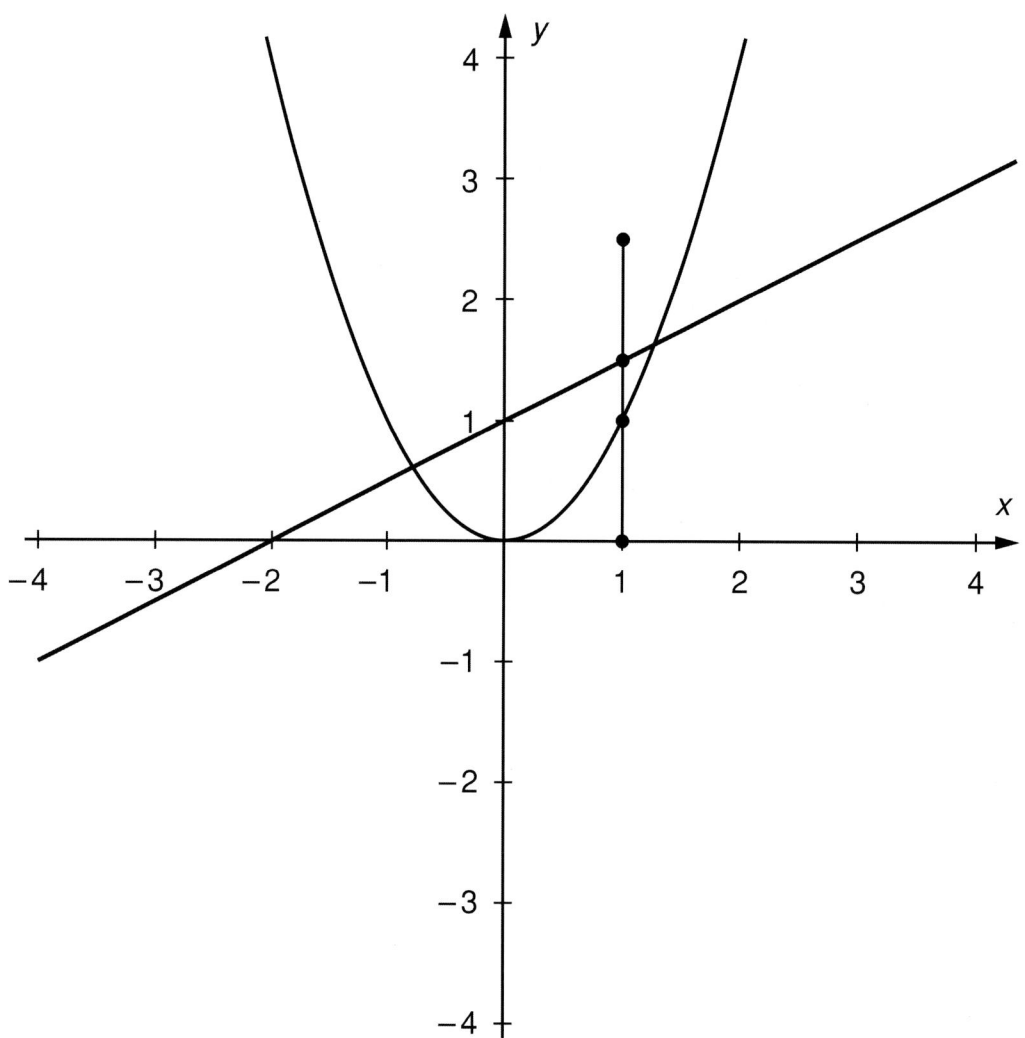

- Und wenn man die Gerade von der Parabel abzieht, was entsteht dann für eine Kurve?

- Und was passiert, wenn man zu einer Parabel eine andere Parabel addiert? Oder von ihr subtrahiert?

Lösungshinweise auf Seite 189

Auf krummer Bahn?

Die Abbildung zeigt ein Stück der Parabel zu $y = \frac{1}{4}(9 - x^2)$ und einen Punkt H auf diesem Parabelbogen.

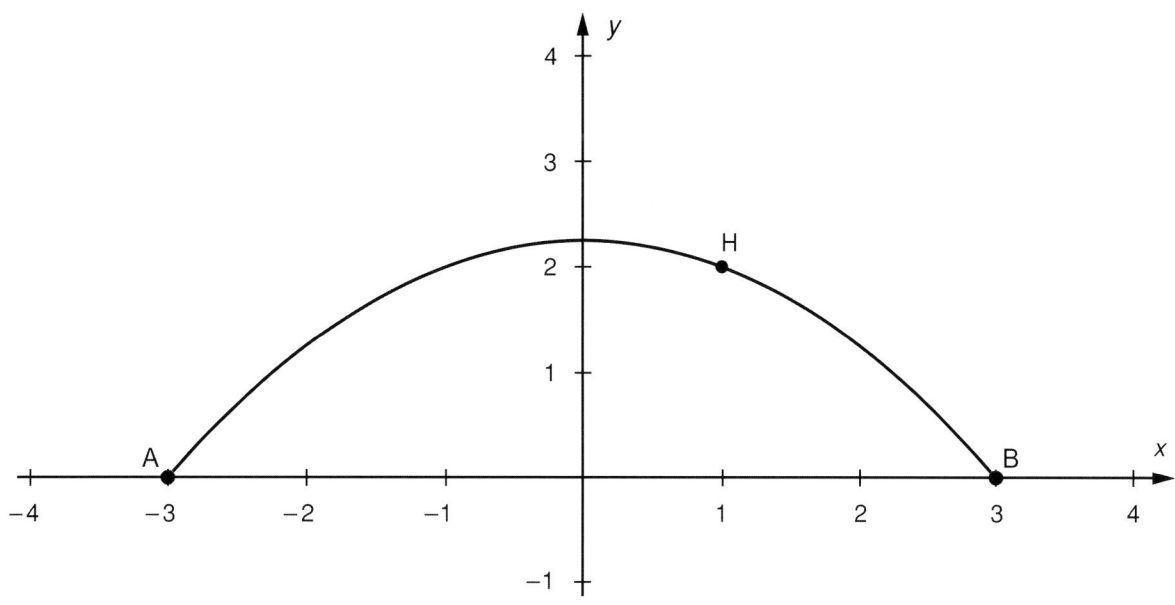

- Konstruiere ein Dreieck mit der Grundseite AB, dessen Höhen sich im Punkt H schneiden.

- Konstruiere weitere Dreiecke über AB, deren Höhenschnittpunkte alle auf der Parabel liegen.
  Wo liegt jeweils der dritte Dreieckspunkt C?

- Zeichne mehrere Dreiecke über AB, deren dritter Punkt C jeweils auf der Parabel liegt. Wo liegen die Höhenschnittpunkte dieser Dreiecke?

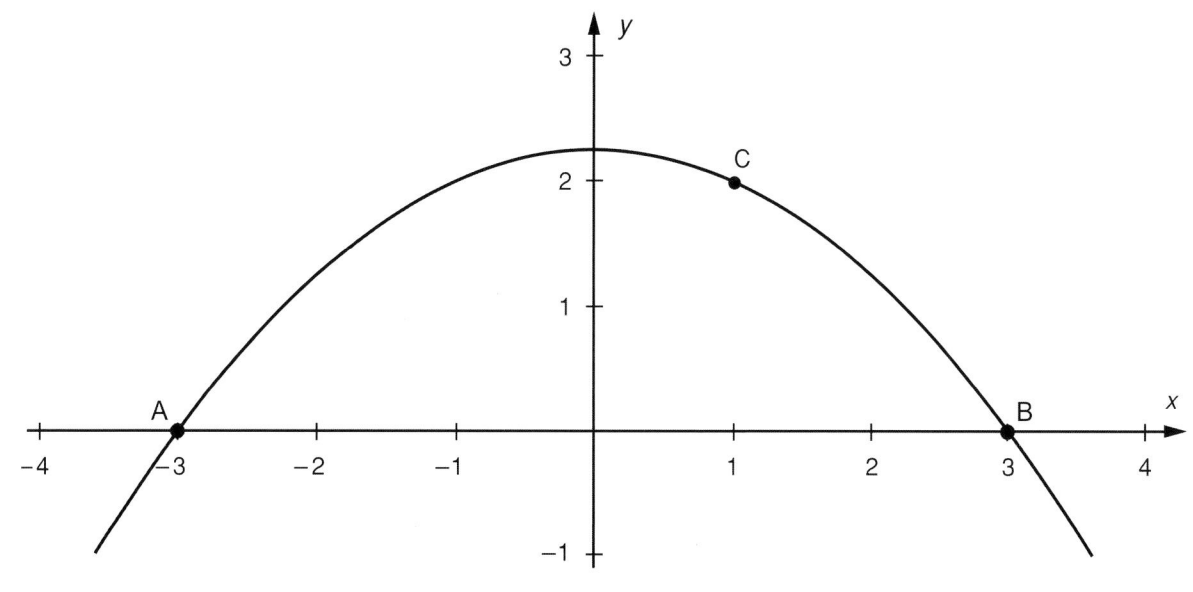

Lösungshinweise auf Seite 190

Terme und Tabellen

Suche dir einige der folgenden Terme aus und stelle eine Wertetabelle für sie auf.
Kannst du einen einfacheren Term angeben, der dieselbe Wertetabelle erzeugt?
Wenn ja, versuche **ohne Wertetabelle** zu erklären, wie der einfachere Term aus dem
gegebenen Term durch Umformung herstellbar ist.

- $12-(5-a)$

- $3b-(5+2b)$

- $24-2(c+8)$

- $12d-10(d+1)$

- $3(e+7)-2(7-e)$

- $4(3-2f)-3(4-2f)$

Lösungshinweise auf Seite 190

Gefleckte Fliesen

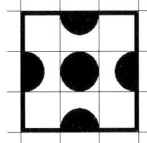

Eine quadratische Fliese trägt ein besonderes Muster. Die Abbildung unten zeigt dir, wie ein Fußboden aussieht, der mit ihnen ausgefliest wird.

- Wie viele ganze Kreise sind erkennbar, wenn ein Quadrat mit $n \times n$ Fliesen verlegt wird?

- Bleibt die Anzahl der sichtbaren Kreise dieselbe, wenn man verschiedene Rechtecke aus 100 solcher Fliesen zusammenfügt? Begründe deine Antwort.

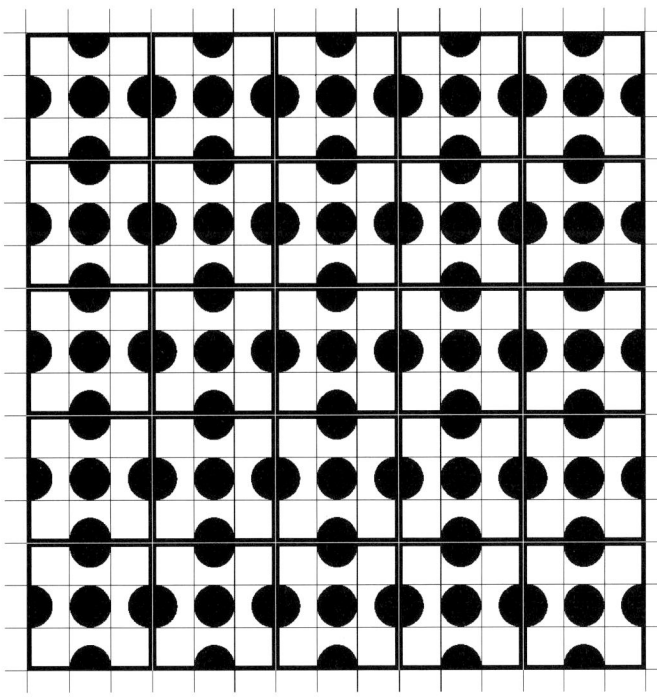

Lösungshinweise auf Seite 191

Teil-Terme

Du siehst unten drei Figuren, die Grundstücke darstellen sollen. Sie sind jeweils in zwei Teilgrundstücke *I*, *II* aufgeteilt.

- Gib die Größe des Gesamtgrundstücks und der Teilgrundstücke jeweils durch einen Term an. Verwende dabei die Variable *a* bzw. *b* bzw. *c* und die angeschriebenen Zahlenangaben.

- Vergleiche die von dir gefundenen Terme mit denen deines Nachbarn.
  Habt ihr die gleichen Ergebnisse erhalten?

- Die Aufteilung des zweiten und dritten Grundstücks soll begradigt werden, jedoch **ohne die Eigentümer von *I* und *II* zu benachteiligen**. Dabei soll die neue Grenze parallel zur unteren Rechteckseite verlaufen.

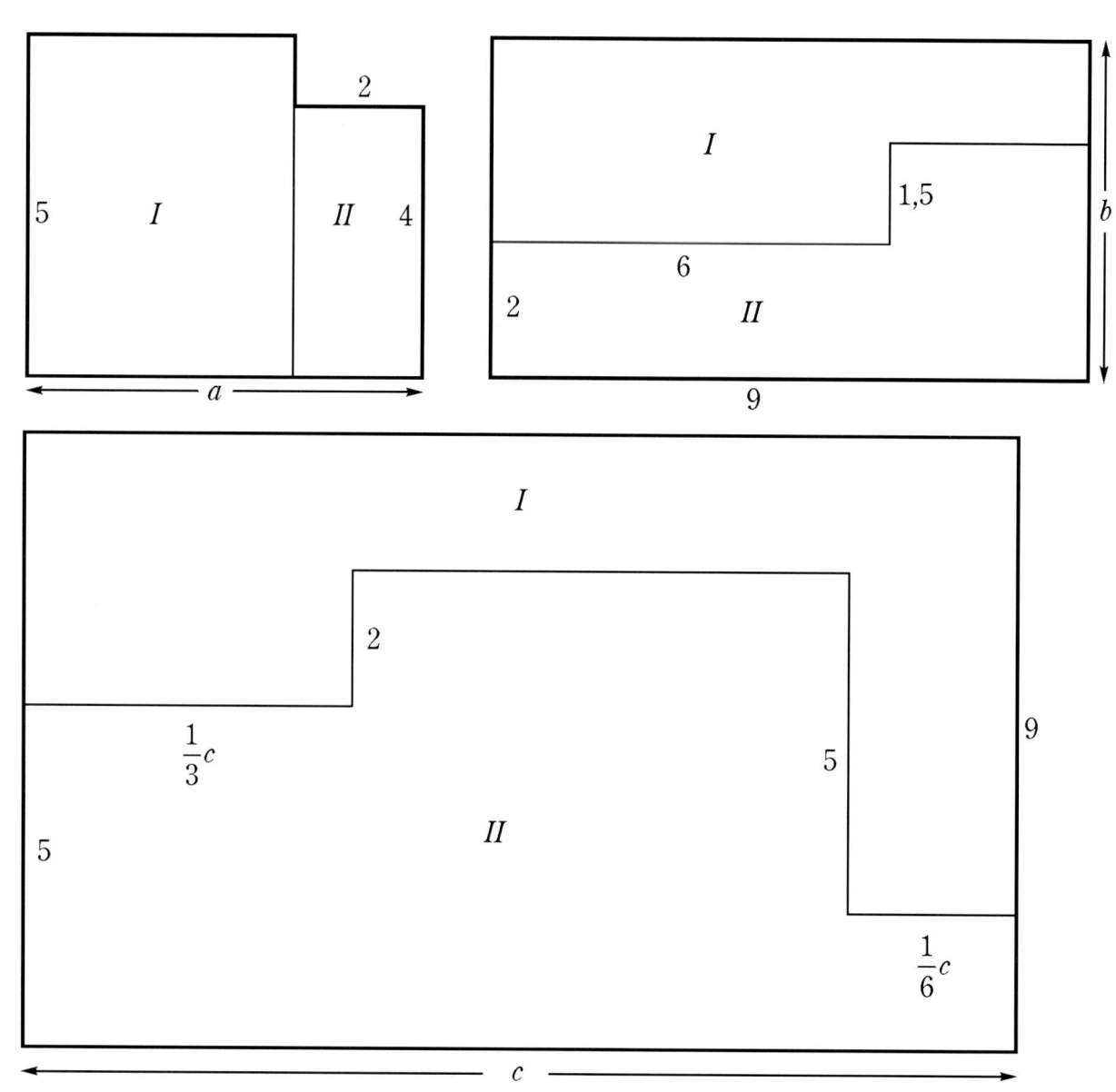

Lösungshinweise auf Seite 191

Augen auf!

Das nebenstehende Kantengerüst eines Quaders ist aus
Spielwürfeln zusammengeklebt,
und zwar so, dass die Seite mit
der Augenzahl 1 stets nach
vorn, mit der Augenzahl 2 stets
nach rechts, mit der Augenzahl
3 stets nach oben schaut. Die
Variablen a, b, c geben dabei
an, wie viele Würfel der Quader
breit, lang und hoch ist.

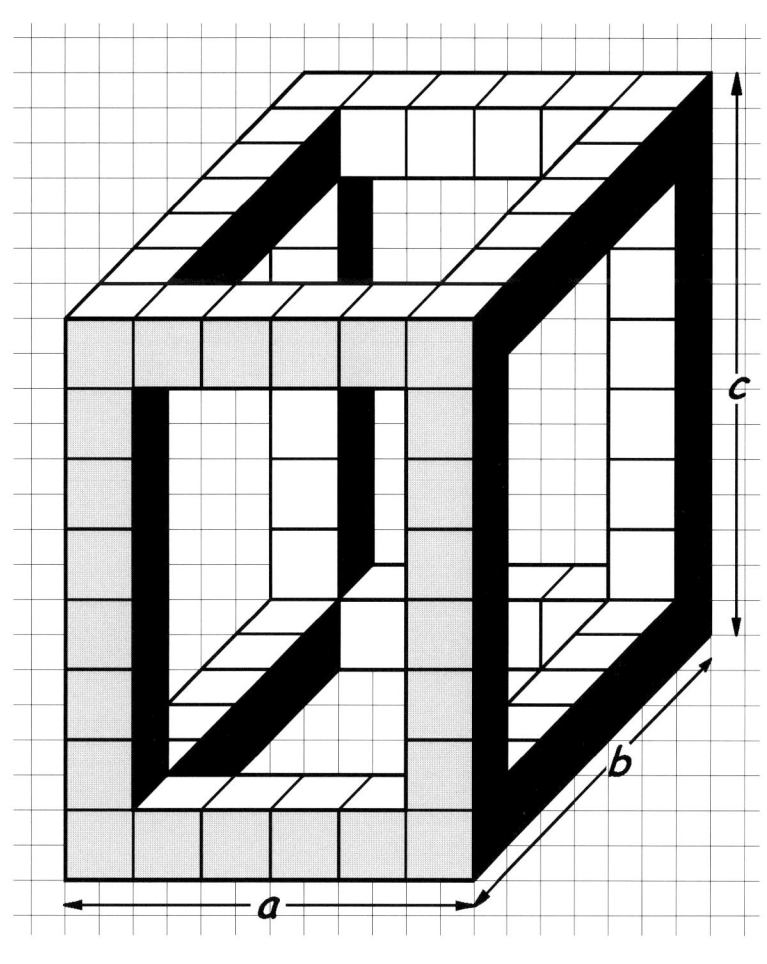

- Stelle einen Term mittels a,
  b, c auf, der die Anzahl der
  sichtbaren Flächen angibt,
  die jeweils die Augenzahl 1,
  die Augenzahl 2, die Augenzahl 3, die Augenzahl 4, die
  Augenzahl 5, die Augenzahl
  6 tragen. Dabei sollen die
  Flächen, auf denen der Kör-
  per steht, mitgezählt werden
  – denn sie sind ebenfalls
  sichtbar, wenn man ihn
  hochhebt.
  Vereinfache die Terme.

- Gib einen Term für die **Gesamtsumme** der sichtbaren Augenzahlen an.

Lösungshinweise auf Seite 192

Kästchen und Quadrate

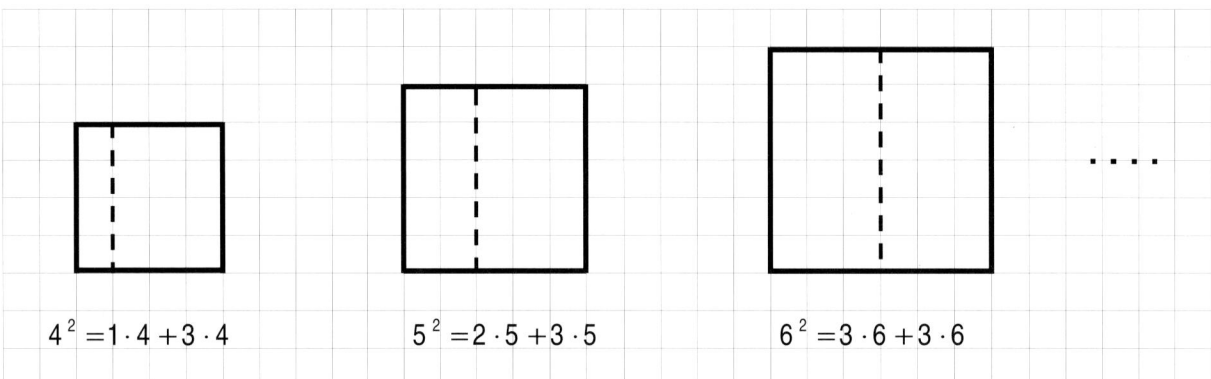

$$4^2 = 1 \cdot 4 + 3 \cdot 4 \qquad 5^2 = 2 \cdot 5 + 3 \cdot 5 \qquad 6^2 = 3 \cdot 6 + 3 \cdot 6$$

- Du siehst hier eine Reihe von Quadraten, deren Seitenlänge immer um 1 Kästchen zunimmt. Sie werden stets nach der gleichen Regel aufgeteilt. Wie setzt sich die Reihe fort?
  Gib einen Term für die Anzahl k^2 der Kästchen des Quadrates **gemäß dieser Aufteilung** an und überprüfe ihn durch Termumformung.

- Löse die gleiche Aufgabe bei der folgenden Aufteilung.

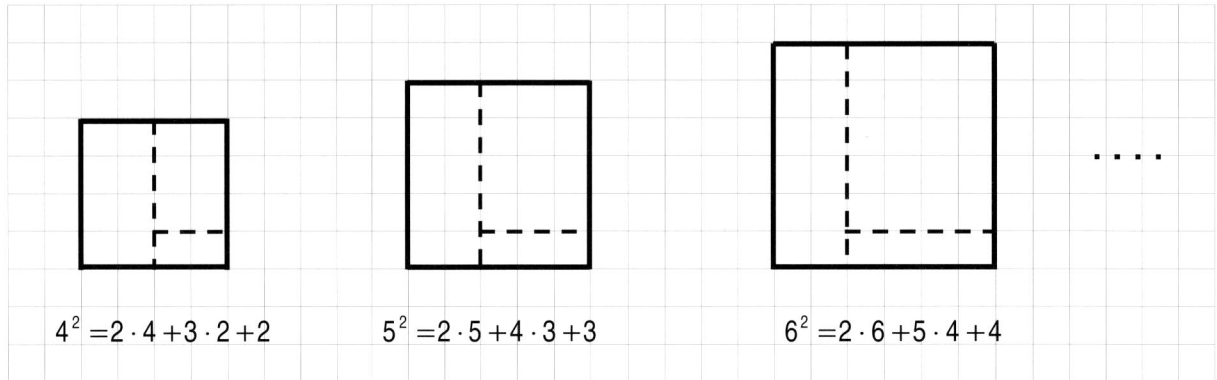

$$4^2 = 2 \cdot 4 + 3 \cdot 2 + 2 \qquad 5^2 = 2 \cdot 5 + 4 \cdot 3 + 3 \qquad 6^2 = 2 \cdot 6 + 5 \cdot 4 + 4$$

- Erfinde weitere Aufteilungsarten und gib den dazugehörigen Term an.

Lösungshinweise auf Seite 192

Quadrate kreuzweise

Die unten abgebildete Figur ist vierfach rotationssymmetrisch.

- Gib einen Term für ihre Fläche an und vereinfache ihn.

- Die Punkte A, D, G, J; B, E, H, K; C, F, I, L bilden jeweils ein Quadrat. Begründe diese Aussage und gib einen Term für ihren Flächeninhalt an. Vereinfache ihn.

- Kannst du $(a+b+c)^2$ mit Hilfe der obigen vier Flächeninhalte, die der Reihe nach mit T, U, V, W bezeichnet seien, ausdrücken?

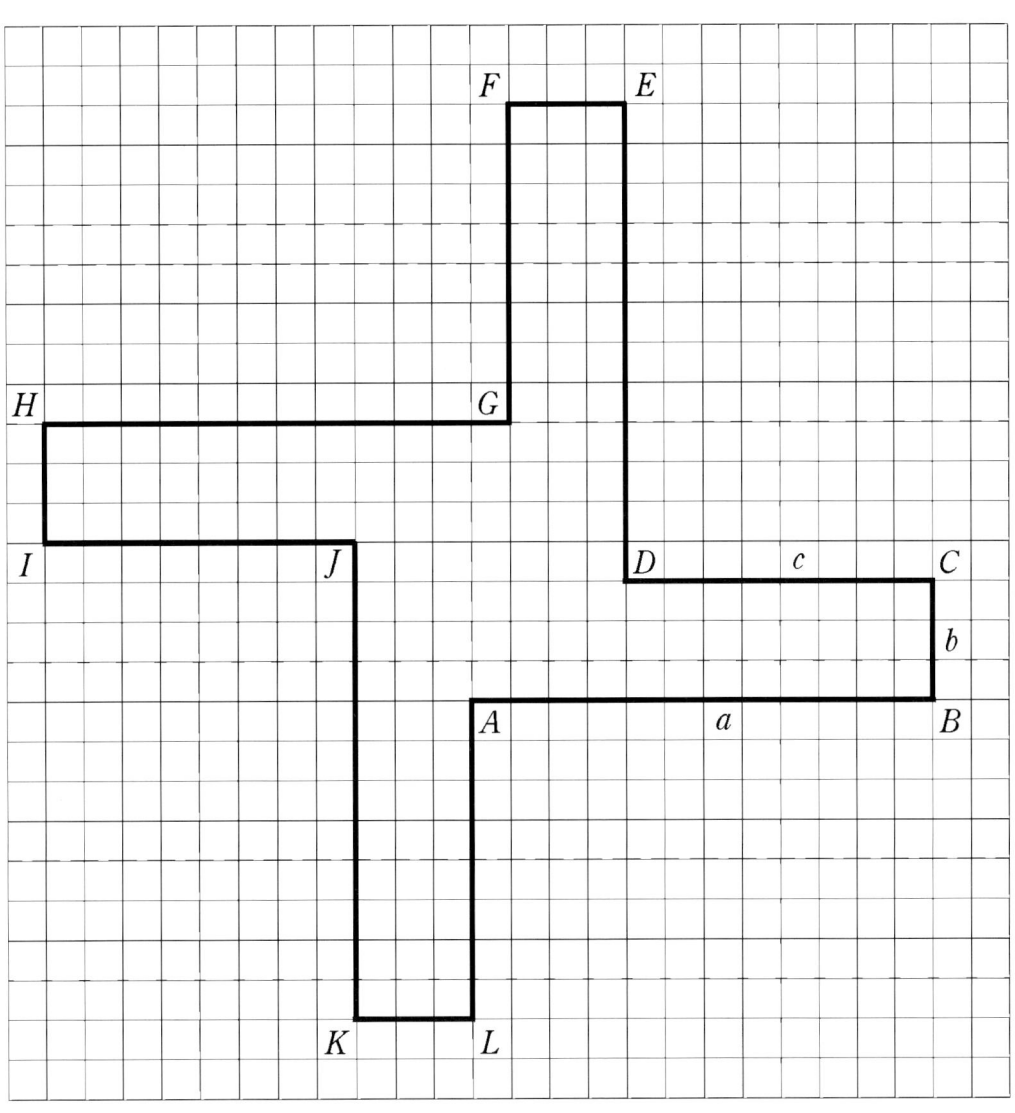

Lösungshinweise auf Seite 193

Die 10 Gleichungen

Welche Zahlen kannst du für die Variablen in den unten stehenden Gleichungen einsetzen, damit sie stimmen?

Wie du die Zahlen jeweils herausbekommst, bleibt dir überlassen – du solltest dein Vorgehen aber deinen Mitschülern klarmachen können.

- $12a + 27 = 63$

- $6b - 43 = 23$

- $15 = 39 - 8c$

- $3d + 9 = 5d + 5$

- $18 + 9e = 3e + 42$

- $24 - f = 10 + f$

- $24 - 3g = g$

- $30 - 4h = 48 - 5h$

- $20 + 7k = 60 - 3k$

- $20 - 7l = 60 - 3l$

Lösungshinweise auf Seite 194

Mal und plus Eins

Du weißt: Wenn man mit natürlichen Zahlen a, b den Term $ab+1$ bildet, so erhält man stets eine Quadratzahl, sofern $b-a=2$ ist.

Untersuche nun, ob für Terme der Form

$$abc+1 \text{ bzw. } abcd+1$$

Ähnliches gilt, wobei

$$b-a=c-b \text{ bzw. } b-a=c-b=d-c$$

sein soll. Das heißt, die natürlichen Zahlen, die miteinander multipliziert werden, sollen, der Größe nach geordnet, jeweils den gleichen Abstand voneinander haben.

Probiere systematisch, indem du die Anfangszahl und den Abstand änderst.
Wenn du eine Gesetzmäßigkeit entdeckst, versuche sie zu beweisen.

Lösungshinweise auf Seite 194

Quadratische Gleichungen

Löse nacheinander die folgenden Gleichungen.

- $x^2 = 20{,}25$

- $x^2 - 729 = 0$

- $52 - 13x^2 = 0$

- $5(x+3)^2 + (x-15)^2 = 996$

- $12(x-7)^2 = 600 - 168x$

- $36 = (x-8)^2$

- $16x = x^2 + 28$

- $14x + x^2 = 15$

Lösungshinweise auf Seite 195

Quadrate im Quadrat

Beim unten stehenden Quadrat sind die Mittelpunkte der Seiten markiert. Von ihnen aus soll in gleichem Abstand, und zwar im Uhrzeigersinn, auf jeder Seite ein Punkt so bestimmt werden, dass diese Punkte ein Quadrat mit vorgegebenem Inhalt bilden.

- Löse die Aufgabe, wenn das einbeschriebene Quadrat den Inhalt 68 hat.

- Löse die entsprechende Aufgabe für die Inhalte $54{,}5$; 80; 50.

10

Lösungshinweise auf Seite 196

Pyramidale Dreiecksnetze

Über einer Zahlengeraden in einem Dreiecksgitter kann man gleichseitige Dreiecke unterschiedlicher Größe errichten, wobei eine Ecke stets im Nullpunkt liegen soll. Unten siehst du das Dreieck, das zu $n=5$ gehört. Die Zahl der „Maschen" m, nämlich die Anzahl der kleinen Dreiecke, aus denen das „Dreiecksnetz" besteht, hängt von n ab, ebenso die Anzahl k der „Knoten", das heißt der im Dreieck miteinander verbundenen Gitterpunkte, sowie die Anzahl s der Verbindungsstrecken dieser Knoten.

Gib an, auf welche Weise sich m, k und s errechnen lassen, wenn die Zahl n bekannt ist. Versuche möglichst einfache Formeln zu finden, mit deren Hilfe das möglich ist.
Erkläre, wie du auf die Formeln kommst und warum sie für alle n gelten.

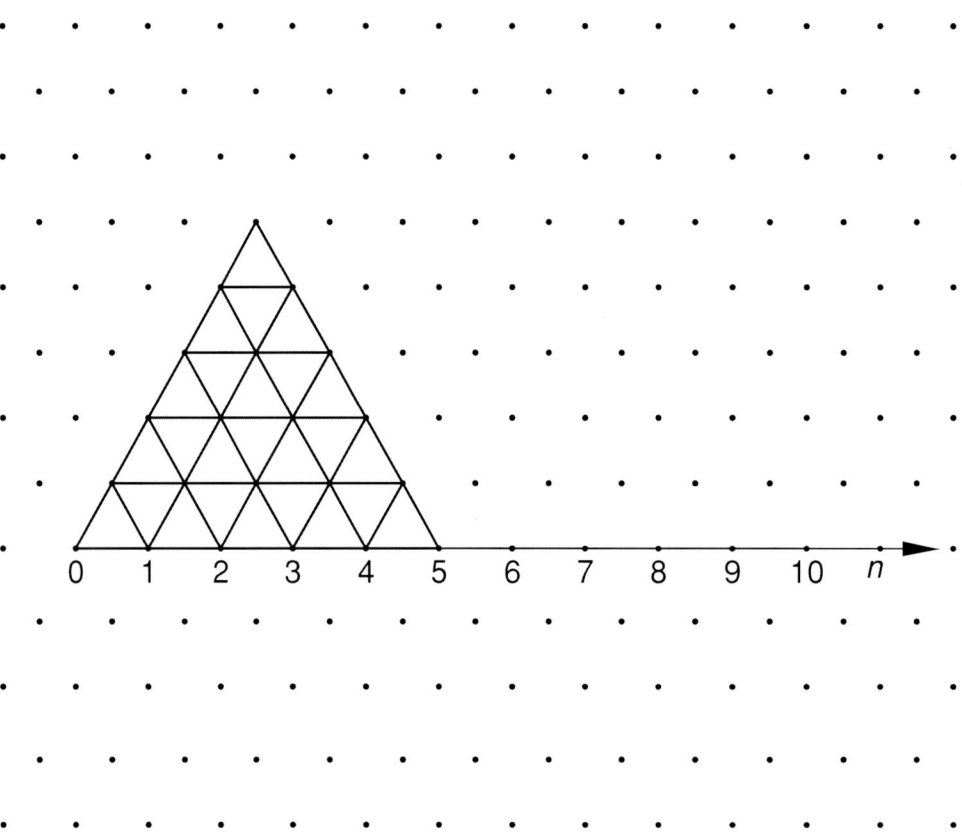

Lösungshinweise auf Seite 196

Lösungshinweise auf Seite 196

PASCAL-Trapeze

Einen Summenterm wie zum Beispiel

$$6x^3 - 12x^2 + 7x + 3,$$

nennt man „Polynom in x". Die einzelnen Summanden eines Polynoms bestehen also aus einem Zahlfaktor, den man auch als Koeffizienten bezeichnet, und einer Potenz der Variablen x. (Bei dem letzten Summanden in unserem Beispiel scheint die Potenz von x zu fehlen; man kann aber statt 3 auch $3x^0$ schreiben.) Der Übersichtlichkeit halber ordnet man die Summanden eines Polynoms nach fallenden Hochzahlen. Fehlt eine Potenz, nimmt man als zugehörigen Koeffizienten die Zahl 0.

Multipliziert man nun ein solches Polynom mit $x + 1$, so ergibt sich in unserem Beispiel

$$(6x^3 - 12x^2 + 7x + 3) \cdot (x + 1)$$
$$= 6x^4 + 6x^3$$
$$ - 12x^3 - 12x^2$$
$$ + 7x^2 + 7x$$
$$ + 3x + 3$$
$$= 6x^4 - 6x^3 - 5x^2 + 10x + 3.$$

An dieser Rechnung erkennt man: Die Koeffizienten des Ergebnisses erhält man dadurch, dass man die Koeffizienten des gegebenen Polynoms nebeneinander schreibt und, wie angedeutet, zwei aufeinander folgende addiert

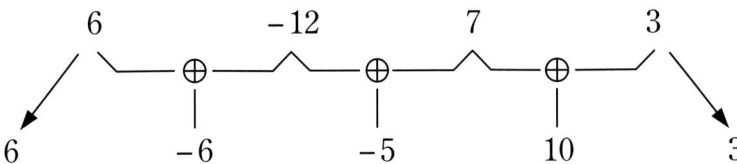

sowie außerdem den ersten und letzten Koeffizienten wiederholt.

- Führe das hier beschriebene Verfahren mit der Anfangszeile

$$2 \qquad 5 \qquad -5 \qquad 1$$

durch und wende es auf die Ergebniszeile erneut an und so weiter, bis ein „Zahlentrapez" aus mindestens vier Zeilen entstanden ist. Welche Multiplikationsaufgabe hast du damit gelöst?
Untersuche auch die „Schrägzeilen", die parallel zu den Seiten von oben nach unten verlaufen. Kannst du eine Gesetzmäßigkeit feststellen?
Bilde auch die Summe der Zahlen in den Waagerechten. Wie lassen sich die Ergebnisse erklären?

- Eine Schrägzeile, die von oben rechts nach unten links verläuft, soll der Reihe nach aus den Quadratzahlen $1, 4, 9, 16, \ldots$ bestehen. Finde ein passendes Zahlentrapez.

- Eine Zeile eines Zahlentrapezes lautet:

$$5 \qquad 20 \qquad 30 \qquad 20 \qquad 5.$$

Versuche die vorangegangenen Zeilen zu finden.
Was stellst du fest? Geht das immer?

Lösungshinweise auf Seite 198

Lösungshinweise auf Seite 199

$(2 + x)^4$

$a^4 + a^6$

$2{,}5^m \cdot 0{,}4^m$

$\dfrac{6^{12}}{3^{12}}$

$9^b \cdot b^9$

$n^{10} \cdot n^6$

$(6^2)^3$

$\dfrac{a^9}{a^{70}}$

$\dfrac{p^2 \cdot p^5}{p^3}$

$m^3 - n^3$

$d^3 \cdot d^7$

$10^{-4} \cdot a \cdot 10^9$

(6^{2^3})

$(2x)^4$

$c^{17} : c^{12}$

Versuche zu vereinfachen!

$a^5 \cdot 2^5$

$(6^3)^2$

Zirkelfiguren

- Unten siehst du fünf Figuren. Wähle einige von ihnen aus und konstruiere sie in deinem Heft nach. Die Seitenlänge des Quadrats soll dabei 6 cm betragen.

- Erfinde ähnliche Zirkelfiguren, die von einem Quadrat eingerahmt sind.

a)
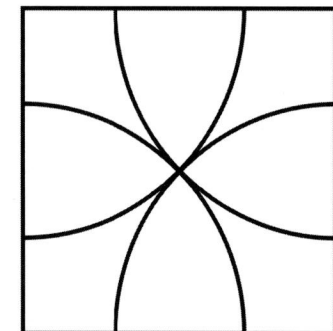

b)

c)
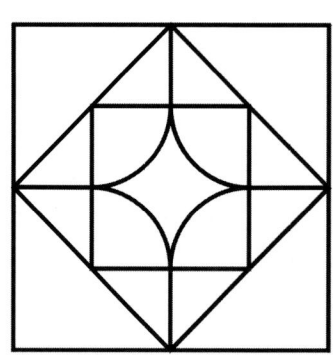

d)
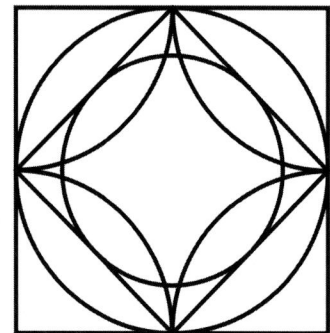

e)

Lösungshinweise auf Seite 199

Vierecke aus diagonaler Sicht

Ein Viereck $ABCD$ hat die beiden Diagonalen AC und BD.

- Zeichne Vierecke, bei denen die Diagonalen AC und BD *gleich lang sind,* und zwar 6 cm. Wie musst du die Diagonalen zeichnen, damit das Viereck ein Rechteck oder sogar ein Quadrat wird?

- Zeichne jetzt Vierecke, bei denen die Diagonalen AC und BD *senkrecht aufeinander* stehen. (Ihre Länge kann nun unterschiedlich sein.)
  Welche besonderen Vierecke kannst du jetzt erhalten?

Lösungshinweise auf Seite 199

Wendemanöver

Ein Motorboot, das bei P gestartet ist, fährt die Strecke 70 m nach Osten, wendet um $\alpha = 90°$ nach links, fährt die Strecke 40 m, wendet dann um $\beta = 120°$ nach links, fährt die Strecke 60 m und wendet dort um $\gamma = 60°$ nach links. Ab dann wiederholt es dieses Manöver genau, fährt also wieder 70 m, wendet um $90°$ nach links usw.

- Zeichne den Weg des Bootes unten im Maßstab $1:1000$ so weit es geht.
  Was fällt die dabei auf? Erkläre.

- Erfinde selbst entsprechende Figuren.
  Erkläre, wie du dabei vorgehst.

Lösungshinweise auf Seite 200

Rundherum, das ist nicht schwer …

Suche möglichst viele, möglichst verschieden große kreisrunde Objekte:
Teller, Untertassen, Tassen, Deckel, runde Tische, Münzen, CDs, Schallplatten, runde
Stifte, Dosen, Gläser, …
Miss jeweils den Durchmesser d und den Umfang u und trage die Werte in eine Tabelle ein.

- Fällt dir etwas auf?

- Trage die Messwert-Paare in ein geeignetes Koordinatensystem ein.

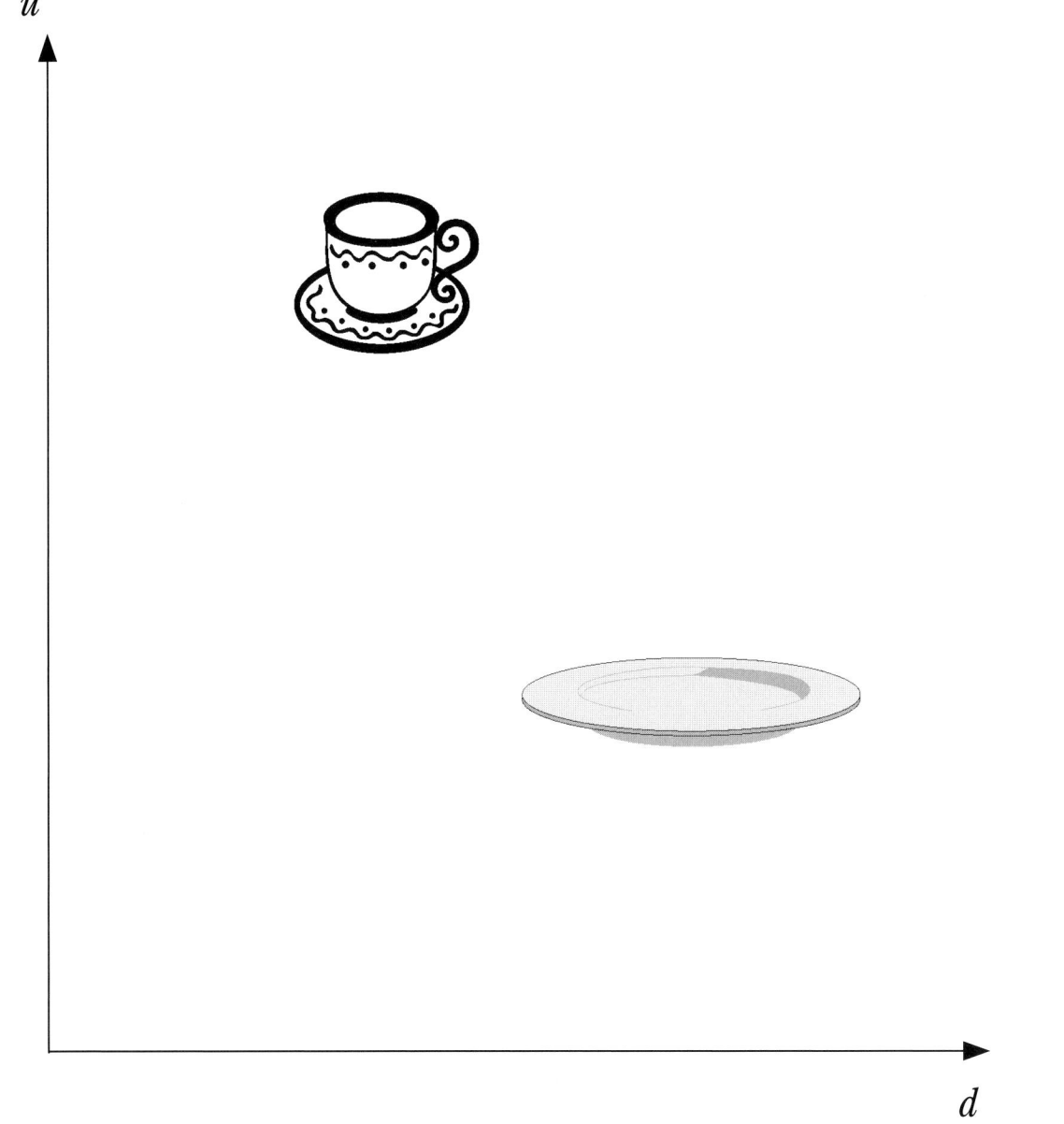

Lösungshinweise auf Seite 200

Das Haus vom Nikolaus

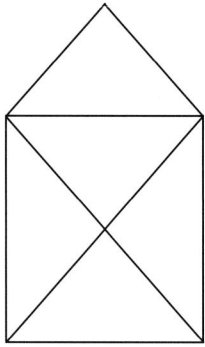

„Das ist das Haus vom Ni-ko-laus".

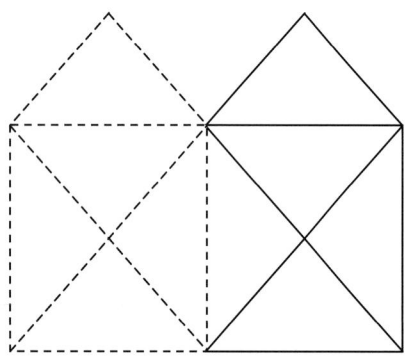

„Dies Haus dran vom Weih-nachts-mann".

Lösungshinweise auf Seite 201

1. Lässt sich das Haus vom Nikolaus in einem Zug zeichnen, d. h. ohne abzusetzen und ohne doppelt zu zeichnen?

2. Lässt sich das Haus vom Weihnachtsmann daneben genau so in einem Zug zeichnen?

3. Kann man beide Häuser gemeinsam in einem Zug zeichnen?

Wenn nein: Warum nicht?

Wenn ja: Wie muss man's machen – und warum?

              An welcher Ecke darf man anfangen,
              an welcher nicht?   Warum?

Gitterpunkte im Kästchenpapier

- Zeichne auf dem beigefügten Kästchenpapier (siehe nächste Seite) Rechtecke, deren Seiten auf den Linien des Papiers liegen. Die Punkte, in denen sich die Linien des Kästchenpapiers schneiden, werden im Folgenden „Gitterpunkte" genannt.

  Bestimme den Flächeninhalt F des von dir gezeichneten Rechtecks (in cm^2) sowie die Anzahl I derjenigen Gitterpunkte, die im Innern des Rechtecks liegen, und die Anzahl R derjenigen Gitterpunkte, die auf dem Rand deines Rechteckes liegen.

  Untersuche, ob sich ein Zusammenhang zwischen diesen drei Zahlen F, I und R feststellen lässt.

  Trifft dieser Zusammenhang für alle Rechtecke zu?

  Kannst du die Allgemeingültigkeit deiner Aussage begründen? Versuche den Zusammenhang geometrisch zu veranschaulichen.

- Behandle nun dieselbe Aufgabe wie oben für den Fall von Figuren, die sich aus zwei oder mehr Rechtecken zusammensetzen lassen, aber keine „Löcher" haben sollen.

  Was vermutest du für diesen Fall?

  Gib eine Begründung für deine Vermutung.

Lösungshinweise auf Seite 202

120

Lösungshinweise auf Seite 202

Sortieren nach Seiten

Zwischen den Seiten eines Vierecks gibt es verschiedene Beziehungen. Zum Beispiel können zwei gleich lang sein oder parallel oder beides. Aber es gibt noch viele weitere Möglichkeiten.

Suche dir nun selbst verschiedene solcher Möglichkeiten aus und zeichne zu jeder ein passendes Viereck. Wenn es eine besondere Gestalt hat, schreibe dies auf und überlege, ob es **diese Gestalt** unbedingt haben muss oder ob die von dir gewählte Möglichkeit auch andere Vierecke zulässt.

Lösungshinweise auf Seite 204

Gelenkiges Sechseck

Aus sechs 10 cm langen und 2 cm breiten nicht zu dicken Pappstreifen lässt sich mit Hilfe eines Lochers und sechs Briefverschlüssen ein „Gelenksechseck" basteln (vgl. die verkleinerte Kopie unten).

- Stelle ein solches her und versuche es so zu legen, dass es genau eine (genau zwei, genau drei) Symmetrieachse(n) besitzt. Könnte es noch mehr besitzen? Zeichne jedes Mal ein verkleinertes Beispiel und begründe die Symmetrieaussage. Untersuche, ob auch Sechsecke mit einem Symmetriezentrum, aber ohne Symmetrieachsen möglich sind.

- Kann man das Gelenksechseck auch so legen, dass es genau zwei rechte Winkel besitzt? Zeichne und begründe wie oben.

- Welche besonderen Vierecke kann man aus dem Gelenkviereck machen, welche nicht?

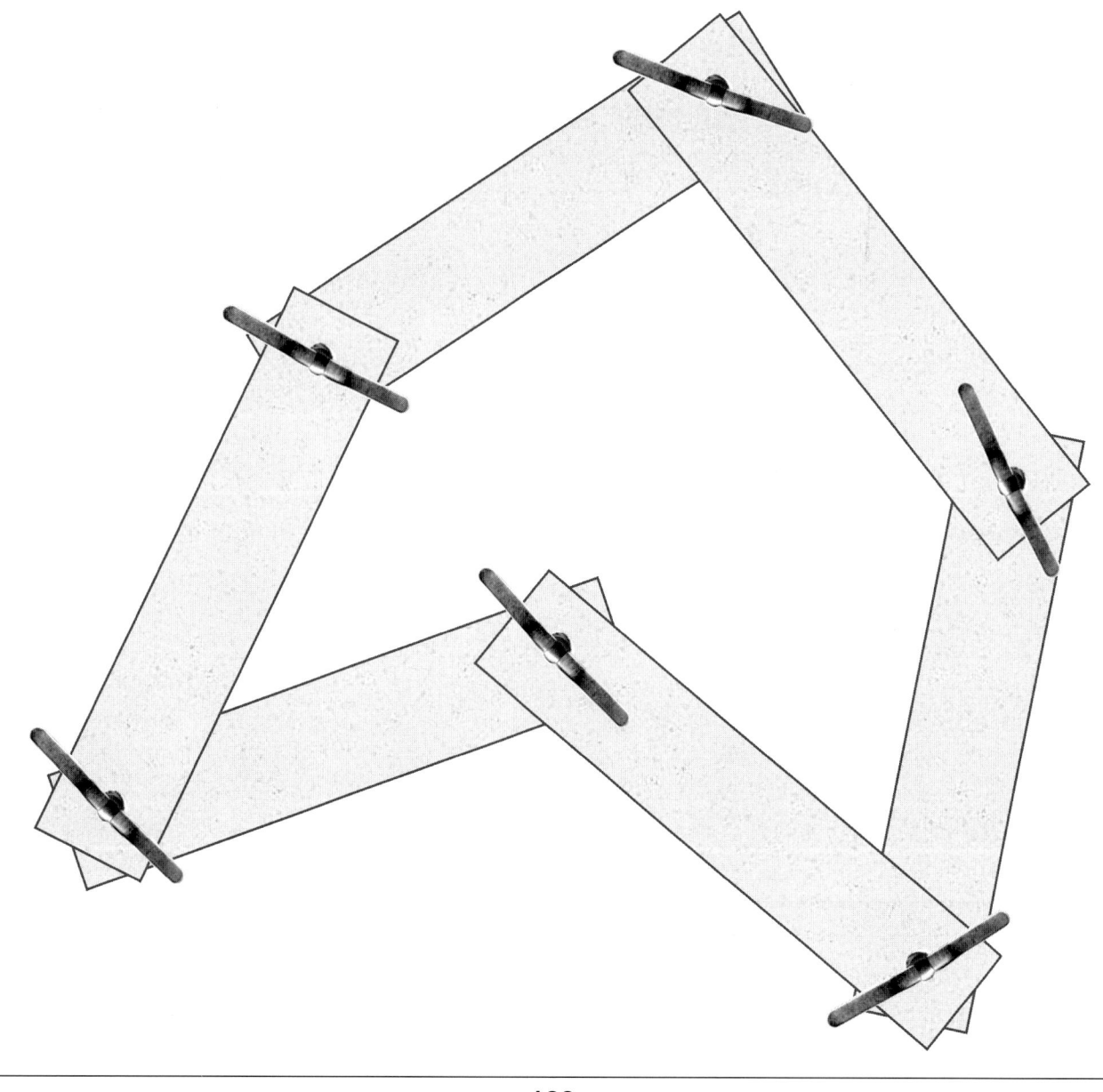

Lösungshinweise auf Seite 204

Parkette

Du erhältst drei DIN-A4-Kopien mit je 20 kongruenten Vierecken. Wähle einen aus und schneide die Vierecke aus. Versuche aus ihnen ein Parkett zu legen.

Wenn es dir gelingt, überlege, wie du das Parkett zeichnen könntest, und führe die Zeichnung mit einigen Vierecken aus.

Lösungshinweise auf Seite 205

Lösungshinweise auf Seite 205

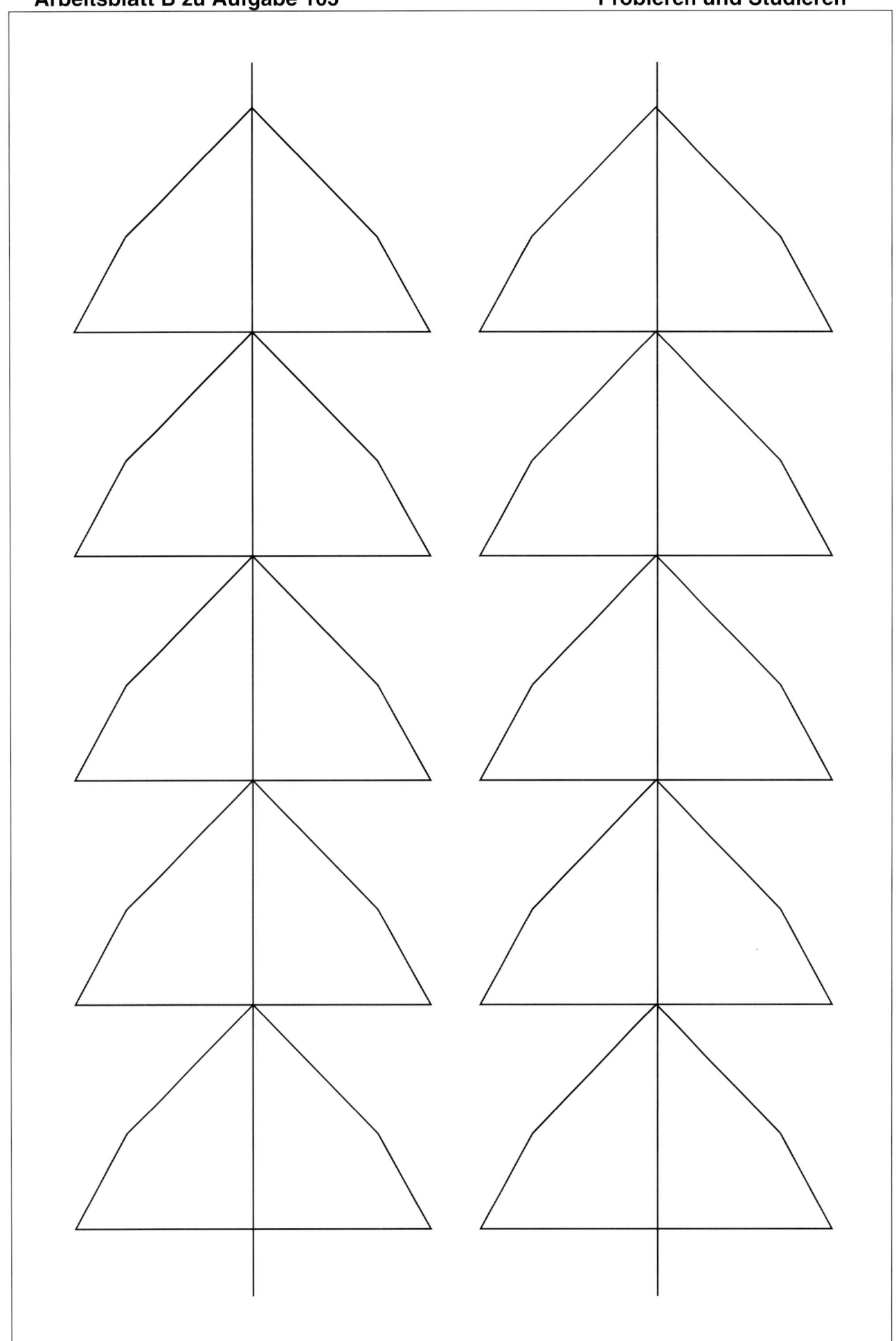

Lösungshinweise auf Seite 205

Lösungshinweise auf Seite 205

Gleicher Abstand zu Punkt und Gerade

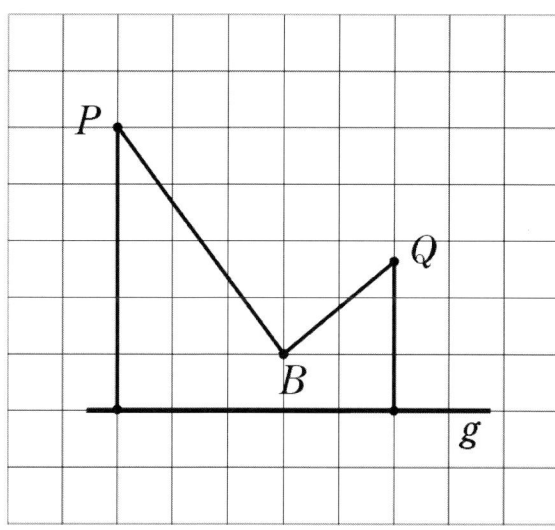

Der Punkt P ist genauso weit entfernt von der Geraden g und von dem Punkt B.

Auch der Punkt Q ist genauso weit entfernt von der Geraden g und von dem Punkt B.

Zeichne weitere solche Punkte.

Was entsteht?

Kannst du das erklären?

- Wenn du fertig bist, dann zeichne auf ein neues Blatt alle Punkte, die von der Geraden g **doppelt** so weit entfernt sind wie vom Punkt B. Was entsteht jetzt?

- Zeichne alle Punkte, die von der Geraden g **halb** so weit entfernt sind wie vom Punkt B. Was entsteht jetzt?

Lösungshinweise auf Seite 206

Eine Würfelentscheidung

Daniela und ihr jüngerer Bruder Jörg streiten sich häufig darum, wer von ihnen den Müll runtertragen muss. Deshalb schlägt Daniela Jörg vor, einen Würfel entscheiden zu lassen: „Du darfst dreimal würfeln. Ist eine Sechs dabei, trage ich den Müll runter, sonst machst du das."

Jörg erscheint die Sache fair. Probiert es zu zweit aus und überlegt, was ihr von Danielas Vorschlag haltet.

 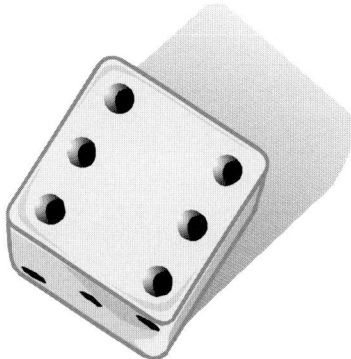

Lösungshinweise auf Seite 206

Zwillinge ziehen

Auf dem Tisch liegen verdeckt 6 Karten, und zwar 3 Damen, 2 Buben und 1 König.
Man zieht nacheinander zwei Karten. Stimmen sie überein, dann hat man gewonnen.

Wird man in diesem Spiel wohl oft gewinnen? Probiert es zu zweit aus und überlegt.

Lösungshinweise auf Seite 206

6 + 6 = 2 · 6?

Sonja und Daniel wollen würfeln. Wer die höhere Augensumme würfelt, gewinnt. Sonja hat zwei Würfel, Daniel nur einen. Deshalb schlägt Sonja vor, dass sie ihre beiden Würfel wirft und Daniel seinen; er aber dafür seine Augenzahl verdoppeln darf.

- Sie spielen eine ganze Weile. Wer gewinnt wohl die meisten Spiele?

- Probiere mit deinem Nachbarn und überlege!

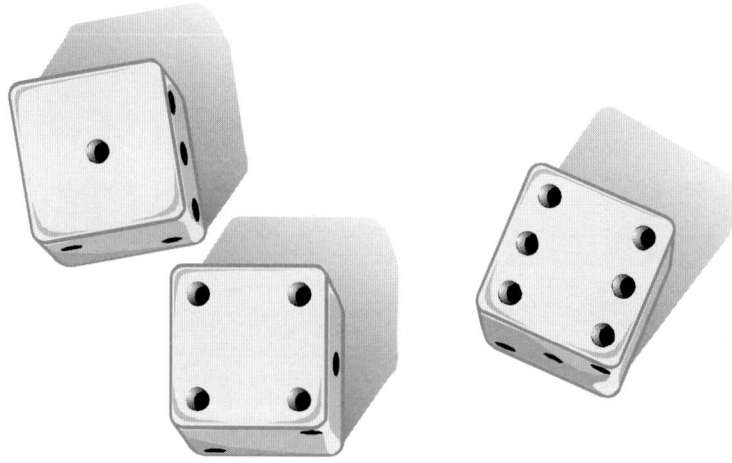

Lösungshinweise auf Seite 207

LEGO®-Steine

Auf wie viele verschiedene Arten kann man zwei LEGO®-Steine mit 8 Noppen zusammenstecken?

Und wenn man drei Steine hätte?

Lösungshinweise auf Seite 208

Das Bild zeigt zwei (von vielen) Möglichkeiten, mittels der „Rein- und Rausklapp"-Methode den Umfang eines Quadrates zu verdoppeln, ohne dass der Inhalt geändert wird.

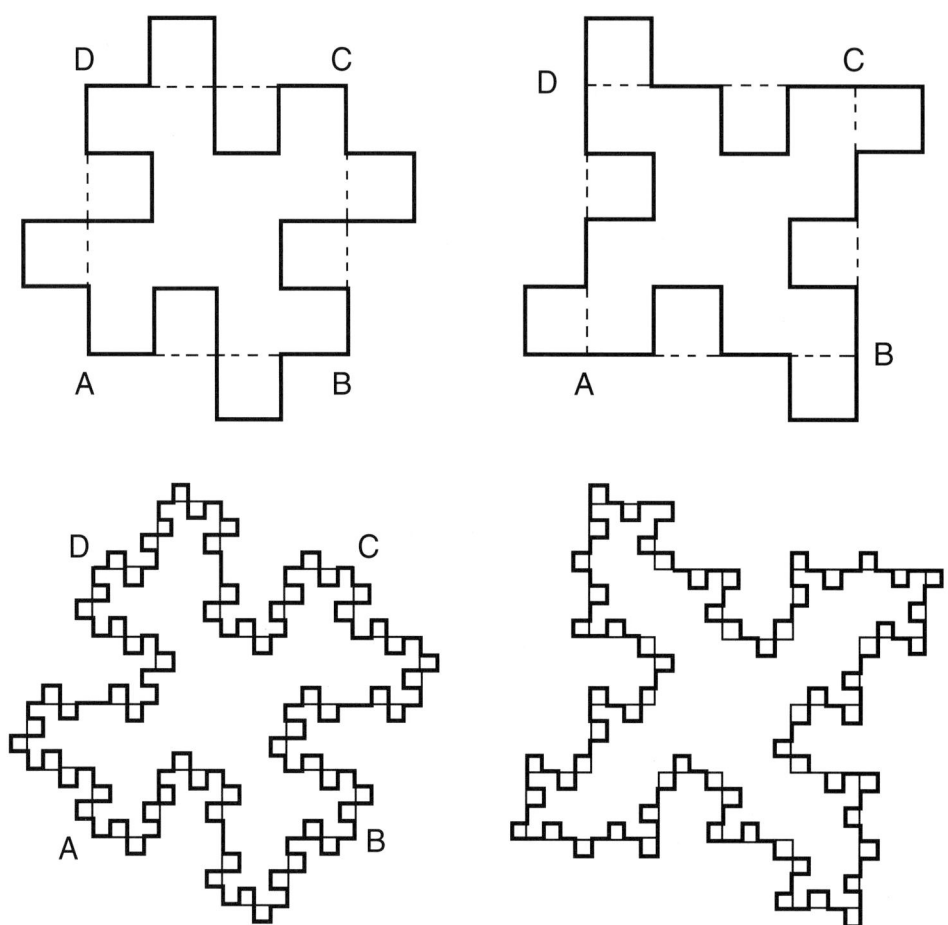

Man kann auf die kleinen Quadratseiten die gleiche Methode noch einmal anwenden (vgl. die Abb. darunter), wodurch der Umfang erneut verdoppelt wird. Bei Fortsetzung erhält man so „im Grenzfall" eine Fläche von der Größe des ursprünglichen Quadrats, aber mit unendlich großem Umfang.

Wenn man die Methode wörtlich nimmt, ist die Länge des herausgeklappten Rechtecks durch die Länge der Quadratseite nach oben begrenzt. Bei *einem* Rechteck ist dann die Umfangsverlängerung stets kleiner als die doppelte Quadratseite. Man kann aber sehr viele sehr schmale Rechtecke herausklappen, gewissermaßen „heraussägen", sodass ein kammartiges Gebilde entsteht. Auf diese Weise sind beliebige Umfangsverlängerungen möglich.

Dasselbe Ergebnis lässt sich auch mit nur **einem** sehr dünnen Rechteck erreichen, wenn man es in sehr engen *Windungen* aus dem Quadrat ausschneidet. Das nach außen „geklappte" Rechteck könnte man dann auch in Windungen um das Quadrat legen und hätte damit auf einer Heftseite ebenfalls Platz für beliebige Umfangsvergrößerungen.

Die Form des Randes spielt bei diesem Verfahren im Prinzip keine Rolle. Nimmt man anstelle der Rechtecke gleichschenklige und sehr spitze Dreiecke, wird fast derselbe Effekt erzielt wie mit Rechtecken gleicher Breite und Höhe.

Ein interessanter Effekt ist mit gleichseitigen Dreiecken gleicher Größe (oder auch mit Halbkreisen) zu erzielen, indem man jede Quadratseite in eine entsprechende „Zickzacklinie" (bzw. „Wellenlinie") auflöst. Dabei verdoppelt sich der Umfang (bzw. wird $0{,}5\pi$-mal so groß), und zwar ganz unabhängig von der Größe der Dreiecke (Halbkreise). Man kann so von einer Figur, die wie ein Quadrat mit der Seitenlänge a aussieht, behaupten, dass ihr Umfang $8a$ ($2\pi a$) beträgt, weil die Zickzacklinie bzw. Wellenlinie so fein ist, dass sie vielleicht noch nicht einmal unter dem Mikroskop erkennbar ist. Vgl. auch Aufgabe 56.

LÖSUNGSHINWEISE ZU AUFGABE 2

Stichwörter: Drehung, Uhr; **Schulstoff:** Inhalt, Polygon; **Schulstufe:** 5–6

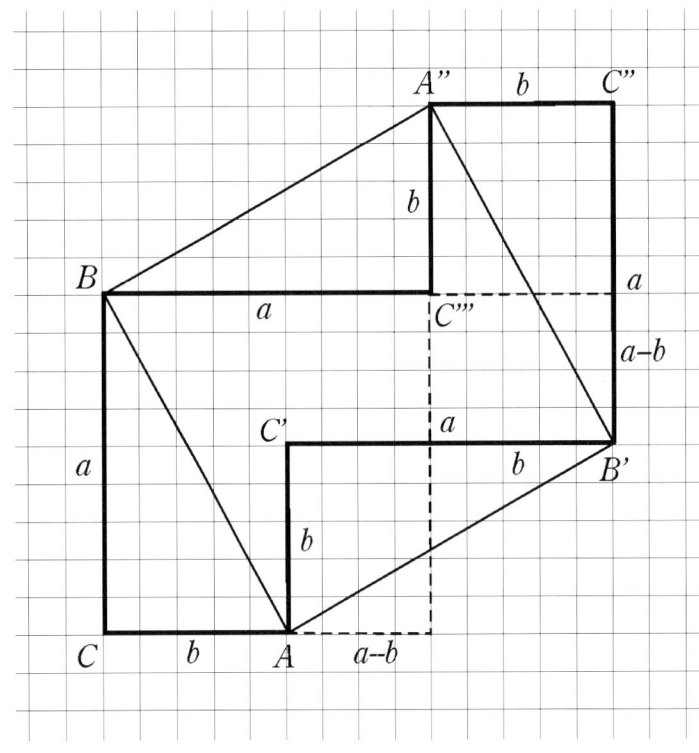

Der Flächeninhalt des Polygons kann durch Ausmessen bestimmt werden bzw. durch Zerlegung in Teilfiguren. Wenn man es (sehr) geschickt macht, sieht man, dass er stets gleich $a^2 + b^2$ ist (vgl. die gestrichelt eingezeichnete Zerlegung). Die erste Frage zielt darauf, diesen Sachverhalt wenigstens *numerisch* zu entdecken. Die zweite Frage ist leicht zu beantworten, da die Dreiecke ABC und $A''B'C''$ bedingt durch die Drehung genau in das Quadrat passen. Es hat also den gleichen Inhalt wie das Polygon.

Die Begründung für das Zusammenfallen der beiden Punkte ergibt sich daraus, dass der Streckenzug von B aus aufgrund der drei Drehungen um a Einheiten nach unten, b Einheiten nach rechts, b Einheiten nach oben, a Einheiten nach rechts, b Einheiten nach links, b Einheiten nach unten und schließlich a Einheiten nach links führt. Zu jeder Bewegung wird also auch die entgegengesetzte ausgeführt. Ferner muss $AB'A''B$ ein Quadrat sein, da aufgrund der Drehungen seine Winkel $90°$ betragen und $|AB| = |AB'| = |B'A''| = |A''B|$ ist.

LÖSUNGSHINWEISE ZU AUFGABE 3

Stichwörter: Saurier, Dinospuren; **Schulstoff:** Messen, Schätzen, Proportionale Zuordnung; **Schulstufe:** 7

Der Mann in dem Bild ist die geeignete Bezugsgröße, um das Abbildungsverhältnis des Fotos zu ermitteln. Dazu kann man in dem Foto die Länge des Mannes messen oder die Größe seines Kopfes oder die Größe des Helms oder … – und dann die entsprechenden Längen in der Wirklichkeit messen oder schätzen.

Der Helm ist im Foto etwa $1\,\text{cm}$ lang; in der Realität sind dies etwa $20\,\text{cm}$. Der Mann ist in seiner gebückten Haltung auf dem Foto etwa $6\,\text{cm}$ lang, in der Realität sind das ungefähr

120 cm. Die Maße aus dem Foto sind also ungefähr mit dem Faktor $20:1=120:6=20$ zu multiplizieren, um die entsprechenden Maße in der Realität zu erhalten.

Die Fußspuren sind im Foto gut $3\,\text{cm}$ lang, in der Realität also etwa $3\cdot20=60\,\text{cm}$ lang.

Wie lang war dann wohl der Dinosaurier?

Die Füße in der Dino-Zeichnung sind etwa $6\,\text{mm}$ lang, der ganze Dino ist etwa $7\,\text{cm}$ lang, wenn man seinen Schwanz und seinen Kopf (mit einbe-)zieht. Also ist er etwa $70:6\approx12$-mal so lang wie seine Füße.

Damit erhalten wir als Gesamtlänge des Sauriers schließlich etwa $12\cdot0,6\approx7\,\text{m}$.

Entsprechend ergibt sich die Gesamthöhe des Sauriers: In der Dino-Zeichnung ist er rund $3,5\,\text{cm}$ hoch, also etwa halb so hoch wie er lang ist. Also ist er etwa $3\tfrac{1}{2}\,\text{m}$ hoch gewesen.

Über seine Breite können wir nur spekulieren. Aber sicherlich bringt jemand aus der Klasse ein Saurier-Modell mit – damit gelingt uns dann auch diese Hochrechnung.

Ähnlich vage wird es uns mit dem Gewicht des Sauriers gehen. Aber auch hier gibt es zahllose Saurier-Experten in der Klasse – und wer will und kann, schaut im Internet nach, z. B. *http://www.nhm.ac.uk/education/online/dinosaur_data_files.html*.

Super-Dino entdeckt

Wilmington (dpa) – Größer und gefährlicher hat es Dinosaurier nie gegeben: Paläontologen sind in Argentinien auf das Fossil eines Fleischfressers gestoßen, der 15 Meter lang, neun Tonnen schwer und mit messerscharfen Zähnen ausgestattet war. Er hätte einen Menschen leicht mit einem Biss entzweit, erklärt der Forscher Don Lessem. Der neu entdeckte und bisher noch unbenannte Dino aus der Familie der Carcharodontosaurus ist das größte Biest, das je die Erde bevölkerte, noch dazu in Rudeln. Der berüchtigte Tyrannosaurus rex war knapp zwei Meter kleiner, und selbst dem erst kürzlich bekannt gewordenen Gigantosaurus fehlt ein guter Meter im Vergleich zu dem jetzt entdeckten Ungetüm.

Münchner Merkur, 13. 3. 2000

LÖSUNGSHINWEISE ZU AUFGABE 4

Stichwörter: Wisent, Baby; **Schulstoff:** Messen, Schätzen, Ähnlichkeit, Volumen; **Schulstufe:** 7

Auf dem Foto ist das Muttertier etwa $5\,\text{cm}$ hoch und $7\,\text{cm}$ lang und das Wisentbaby ist gut $2\,\text{cm}$ hoch und $3\,\text{cm}$ lang. Das Muttertier ist also um einen Faktor k größer als das Wisentbaby, wobei wir ungefähr wissen $2,3\le k\le2,5$.

Was bedeutet das nun für das Gewicht?

Das Muttertier ist k-mal so lang wie das Wisentbaby, aber auch k-mal so hoch und sicherlich auch etwa k-mal so breit – also ist das Volumen (und damit auch das Gewicht) dann $k\cdot k\cdot k=k^3$-mal so groß, wobei wir $2,3^3\le k^3\le2,5^3$ wissen, also sicher $12\le k^3\le16$.

Wenn wir davon ausgehen, dass das Muttertier auf dem Foto etwa $900\,\text{kg}$ wiegt (im Text werden 800 bis $1000\,\text{kg}$ genannt), dann ergibt sich für das Wisentbaby ein Gewicht, das zwischen $900:16\approx60\,\text{kg}$ und $900:12\approx75\,\text{kg}$ liegt.

Übrigens: Eine Nachfrage bei einem Zoo bestätigt diese Rechnung sehr genau!

LÖSUNGSHINWEISE ZU AUFGABE 5

Stichwörter: Adenauer, Kopf, Freiheitsstatue; **Schulstoff:** Messen, Schätzen, Ähnlichkeit; **Schulstufe:** 7

Die Kinder in dem Bild sind die geeignete Bezugsgröße, um das Abbildungsverhältnis des Fotos zu ermitteln: Das Kind im Vordergrund ist im Foto etwa $8\,\mathrm{cm}$ lang; in der Realität dürften dies etwa $1,30\,\mathrm{m}$ sein, wenn wir das Alter des Kindes schätzen. Die Maße aus dem Foto sind also ungefähr mit dem Faktor $130:8 \approx 16$ zu multiplizieren, um die entsprechenden Maße in der Realität zu erhalten.

Der Kopf des Denkmals ist im Foto $9\,\mathrm{cm}$ groß, in der Realität also ungefähr $9 \cdot 16 \approx 1,4\,\mathrm{m}$.

Wie groß müsste dann das Denkmal „von Kopf bis Fuß" sein? Wir vergleichen die Länge unseres Kopfes mit unserer Gesamtlänge und stellen fest, dass wir ungefähr 7-mal so lang sind wie unser Kopf (vielleicht hat dies jemand auch im Kunstunterricht gelernt). Damit ergibt sich für die gesuchte Gesamthöhe eines (fiktiven) vollständigen Adenauer-Denkmals schließlich $7 \cdot 1,4 \approx 10\,\mathrm{m}$.

Die New Yorker Freiheitsstatue ist gut viermal so hoch – entsprechend ist also der Kopf der Statue dort auch viermal so groß wie der Adenauer-Kopf in Bonn! Das können wir uns jetzt (besser) vorstellen, es hat sich also schon gelohnt, dass wir überlegt und (ein bisschen) gerechnet haben!

LÖSUNGSHINWEISE ZU AUFGABE 6

Stichwörter: Mund, Kopf; **Schulstoff:** Messen, Schätzen, Ähnlichkeit; **Schulstufe:** 7

Analog zu den vorigen Aufgaben ergibt sich, dass diese Riesen-Skulptur etwa die 20fache Größe eines normalen Menschen hat, also ungefähr 30 bis $40\,\mathrm{m}$ groß sein müsste.

Die New Yorker Freiheitsstatue hat etwa diese Größe – jetzt können wir uns auch vorstellen, wie man sich als Tourist im Inneren der Freiheitsstatue bewegen kann!

LÖSUNGSHINWEISE ZU AUFGABE 7

Stichwörter: Auge; **Schulstoff:** Messen, Schätzen, Ähnlichkeit; **Schulstufe:** 7

Analog zu den vorigen Aufgaben ergibt sich, dass das Auge dieses Riesen-Plakats etwa die 60- bis 80fache Größe eines normalen Auges hat. Ein Mensch mit einem solchen Riesen-Auge müsste also ungefähr 100 bis $150\,\mathrm{m}$ groß sein!

Damit überträfe diese Figur jedes Denkmal dieser Erde, wäre sogar drei- bis fünfmal so groß wie der eindrucksvolle Koloss von Rhodos!

LÖSUNGSHINWEISE ZU AUFGABE 8

Stichwörter: Zeitung, Fahrrad; **Schulstoff:** Messen, Schätzen, Ähnlichkeit; **Schulstufe:** 7

Diese Aufgabe bietet sich für Partner- oder Gruppenarbeit an. Ein nahe liegender Lösungsweg ist, einen verfügbaren kleineren Papierstapel zu messen (etwa aus einem Schreibheft oder einem Schulbuch, jeweils ohne den etwas dickeren Deckel), die Anzahl der Blätter zu zählen und dann entsprechend auf $11\,111$ Blatt „hochzurechnen". Eine übliche Packung Kopier-Papier mit 500 Blatt ist etwas mehr als $5\,\text{cm}$ hoch – daraus ergibt sich für 11111 Blatt dann eine Höhe von etwa $120\,\text{cm}$.

Das ungewöhnliche Foto motiviert natürlich auch zu der Frage nach dem ungefähren Gewicht des abgebildeten Zeitungsstapels. Damit ergibt sich eine typische „Ungefähr-Fragestellung", wie sie sich durchaus gelegentlich im Alltag stellt: Dazu müssen die Abmessungen des Zeitungsstapels aus dem Foto heraus geschätzt werden, etwa anhand der Größe der beiden Personen, und das typische Gewicht von Zeitungspapier muss experimentell näherungsweise bestimmt werden.

Für die Höhe des Zeitungsstapels ergibt sich etwa $1,5\,\text{cm}$, für die Länge etwa $0,5\,\text{m}$. Wenn die Breite der Zeitungen mit etwa $35\,\text{cm}$ angesetzt wird, ergibt sich als Volumen des Zeitungsstapels $V = 1,5 \cdot 0,5 \cdot 0,35\,\text{m}^3 \approx 0,3\,\text{m}^3$.

Das spezifische Gewicht für Zeitungspapier lässt sich aus einem kleinen Stapel Zeitung oder Kopierpapier wenigstens annähernd bestimmen: Das übliche Schreib- und Kopierpapier hat ein Gewicht von $80\,\text{g/m}^2$ (so steht es auf den Packungen!) und eine Dicke von $0,1\,\text{cm}$ (s. o.) – 100 Blatt sind also $1\,\text{cm}$ hoch, $10\,000$ Blatt sind also $1\,\text{m}$ hoch, $1\,\text{m}^3$ Papier wiegt somit $10\,00 \cdot 80\,\text{g} = 800\,\text{kg}$.

Unser Zeitungsstapel wiegt also etwa $0,3 \cdot 800\,\text{kg} \approx 200\,\text{kg}$ – kein Wunder also, dass die Fahrradreifen ein wenig zusammengedrückt werden …

LÖSUNGSHINWEISE ZU AUFGABE 9

Stichwörter: Atlantik, Wasser, Hektoliter; **Schulstoff:** Schätzen, Überschlagen, Größen, Volumen; **Schulstufe:** 5–7

Das „Wasser des Atlantiks" kann genutzt werden[*]
- zur Wiederholung der Volumenrechnung,
- zur Übung des Rundens (von Dezimalzahlen),
- zur Einübung sinnvollen Umgangs mit gegebenen und berechneten Daten.

Justus' Angabe bedeutet $528\,336\,944\,762\,379\,\text{hl} = 52\,833\,694\,476\,237,9\,\text{m}^3 = 52\,833,694\,476\,237\,9\,\text{km}^3 \approx 52\,834\,\text{km}^3 \approx 53\,000\,\text{km}^3$.

Der Atlantik soll also rund 53 Tausend km^3 Wasser enthalten.

Jeden Tag verdunsten riesige Mengen Meerwasser. Genauso riesige Mengen Wasser kommen durch Flüsse und durch Regen über dem Meer wieder dazu. Bei so großen Schwankungen am Tag ist eine Volumenangabe auf Hektoliter genau unsinnig. Das hätte Bob seinem allwissenden Freund sofort entgegnen können.

Volumenberechnung:
a) mit den Längenangaben:
   Aus $l = 150\,000\,\text{km}$; $b = 5000\,\text{km}$ oder $b_2 = 3000\,\text{km}$, $b_3 = 7000\,\text{km}$; $t \approx 4000\,\text{m} = 4\,\text{km}$. ergibt sich $V = l \cdot b \cdot t = 300\,000\,000\,\text{km}^3$: Das Volumen liegt zwischen $200\,\text{Mio.}\,\text{km}^3$ und $400\,\text{Mio.}\,\text{km}^3$.

b) mit den Flächenangaben:
   Aus $A_1 \approx 80\,\text{Mio.}\,\text{km}^2$, $A_2 \approx 110\,\text{Mio.}\,\text{km}^2$,
   ergibt sich $V_1 = A_1 \cdot t = 80\,\text{Mio.} \cdot 4\,\text{km}^3 = 320\,\text{Mio.}\,\text{km}^3$ und

---

[*] Nach: Heinz Böer: Runden und Überschlagen. In: *mathematik lehren,* Heft 93 (April 1999), S. 18–19

$V_2 = A_2 \cdot t = 110 \text{ Mio.} \cdot 4 \text{ km}^3 = 440 \text{ Mio. km}^3$: Das Atlantikvolumen liegt zwischen 320 Mio. km^3 und 440 Mio. km^3.

Insgesamt liegt das Wasservolumen liegt damit etwa bei 300 Mio. km^3. Die Zahl von Justus ist also viel zu klein, etwa um den Faktor 6000. Er hat sich wohl nur einfach irgendeine große Zahl ausgedacht und gehofft, dass keiner Bescheid weiß und protestieren kann.

LÖSUNGSHINWEISE ZU AUFGABE 10

Stichworte: Mund, Kopf; **Schulstoff:** Messen, Schätzen, Ähnlichkeit; **Schulstufe:** 7

Ein Vergleich der Maße der beiden Arbeiter mit dem Riesen-Mund auf der Werbetafel ergibt, dass der Mund etwa 60-mal so groß wie ein echter Mund sein dürfte. Die ganze Person wäre also rund 100 m groß – das Ulmer Münster ist allerdings noch einiges höher.

LÖSUNGSHINWEISE ZU AUFGABE 11

Stichwörter: Schuhe; **Schulstoff:** Tabelle, Zuordnung, Funktion, Term; **Schulstufe:** 7–8

Hier geht es zunächst darum, den Zusammenhang zwischen der vertrauten Schuhgrößen-Angabe und der Länge des Fußes in cm zu erkunden.

Dies kann einerseits näherungsweise sehr gut experimentell erfolgen durch Zusammentragen verschiedener Messwertpaare (große und kleine Füße messen und passende Schuhgröße notieren, auch als Hausaufgabe), andererseits durch Nachfragen im Schuhgeschäft. Hier sind entsprechende Tabellen:

Deutsche Größen (Pariser Stich)

Gr.	34	35	36	37	38	39	40	41	42	43	44	45	46	47
cm	22,7	23,3	24,0	24,7	25,3	26,0	26,7	27,3	28,0	28,7	29,3	30,0	30,7	31,3

US-Amerikanische Größen

Gr.	3	3½	4	4½	5	5½	6	6½	7	7½	8	8½	9	9½
cm	23,3	23,7	24,2	24,6	25,0	25,5	25,9	26,4	26,8	27,2	27,6	28,0	28,5	28,9

Englische Größen

Gr.	3	3½	4	4½	5	5½	6	6½	7	7½	8	8½	9	9½
cm	23,6	24,0	24,5	24,9	25,3	25,8	26,2	26,7	27,1	27,6	28,0	28,4	28,9	29,3
inch	9,3	9,5	9,7	9,8	10	10,2	10,3	10,5	10,7	10,8	11	11,2	11,3	11,5

Wesentlich ist dabei die Erkenntnis, dass es sich bei den üblichen Schuhgrößen-Angaben – nach dem so genannten „Pariser Stich" – offenbar um eine proportionale Zuordnung handelt:

Ist x die Fußlänge in cm und y die Schuhgröße im „Pariser Stich", dann gilt $y = \frac{3}{2}x$. Für die Schuhgröße 63 erhält man so die Fußlänge 42 cm (maximal, es soll ja nicht drücken!).

Sportschuhe tragen üblicherweise Schuhgrößen-Angaben nach den US-amerikanischen Maßen. Die entsprechende Zuordnung *Fußlänge → US-Schuhgröße* ist nicht proportional, aber offenbar wohl linear: Aus der obigen Tabelle ist z. B. ersichtlich, dass ein Anwachsen der Fußlänge um jeweils etwa 3 cm ein Anwachsen der US-Schuhgröße um $3,5$ bedeutet. Auf diese Weise lässt sich die Tabelle für die US-amerikanischen Größen entsprechend fortsetzen:

US-Größe	...	5	...	8 ½	...	12	...	...	...	23 ½	...	ca. 25
cm	...	25,0	...	28,0	...	31,0	...	...	...	40,0	...	42,0

Damit ergibt sich für die Fußlänge 42 cm die Sportschuh-Größe 25 – natürlich muss Alexander Sizonenko ggf. auch mal die Größen $24\frac{1}{2}$ und $25\frac{1}{2}$ probieren ...

LÖSUNGSHINWEISE ZU AUFGABE 12

Stichwörter: Schuhe; **Schulstoff:** Tabelle, Zuordnung, Funktion, Term; **Schulstufe:** 7–8

Ist x die Fußlänge in cm und y die Schuhgröße im „Pariser Stich", dann gilt $y = \frac{3}{2}x$ (siehe die vorherige Aufgabe).

Für die im Zeitungsausschnitt genannten Fußlängen 22 mm, 14 mm und 3 mm erhält man so jeweils die zugehörigen Schuh-„Größen" $3,3$ bzw. $2,1$ bzw. $0,45$.

Ein Mensch mit z. B. Schuhgröße 40 hat eine Schrittlänge von etwa 70 cm, bei Schuhgröße 4 wäre also die Schrittlänge etwa 7 cm, bei Schuhgröße 2 nur halb so lang. Damit bräuchte ein Zwerg mit der Schuhgröße $2,1$ rund 30 Schritte für einen Meter.[*]

LÖSUNGSHINWEISE ZU AUFGABE 13

Stichwörter: Kopf, Wasser-Kopf, Expo-Park; **Schulstoff:** Schätzen, Proportionale Zuordnung, Mittelwert; **Schulstufe:** 7–9

Im Gegensatz zu ähnlichen anderen Aufgaben fehlt hier für den abgebildeten Riesen-Kopf ein Anhaltspunkt *auf gleicher Höhe*, d. h. in etwa der gleichen Entfernung. Allerdings gibt es zum einen den Mann mit dem Fahrrad im Vordergrund und zum anderen die beiden Personen, die im Hintergrund auf der Parkbank sitzen. Da der Riesen-Kopf sich offenbar ungefähr in der Mitte zwischen diesen beiden Bezugspunkten befindet, bietet sich eine geeignete Mittelung an.

Der Kopf der stehenden Person im Vordergrund ist auf dem Foto etwa 1 cm groß und die Köpfe der sitzenden Personen im Hintergrund sind auf dem Foto etwa $0,2$ cm groß. Ein Kopf in der Mitte – also in der Höhe des Riesen-Kopfes – wäre auf dem Foto wohl etwa $(1 + 0,2) : 2 = 0,6$ cm groß.

---

[*] Nach: Wilfried HERGET & Corinna STUCK: Wie groß sind Sieben-Meilen-Stiefel? In: *mathematik lehren*, Heft 74 (Februar 1996), S. 19–21.

Der Riesenkopf ist auf dem Foto etwa 3,6 cm groß, also etwa 6-mal so groß wie ein menschlicher Kopf. Damit wäre „von Kopf bis Fuß" ein vollständiges „Wasserkopf-Denkmal" ungefähr 6·1,75 m, also rund 10 m groß.

LÖSUNGSHINWEISE ZU AUFGABE 14

Stichwörter: Lüneburg, Wasserturm, Sichtweite, Weitblick; **Schulstoff:** Satz des PYTHAGORAS; **Schulstufe:** 9–10

Eine geeignete Zeichnung ist hier ein wesentlicher Teil der Lösung. In der Aufgabenstellung wurde auf die Vorgabe einer solchen Zeichnung ganz bewusst verzichtet. Bei der Zeichnung geht es darum, all das zu berücksichtigen, was zur Lösung notwendig erscheint – und alles, was nicht zur Aufgabe gehört, sollte weggelassen werden. Dieses Reduzieren der Situation auf das (mathematisch) Wesentliche ist hier – wie auch sonst oft – der entscheidende erste Schritt zur Lösung.

Diese Aufgabe mit dem Zeitungsausschnitt vom Lüneburger Wasserturm greift eine ähnliche Aufgabenstellung von Walter BÄCHTOLD (St. Gallen/Schweiz) auf (vgl. HERGET, Wilfried: Die etwas andere Aufgabe – Horizonte, Hannover und der schiefe Turm von Pisa. – In: *mathematik lehren,* Heft 86 (Februar 1998), S. 58–59):

> Nicole und Patrick besuchen in den Ferien in der Bretagne einen Leuchtturm. Verträumt schaut Nicole aufs unendliche Meer hinaus. „Wie weit", fragt sie nachdenklich, „sehen wir wohl?"

In einer Klasse (in der der Satz von PYTHAGORAS bekannt sein muss) dürfte die Suche nach der Antwort meist mit einer Diskussion über die Sichtweite aufgrund atmosphärischer Gegebenheiten (Tageszeit, Luftfeuchtigkeit, Luftverschmutzung) und die Grundgesetze des Sehens beginnen. Allmählich kommt dann die Frage nach der Entfernung des Horizontes ins Spiel und nach und nach erst entsteht eine geeignete Zeichnung zur Beschreibung der Situation (siehe die folgende Abbildung): das Wesentliche überzeichnend-hervorhebend, ganz und gar nicht maßstabsgerecht – und zwar als Blick „aus dem Weltraum", denn aus der Sicht des Menschen „vom Leuchtturm aus" lässt sich die Aufgabe wohl kaum lösen.

Diese alles erklärende Figur mit Erde, Turm, Sehlinie und Horizont kann man natürlich auch vorgeben (wie in manchem Schulbuch) – aber gerade das Suchen und Finden einer solchen Zeichnung ist viel zu faszinierend, als dass man darauf verzichten sollte.

Die folgende Variante, bei der die Höhe explizit gegeben ist (aber – natürlich! –nicht die Zeichnung), gehört seit etwa 20 Jahren zu unserem Aufgaben-Fundus. Die Quelle ist leider nicht bekannt.

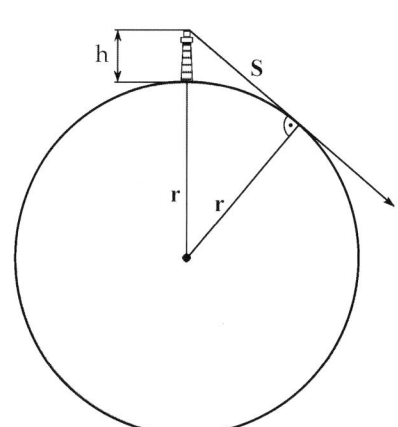

Leuchtturm-Horizonte

(Abbildung aus *mathematik lehren,* Heft 86 (Februar 1998), S. 58–59, nach: ABDERHALDEN u. a., Aufgabensammlung Geometrie, Bd. 4, S. 61, Nr. 59. Lehrmittelverlag St. Gallen)

> Ein Kapitänsauge befindet sich 5 m über dem Meeresspiegel. Wie weit (gerundet auf ganze km) ist sein Horizont?
>
> (Erdradius $6,4 \cdot 10^6$ m, ruhige See, ausgeschlafener und nüchterner Kapitän.)
>
> Führe eine Näherungsrechnung aus (ohne Taschenrechner).

Für diese Angaben errechnet sich (zum Lösungsweg siehe unten) eine Blickweite von immerhin 8 km. Im Anschluss an dieses Ergebnis kann dann die folgende Zusatzaufgabe ihren ganz besonderen Reiz entfalten:

> Wie hoch muss sich das Kapitänsauge befinden, damit das Blickfeld gerade einen Kilometer weit reicht?

Schätzen Sie bitte zunächst selbst, ehe Sie rechnen!

Hier nun eine Lösung zu der Lüneburger Wasserturm-Aufgabe:

Aus der Zeichnung ergibt sich mit dem Satz von PYTHAGORAS[*]

$r^2 + s^2 = (r+h)^2 = r^2 + 2rh + h^2$, also

$s^2 = 2rh + h^2 \approx 2rh$ (da h sehr viel kleiner als r ist), folglich

$s \approx \sqrt{2rh}$ und $h \approx \dfrac{s^2}{2r}$.

Für $h = 56\,$m ergibt sich damit $s \approx \sqrt{2 \cdot 6370\,\text{km} \cdot 0{,}056\,\text{km}} \approx 26{,}7...\ \text{km}$.

Die in der Zeitung angegebene Sichtweite von 40 km ist also deutlich höher!

Auch wenn wir stattdessen die Entfernung auf der Erdoberfläche, also die Länge des Bogens berechnen, ändert sich daran nichts: Für den Winkel α im Erdmittelpunkt ergibt sich $\tan\alpha = \dfrac{l}{r}$, also für die Bogenlänge $l = r \cdot \alpha = r \cdot \arctan\dfrac{l}{r} \approx 6370 \cdot \arctan 0{,}00419 \approx 26{,}7\,\text{km}$.

Aus dem beträchtlichen Unterschied der errechneten Sichtweite von knapp 27 km und den in der Zeitung genannten 40 km können sich nun weitere, ebenso produktive Fragen ergeben:

- Wie hoch müsste der Turm sein, damit sich tatsächlich eine Sichtweite von 40 km ergibt?

  Antwort: $h \approx \dfrac{s^2}{2r} = \dfrac{40^2}{2 \cdot 6370}\,\text{km} = 0{,}1255...\ \text{km} \approx 126\,\text{m}$.

Der Unterschied zu der in der Zeitung genannten Höhe des Wasserturms ist sehr groß – 126 m wäre die Höhe eines ausgesprochen hohen Kirchturms!

- Wie hoch müsste ein Objekt in einer Entfernung von 40 Kilometern sein, damit es von dem 56 m hohen Wasserturm gerade noch sichtbar ist?

  Antwort: Gleichbedeutend damit ist die Frage nach derjenigen Höhe h, die zu der „Rest-Entfernung" $s = 40\,\text{km} - 26{,}7\,\text{km} = 13{,}3\,\text{km}$ gehört:

  $h \approx \dfrac{s^2}{2r} = \dfrac{13{,}3^2}{2 \cdot 6370}\,\text{km} = 0{,}01388...\ \text{km} \approx 14\,\text{m}$.

Da größere Bäume und Häuser durchaus 14 m hoch sind, ist die Aussage des Zeitungstextes also zumindest in diesem Sinne dann doch noch als richtig interpretierbar.

---

[*] Vier verschiedene, knappe und elegante Wege zu diesen Formeln finden sich übrigens in *Praxis der Mathematik* 33 (1991), Heft 3, S. 136/138 (I. PAASCHE), eine Ergänzung dazu in *Praxis der Mathematik* 34 (1992), Heft 2, S. 42 (Arnold KIRSCH).

Stichwörter: Hagel, Ei; **Schulstoff:** Volumen, Kugel; **Schulstufe:** 10

Das Hagelkorn hat ungefähr Kugelgestalt. Der Radius lässt sich aus dem Foto annähernd bestimmen, entweder durch Vergleich mit der Hand oder mit dem gezeigten Ei.

Aus $r \approx 4$ cm folgt: $\quad V = \frac{4}{3}\pi r \cdot r^3 \approx \frac{4}{3}\pi \cdot 4^3 \text{ cm}^3 = 268{,}08\ldots \text{ cm}^3 \approx 300 \text{ cm}^3$.

Für das Ei-Volumen gibt es dagegen keine „fertige" Formel in der Formelsammlung. Hier ist nun Fantasie gefragt – und es gibt verschiedene Wege, um zu einer Lösung zu gelangen.

Eine Möglichkeit: Wir ersetzen das Ei durch eine Kugel, deren Durchmesser etwas kleiner als die Länge des Eies, aber etwas größer als die Breite des Eies ist. Aus dem Foto kann man wie oben etwa auf $r \approx 2{,}5$ cm für die „Ersatz-Kugel" schließen. Daraus ergibt sich dann

$$V = \frac{4}{3}\pi r \cdot r^3 \approx \frac{4}{3}\pi \cdot 2{,}5 \text{ cm}^3 = 65{,}44\ldots \text{ cm}^3 \approx 70 \text{ cm}^3.$$

Eine andere Möglichkeit ist es, das Ei durch einen geschickt angepassten Quader zu ersetzen, der teilweise im Inneren des Eies verläuft und teilweise herausragt.

Eine ganz andere Methode ist es, sich ein Ei zu besorgen, das etwa die Maße des im Foto gezeigten Eies hat, und dann das Volumen des Eies physikalisch zu bestimmen: durch Eintauchen in einen mit Wasser gefüllten Messbecher und Ablesen des verdrängten Wassers. Steht nur ein größeres oder kleineres Ei zur Verfügung, kann wegen der Ähnlichkeit in der Gestalt auch entsprechend hochgerechnet werden – aber dabei beachten, dass der Ähnlichkeitsfaktor k als dritte Potenz k^3 für das Volumen zu berücksichtigen ist!

Stichwörter: Goldkugel, Froschkönig; **Schulstoff:** Kugel, Volumen, Gewicht, Wurzel, Schätzen; **Schulstufe:** 9–10

Wenn man diese Aufgabe im Unterricht behandelt, sollte man unbedingt eine Ausgabe von Grimms Märchen dabeihaben – meist wollten die Schülerinnen und Schüler die Geschichte ganz hören!*

Jedenfalls dürfte die Kugel mindestens so groß wie ein Tennisball gewesen sein („... fing sie mit beiden Händen wieder auf"). Ein Tennisball aus Gold ist ganz schön schwer ... für $r = 5$ cm ergibt sich $V = \frac{4\pi}{3}r^3 = 523{,}59\ldots \text{ cm}^3$,

mit $\rho = 19{,}3 \text{ g/cm}^3$ damit ein Gewicht von über 10 kg!

- Wie schwer darf die Kugel sein, damit die Prinzessin sie noch fangen kann?
  1 kg war die Schätzung der Mädchen. – Wie groß darf die Kugel dann sein?

  Bei der Lösung dieser Aufgabe kann sogar die 3. Wurzel

---

* Idee: Regina BRUDER, Ergänzungen von Sabine SEGELKEN. Nach: Wilfried HERGET: Die etwas andere Aufgabe – Wir irren uns empor! In: *mathematik lehren*, Heft 89 (August 1998), S. 66–67.

selbstständig entdeckt werden: Gesucht ist ein Kugelradius r mit $\rho \cdot \dfrac{4\pi}{3} r^3 = 1000$, also

$$r^3 = \frac{1000}{\rho} \cdot \frac{3}{4\pi} = 12{,}36\ldots \quad \text{Es ergibt sich } r = 2{,}31\ldots \text{ cm!}$$

- Vielleicht war ja die Kugel hohl – wie dick darf sie dann sein, wenn sie so groß wie ein Tennisball ist, aber nur 1 kg wiegt?

Für den Außenradius R und den Innenradius r bedeutet das $\rho \cdot \dfrac{4\pi}{3}\left(R^3 - r^3\right) = 1000$ g, mit $R = 5$ cm und $\rho = 19{,}3$ g/cm^3 damit $r^3 = R^3 - \dfrac{1000}{\rho} \cdot \dfrac{3}{4\pi} = 112{,}6\ldots$, also $r = 4{,}829\ldots$ Die Kugel dürfte dann also nur 1,7 mm dick sein!

- Schwimmt die Kugel dann oder geht sie unter?

Hier ist ein kleiner Exkurs in die Physik notwendig: Die Hohlkugel verdrängt das (Außen-)Volumen an Wasser, das sind (siehe ganz oben) 523,59... cm^3. Wenn die Kugel 523,59... g schwer wäre, würde sie also gerade schwimmen. Da sie aber mit 1 kg fast doppelt so schwer ist, geht sie unter – deshalb schlägt die Stunde für den Froschkönig!

LÖSUNGSHINWEISE ZU AUFGABE 17

Stichwörter: Ballon, Luft-Nummer, Heißluftballon; **Schulstoff:** Volumen, Würfel, Kegel, Kugel, Kreiszylinder, Schätzen; **Schulstufe:** 8–10

Je mehr man mathematisch vorgebildet ist, umso mehr mathematisches Instrumentarium wird man bei dieser Aufgabe wie selbstverständlich einsetzen – und zwar ohne darüber nachzudenken, ob diese hoch genauen Instrumente wirklich genauere Ergebnisse liefern.

So könnte man hier den Heißluftballon sehr genau modellieren, etwa durch eine obere Halbkugel und einen zylindrischen Kegel. In der Analysis bietet sich die Interpretation als Rotationskörper an, wobei der Fantasie für die zugrunde gelegte Kurve (fast) keine Grenzen gesetzt sind – hoffentlich ist das Integral dann elementar lösbar; und wenn nicht, könnte man es schließlich noch numerisch lösen. Aber es geht (auch) hier einfacher:

In jedem Fall ist man darauf angewiesen, die Maße des Ballons aus dem Foto zu entnehmen und in die Wirklichkeit hochzurechnen. Einziger Bezugspunkt dafür ist wohl der Mann auf der Spitze des Ballons. Daraus ergibt sich für die Höhe des Ballons (ohne Gondel) und für seine Breite etwa $20 - 25$ m. Bei dieser unvermeidbaren Unschärfe sind solch feinsinnige Modellierungen wie die oben aufgeführten schlichtweg „oversized".

Ein ganz einfaches Modell leistet schon das Gewünschte: Etwa ein Würfel, den wir uns „nach Augenmaß" so vorstellen, dass er an den Ecken über den Ballon herausragt, seine Seitenflächen aber teilweise in den Ballon „hineintauchen" – oder eine entsprechend dimensionierte Kugel als geeignete „Ersatz-Form" für den Ballon.

Auf diese Weise kann man als gute Näherung einen Würfel mit einer Kantenlänge von 16 m wählen oder eine Kugel mit einem Durchmesser von etwa 20 m. Das Volumen des Würfels ist besonders einfach: $V = 4096$ m^3 und für die Kugel erhalten wir

$$V = \frac{4\pi}{3} \cdot 10^3 = 4188{,}79\ldots \text{ m}^3.$$

Beide Modelle liefern für das Volumen also rund $4000\,\mathrm{m}^3$, das sind 4 Millionen Liter, und für die Oberfläche ungefähr $1500\,\mathrm{m}^2$ – mit wenig Rechnung, aber geschickten, der Situation angepassten Überlegungen!

Übrigens handelt es sich schon um einen größeren Heißluftballon, wie man aus dem nebenstehenden Zeitungsartikel entnehmen kann.

Ballonstarts vor Gericht durchgesetzt

Braunschweig. Die Verweigerung der Aufstiegserlaubnis aus dem städtischen Stadion an der Hamburger Straße für die Ballonwerbung Hamburg GmbH entpuppte sich als heiße Luft. Die Ablehnung seitens der zuständigen Bezirksregierung Braunschweig war rechtswidrig. Das entschied gestern die 9. Kammer des Verwaltungsgerichts Braunschweig.

Den damals als Begründung angeführten Sicherheitsbedenken in einem mit Zuschauern besetzten Stadion könnte die Behörde auch Rechnung tragen, indem sie bestimmte Auflagen für einen Start mache.

Grenzwerte für den Wind

Ausschlaggebend für die Entscheidung waren die Angaben des Sachverständigen Walter Müller aus Essen. Erst bei einer Bodenwindgeschwindigkeit des Ballons von mehr als sieben Knoten und einer Steiggeschwindigkeit des Ballons unter drei Meter pro Sekunde sah der Experte Probleme, absolut unbeschadet in die Luft zu kommen. Ballonprofis kämen selbst mit schlechteren Bedingungen zurecht. Allerdings sollte das Gefährt nicht mehr als 3000 Kubikmeter Volumen haben.

Goslarsche Zeitung, 16. 12. 1999

LÖSUNGSHINWEISE ZU AUFGABE 18

Stichworte: Fahrrad, Zylinder; **Schulstoff:** Volumen, Kreiszylinder, Schätzen, Proportionale Zuordnung; **Schulstufe:** 10

Die beiden Fässer dürften etwa 1 Meter hoch sein und einen Durchmesser von ungefähr 60 cm haben. Daraus ergibt sich für jedes der beiden Fässer als Volumen

$$V = \pi \cdot r^2 \cdot h = \pi \cdot 0{,}3^2\ \mathrm{m}^2 \cdot 1\,\mathrm{m} = 0{,}2827\ldots\ \mathrm{m}^3.$$

Beide Fässer zusammen dürften also so etwa 500 bis 600 Liter fassen – fast so schwer wie ein Kleinwagen.

LÖSUNGSHINWEISE ZU AUFGABE 19

Stichwörter: Konfetti, Locher; **Schulstoff:** Dreieck, Kreis, Pythagoras, Optimieren; **Schulstufe:** 9–10

Die üblichen Locher-Kreise haben einen Durchmesser von $r=5\,\mathrm{mm}$. Ein Blatt DIN A4 ist 29,7 cm hoch und 21,0 cm breit.

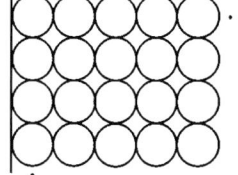 Ordnet man die Konfetti-Kreise in einem Quadrat-Muster auf dem Blatt an, dann benötigt jeder kleine Kreis ein Quadrat mit der Seitenlänge 5 mm. Damit ergeben sich $2 \cdot 29{,}5$ Reihen mit je $2 \cdot 21$ Quadraten, also insgesamt $2 \cdot 2 \cdot 21 \cdot 29{,}5 = 2478$ Quadrate. Auf diese Weise lassen sich also **2478** vollständige Konfetti-Kreise aus dem A4-Blatt herausstanzen.

●   Geht es noch besser?

Wenn man die Kreise „auf Lücke" setzt (siehe Abb. rechts), dann ergeben sich gleichseitige Dreiecke mit der Seitenlänge r.

Ihre Höhe ergibt sich zu $h = \dfrac{r}{2}\sqrt{3} = r \cdot 0{,}866\ldots$ (Pythagoras liefert

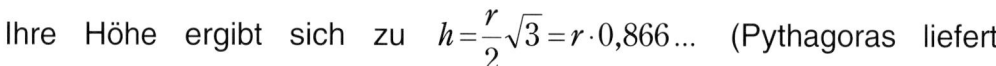

$h^2 + \left(\dfrac{r}{2}\right)^2 = r^2$ – oder notfalls Zeichnen bzw. Ausprobieren und dann Messen eines Nähe-rungswertes).

Die erste Reihe ist dann r hoch, die zweite (und jede weitere) be-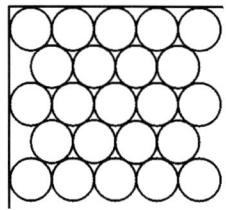
nötigt dann nur noch $\dfrac{r}{2}\sqrt{3}$ zusätzlich. Bei $1+k$ Reihen ergibt sich
$r + k \cdot \dfrac{r}{2}\sqrt{3} = r \cdot \left(1 + k \cdot \dfrac{1}{2}\sqrt{3}\right)$ als Höhe.

- Wie viele Reihen passen dann beim A4-Hochformat untereinander?

Aus $0{,}5 \cdot \left(1 + k \cdot \dfrac{1}{2}\sqrt{3}\right) = 29{,}7$ ergibt sich $k = 67{,}43\ldots$ Damit passen $1 + k = 68$ vollständige Rei-hen untereinander. Dabei passen je 42 Kreise in die erste, dritte usw. Zeile und je 41 Kreise in die zweite, vierte usw. Zeile, insgesamt $42 \cdot 34 + 41 \cdot 34 = 2822$ Kreise. Auf diese Weise kann man also **2822** vollständige Konfetti-Kreise aus dem A4-Blatt herausstanzen – immerhin eine Ertragssteigerung von fast 14 %!

- Geht es im A4-Querformat noch besser?

Aus $0{,}5 \cdot \left(1 + k \cdot \dfrac{1}{2}\sqrt{3}\right) = 21{,}0$ ergibt sich $k = 47{,}43\ldots$ Damit passen $1 + k = 48$ vollständige Rei-hen untereinander, wobei je 59 Kreise in die erste, dritte usw. Zeile passen und je 58 Kreise in die zweite, vierte usw. Zeile, insgesamt $59 \cdot 24 + 58 \cdot 24 = 2808$ Kreise. Auf diese Weise kann man also **2808** vollständige Konfetti-Kreise aus dem A4-Blatt herausstanzen – etwas weni-ger als beim Hochformat, aber immer noch deutlich mehr als bei der schlichten Quadratkäst-chen-Methode.

Übrigens: Die Bienen nutzen genau dieses Prinzip, um ihre sechseckigen Waben optimal „auf Lücke" zu packen!

LÖSUNGSHINWEISE ZU AUFGABE 20

Stichwörter: Klopapier, Rolle; **Schulstoff:** Volumen; **Schulstufe:** 9–10

Zunächst ist es überhaupt kein triviales Problem, die Länge des Papiers einer Klopapier-Rolle zu bestimmen, ohne diese vollständig auszurollen und direkt zu messen!

Das Verzwickte ist, dass sich ja die Länge einer Windung verändert, je weiter man „nach in-nen" kommt!

Wenn Sie selbst einmal in Ruhe darüber nachdenken wollen, dann sollten Sie jetzt nicht wei-terlesen – wie so oft (zumindest in der Mathematik) gibt es auch hier schließlich eine einfa-che, überraschende Lösungsidee. Selbst „gestandene Mathematiker" (ja, gerade die) verfol-gen meist einen sehr anspruchsvollen Ansatz über Folgen und Reihen – und sind dann bald von der Rolle… Aber es geht viel einfacher:

Die Papierdicke beträgt etwa $0{,}1\,\text{mm}$, wie eine Messung von z. B. 10 Lagen zeigt. Die ent-scheidende Idee ist nun, von dem *Volumen* der Klopapier-Rolle auszugehen (etwas weniger anschaulich, aber durchaus möglich ist es, entsprechend von der „Grundfläche" der Rolle auszugehen): Die gesuchte Länge L multipliziert mit der Papierdicke und der Breite ergibt genau das Volumen des gewickelten Papiers!

Für einen Außendurchmesser $D = 11\,\text{cm}$, einen Innendurchmesser $d = 4{,}5\,\text{cm}$ und die Breite b (die ja keinen Einfluss hat) ergibt sich z. B. $V = b \cdot \dfrac{\pi}{4}(D^2 - d^2) \approx b \cdot 79{,}1\ldots\ \text{cm}^3$, also für die Länge $L = V : (0{,}01 \cdot b) \approx 7900\,\text{cm} \approx 80\,\text{m}$. – Natürlich schwanken diese Werte je nach dem betrachteten Fabrikat!

LÖSUNGSHINWEISE ZU AUFGABE 21

Stichwörter: Altertum, Gewichte, Geld; **Schulstoff:** Addition, Subtraktion, Dreierpotenzen; **Schulstufe:** 5–6

Die erste Frage dient – neben der Übung von Addition und Subtraktion – der Entwicklung einer Systematik, die sich aus der folgenden Aufstellung ergibt:

Ein Gewicht: 6, 27, 436.

Zwei Gewichte:

$27 + 6 = 33$; $\quad 436 + 6 = 442$; $\quad 436 + 27 = 463$,

$27 - 6 = 21$; $\quad 436 - 6 = 430$; $\quad 436 - 27 = 409$.

Drei Gewichte:

$436 + 27 + 6 = 469$,

$436 - 27 + 6 = 415$,

$436 + 27 - 6 = 457$,

$436 - 27 - 6 = 403$.

Die Beantwortung der zweiten Frage setzt voraus, dass die mit den drei Gewichtsstücken abmessbaren Mengen ermittelt werden. Diese sind alle von 1 bis 9 Gramm sowie 11, 13, 15 Gramm. Optimal ist die Hinzufügung eines Gewichts von 25 g, da dann alle Mengen mit einem Gewicht von $(25 \pm x)$ Gramm gewogen werden können, wobei x das Gewicht einer mit den gegebenen Gewichtsstücken messbaren Menge bedeutet. Mit einem zusätzlichen Gewicht von 25 g sind daher alle Mengen von 1 bis 34 Gramm lückenlos abzuwiegen. (Einfachere Variante: 1 g, 3 g, 8 g. Viertes Gewichtstück 25 g.)

Die Strategie besteht darin, den minimalen Gewichtssatz nacheinander aufzubauen und ist durch die zweite Frage vorbereitet. Mit den Gewichten 5 g, 15 g lassen sich auch die Mengen 10 g und 20 g abwiegen. Daher wird man als drittes Gewichtstück eins mit 45 g nehmen, und da man mit diesem bis 65 g kommt, braucht man als viertes Gewichtstück eines von 135 $(= 2 \cdot 65 + 5)$ g.

LÖSUNGSHINWEISE ZU AUFGABE 22

Stichwörter: Geldwesen, Handel; **Schulstoff:** Multiplikation, ggT; **Schulstufe:** 5–6

Es ist hier lediglich an ein experimentelles Vorgehen gedacht. Die Schülerinnen und Schüler bilden im Beispiel von Moneta Gleichungen wie

$12 + 7 = 19$; $\quad 2 \cdot 7 + 12 = 26$; $\quad 3 \cdot 7 + 12 = 33$; $\qquad 4 \cdot 7 + 12 = 40$; $\quad 4 \cdot 7 + 2 \cdot 12 = 52$;

$12 - 7 = 5$; $\quad 2 \cdot 7 - 12 = 2$; $\quad 3 \cdot 7 - 12 = 9$; $\qquad 4 \cdot 7 - 12 = 16$; $\quad 4 \cdot 7 - 2 \cdot 12 = 4 \quad$ usw.

Dabei sollten sie wohl auch auf die „1-Pf-Lösungen" $7 \cdot 7 - 4 \cdot 12 = 1$ bzw. $3 \cdot 12 - 5 \cdot 7 = 1$ kommen. Außerdem könnten sie Zusammenhänge entdecken, z. B. dass $4 \cdot 7 - 2 \cdot 12 = 4$ aus $2 \cdot 7 - 12 = 2$ durch Multiplikation mit 2 hervorgeht. Übertragen auf den Fall $3 \cdot 12 - 5 \cdot 7 = 1$ ergibt sich, dass man diese Gleichung nur entsprechend vervielfachen muss, um jeden nur möglichen Betrag bezahlen zu können. Entsprechendes gilt im Falle $7 \cdot 7 - 4 \cdot 12 = 1$, das heißt, der „pfiffige Bürger" der Frage 2 hat Recht.

Die Bürger von Schilda haben dagegen nicht bedacht, dass der Zahlenwert ihrer Münzen durch 3 teilbar ist. Infolgedessen müssen die bezahlbaren Beträge auch durch 3 teilbar sein.

Die dritte Frage läuft darauf hinaus festzustellen, von welcher Zahl ab alle größeren in der Form $7m + 12n$ mit nicht negativen m, n darstellbar sind. Denkbar ist es, dass Schülerinnen und Schüler die Darstellung $2 \cdot 12 + 6 \cdot 7 = 66$ finden (oder eine entsprechende für die späteren Zahlen) und dann mit den beiden Gleichungen $3 \cdot 12 - 5 \cdot 7 = 1$ bzw. $7 \cdot 7 - 4 \cdot 12 = 1$ argumentieren, um zu zeigen, dass *man durch Addition immer weiterkommen kann*: $5 \cdot 12 + 1 \cdot 7 = 67$, $1 \cdot 12 + 8 \cdot 7 = 68$, $4 \cdot 12 + 3 \cdot 7 = 69$ usw., während für $65 = 6 \cdot 12 - 1 \cdot 7$ nur eine subtraktive Darstellung möglich ist.

Dass man auf diese Weise tatsächlich *alle* auf 66 folgenden Zahlen erhalten kann, lässt sich allerdings auf dieser Stufe noch nicht zwingend begründen. Doch könnten die Schülerinnen und Schüler wohl die folgende Begründung „verstehen", wenn auch nicht selber finden: Nach dem oben angegebenen Verfahren kann man die „Münzdarstellungen" der Zahlen 67 bis 131 aufschreiben. Jede Zahl von 132 bis 197 ist dann Summe aus einer solchen Zahl und 66, sodass man deren Münzdarstellungen nur „zusammenzuwerfen" braucht. Natürlich wird man das aber nur beispielhaft demonstrieren. Nach diesem Schritt ist im Prinzip klar, wie man im Falle von Zahlen, die größer als 197 sind, vorgehen muss: Man zieht 66 so oft ab, bis der Rest eine Zahl zwischen 67 und 131 ist.

LÖSUNGSHINWEISE ZU AUFGABE 23

Stichwörter: Computer, Digitalisierung; **Schulstoff:** Division, Zweierpotenzen; **Schulstufe:** 5–6

Wenn eine Zahl eine Zweierpotenz ist, entstehen keine Reste, d. h. die zugehörigen Computerzahlen sind von der Form 1000…

Man muss „zurückrechnen". Es sei zum Beispiel die Computerzahl 110 101 in eine gewöhnliche Zahl zu verwandeln. Dann lässt man die erste 1 fort. Nun schreibt man die Reste untereinander, wie sie durch die zweite bis letzte Ziffer angegeben sind:

$$3 : 2 = 1 \quad \text{Rest } 1,$$
$$6 : 2 = 3 \quad \text{Rest } 0,$$
$$13 : 2 = 6 \quad \text{Rest } 1,$$
$$26 : 2 = 13 \quad \text{Rest } 0,$$
$$53 : 2 = 26 \quad \text{Rest } 1.$$

und rekonstruiert die Zeilen der Reihe nach von oben nach unten. Die gesuchte Zahl heißt 53.

Eine zweite Möglichkeit bietet die Zerlegung
$$110 \, 101 = 100 \, 000 + 10 \, 000 + 100 + 1$$
$$\doteq \quad 32 \quad + \quad 16 \quad + \quad 4 + 1 = 53,$$

wobei die „Additivität" als selbstverständlich vorausgesetzt wird.

Stichwörter: –; Schulstoff: Dezimalsystem, Teilbarkeit, Subtraktion; Schulstufe: 5–6

Wenn nicht alle Ziffern gleich sind, landet man stets bei 495. Bei den Subtraktionsergebnissen ist die Zehnerziffer stets 9 und Einer und Hunderter ergänzen sich zu 9. Das heißt, es treten nur 9 verschiedene Subtraktionsergebnisse auf: die Vielfachen von 99. (Eine Begründung an dieser Stelle wäre noch verfrüht!) Sie fallen besonders ins Auge, wenn man von den vollen Hunderterzahlen ausgeht.

Zahlen, die sich nur in der Stellung der Ziffern unterscheiden, führen zum gleichen Ergebnis. Man braucht daher nur diejenigen zu untersuchen, deren Ziffern schon der Größe nach geordnet sind. Zwischen 300 und 399 wären das:

$$300, \quad 310, \quad 311, \quad 320, \quad 321, \quad 322, \quad 330, \quad 331, \quad 332, \quad (333).$$

Nun spielt aber die Zehnerziffer keine Rolle, da sie beim Umstellen in der Mitte bleibt, sodass sich bei der Subtraktion die Zehner wegheben. $300, 310, 320, 330$ führen daher zum selben Ergebnis (297), ebenso wie $311, 321, 331$ (198) und $322, 332$ (99). Das heißt, man muss nur die Zahlen $300, 311, 322$ (gleiche Hunderter, variierende Einer) untersuchen.

Auf Grund dieses Ergebnisses erkennt man: Hat man wie hier 3 Hunderter und zum Beispiel 1 Einer, so sind 1 Hunderter und 3 Einer abzuziehen, also von 2 Hunderten 2 Einer = $2 \cdot 99 = 198$.

Bei den zweistelligen Zahlen mit ungleichen Ziffern werden die Subtraktionsergebnisse 27, $45, 9, 81, 63, 27 \ldots$ in dieser Reihenfolge zyklisch durchlaufen. Die Analyse erfolgt entsprechend.

Bei vierstelligen Zahlen mit ungleichen Ziffern landet man dagegen stets bei 6174. Die Maximalzahl der Schritte ist dabei 8.

Stichwörter: –; Schulstoff: Teilbarkeit, Primzahlen; Schulstufe: 5–6

Die folgenden Zusammenhänge lassen sich erkennen:

(1) Die gegenüberliegenden „Eckzahlen" des äußeren Quadrats unterscheiden sich um das Doppelte des Betrages, um den die aufeinander folgenden Eckzahlen zunehmen.

(2) Die Eckzahlen des mittleren Quadrats nehmen (bis auf die letzte) um den gleichen Betrag zu und dieser ist doppelt so groß wie der Betrag, um den die Eckzahlen des äußeren Quadrates zunehmen.

(3) Die Zahl in der Mitte ist die Summe der oben und unten über ihr stehenden Zahlen und sie ist auch die Summe der rechts und links neben ihr stehenden Zahlen. Diese sind gleich groß.

Erklärung am Beispiel:

(1) Die Zunahme von 11 bis 18 und von 18 bis 25 ist gleich, also von 11 bis 25 doppelt so groß. Entsprechendes gilt für die Zunahme von 18 auf 32.

(2) 29 ist die Summe von 11 und 18, 43 die Summe von 18 und 25, also ist 43 um den Unterschied von 25 und 11 größer als 29. Entsprechend argumentiert man im zweiten Fall.

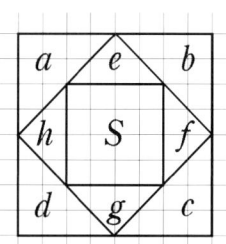

(3) 29 ist die Summe von 11 und 18, 57 ist die Summe von 25 und 32; also ist $29+57$ nach Definition gleich der Zahl in der Mitte.

Entsprechendes gilt im anderen Fall. Aus der Summenbildung ergibt sich ferner, dass in der rechten Eckenzahl des mittleren Quadrats die Anfangszahl doppelt (in 18 und 25 nämlich) und die Zunahme dreimal (nämlich $(1+2)$-mal) enthalten ist. Dasselbe gilt für die linke Eckenzahl, da 32 die Anfangszahl einmal und die Zunahme dreimal enthält.

Zur zweiten Frage:

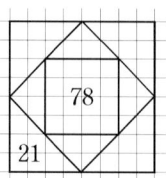

Nach (3) ist $h=f=39$, also nach Definition $a=h-d=18$. Daher muss die konstante Zunahme der äußeren Eckenzahlen $k=1$ betragen und $b=19$, $c=20$, $g=41$, $e=37$ sein.

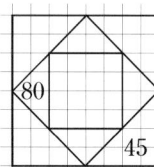

Mit (3) folgt $S=160$, $f=80$; nach Definition $b=35$, somit $k=10$, $a=25$, $e=60$, $g=100$.

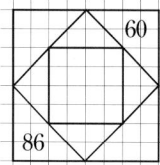

Da c „in der Mitte zwischen b und d liegt", folgt $c=73$, also $k=13$, $a=47$, $f=133$, $e=107$, $g=159$, $S=266$.

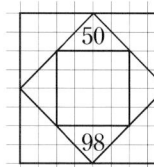

Nach (3) ist $S=148$, $h=f=74$, nach Definition $k=24$, also $a=1$, $b=25$, $c=49$, $d=73$.

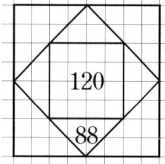

Nach (3) ist $h=f=60$, also nach (2) $k=14$ und $e=32$. Daher muss $a=9$, $b=23$, $c=37$ und $d=51$ sein.

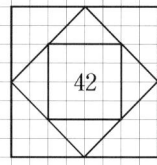

Setzt man den kleinstmöglichen Wert $a=0$ an, so folgt mit $h=f=21$ auch $d=21$, $k=7$, $b=7$, $c=14$, $e=7$, $g=35$. Die nächsten Werte, die für a möglich sind, (Brüche kommen ja noch nicht in Frage) sind $a=3$, $a=6$, $a=9$ und damit $k=5$, $k=3$, $k=1$. Alles Weitere folgt dann wie oben.

LÖSUNGSHINWEISE ZU AUFGABE 26

Stichwörter: –; **Schulstoff:** Teilbarkeit, Primzahlen; **Schulstufe:** 5–6

Bei dieser Aufgabe geht es um die Entdeckung von allgemeinen Teilbarkeitsaussagen der folgenden Art:

- Das Produkt zweier aufeinander folgender Zahlen ist stets gerade, weil eine der Zahlen gerade ist. Infolgedessen sind die Ergebnisse der Aufgaben ungerade. Sie sind also auch nicht durch eine gerade Zahl teilbar.

- Die Ergebnisse sind durch keinen der beiden Faktoren teilbar, die in der zugehörigen Aufgabe auftreten. Denn das Produkt ist durch sie teilbar, 1 aber nicht. (Der Satz: „Wenn die Summe zweier Zahlen durch eine bestimmte Zahl teilbar ist und der erste Summand ebenfalls, dann muss das auch für den zweiten gelten" dürfte auf dieser Klassenstufe von den Schülerinnen und Schülern als intuitiv einsichtig akzeptiert werden.)

–   Wenn eine Zahl durch eine andere Zahl nicht teilbar ist, z. B. 3, dann auch nicht durch ein Vielfaches des Teilers.

Spezielle Tatsachen, die ebenfalls auffallen können, sind:

–   Keines der Ergebnisse ist durch 5 teilbar, da die Endziffern stets 1, 3, 7 und keine anderen sind. (Dies könnte auf dieser Stufe folgendermaßen begründet werden: Ab der 11. Teilaufgabe wiederholen sich die Endziffern der zu multiplizierenden Zahlen, also auch die Ergebnisse.)

–   Die Ergebnisse nehmen *gesetzmäßig* zu, nämlich um 4, 6, 8, 10, … usw. Die Zunahme beträgt immer das *Doppelte der nächsten Aufgabennummer*. Somit braucht man z. B. nur 26 zum Ergebnis der 12. Aufgabe zu addieren, wenn man das Ergebnis der 13. Aufgabe erhalten möchte.

–   Jedes dritte Ergebnis ist durch 3 teilbar.

–   Das 2. und 4., das 9. und 11. Ergebnis ist durch 7 teilbar. Anscheinend steckt hierin die Regelmäßigkeit „Immer um 7 weiter liegt Teilbarkeit vor". (Sonst nicht.)

Die letzten drei Beobachtungen sind auf dieser Stufe noch nicht leicht zu begründen. Aber sie sind wertvoll, z. B. im Hinblick auf *Verallgemeinerungen*. Solche können sein:

–   Teilbarkeit durch 9 (11, 13, …): „Wenn keines der ersten neun Ergebnisse durch 9 teilbar ist, so auch keines der folgenden."

–   Da das dritte Ergebnis durch 13 teilbar ist, wird es auch das (3+13)-te, also das 16. sein. Die Überprüfung bestätigt die Vermutung.

Bemerkung: Der euklidische Beweis, dass die Anzahl der Primzahlen unendlich ist, könnte in leicht abgeänderter Form an die vorstehenden Überlegungen angeschlossen werden, z. B. durch die Fragen:

(1) „Wie kann man eine Zahl finden, die sicher nicht durch die ersten 10 natürlichen Zahlen teilbar ist?"
     Die naheliegende Antwort wäre: „Man berechnet $2 \cdot 3 \cdot 4 \cdot 5 \cdot 6 \cdot 7 \cdot 8 \cdot 9 \cdot 10 + 1 = 3\,628\,801$."

(2) „Was kann man über die Teiler dieser Zahl sagen?" „Sie müssen alle größer als 10 sein." Das heißt: „In der Primfaktorzerlegung von $3\,628\,801$ kommen nur Primfaktoren vor, die größer als 10 sind. (In der Tat ist der kleinste Primfaktor 11.)

Folgerung: Zu jeder natürlichen Zahl gibt es eine Primzahl, die größer ist als sie. Insbesondere gibt es zu jeder endlichen Menge von Primzahlen eine Primzahl, die größer ist als alle diese.

LÖSUNGSHINWEISE ZU AUFGABE 27

Stichwörter: –; **Schulstoff:** Teilbarkeit; **Schulstufe:** 5–6

Bei der systematischen Durchforschung der ersten natürlichen Zahlen können die folgenden Entdeckungen gemacht werden: 6 ist die erste solche Zahl und zwar braucht man alle echten Teiler. (Solche Zahlen heißen „vollkommen".) Die nächsten Zahlen sind 12, 18, 20, 24, 28, 30, 36, 40, 48. Unter ihnen ist 28 wieder vollkommen, während in allen anderen Fällen die Summe der echten Teiler größer als die betreffende Zahl ist. Das erlaubt im Allgemeinen verschiedene Darstellungen als Teilersummen.

Weitere mögliche Entdeckungen könnten sein:

–   Bei allen Primzahlen und ihren Potenzen ist die Summe der echten Teiler kleiner als die Zahl, ebenso bei allen Primzahlprodukten mit zwei Faktoren außer $2 \cdot 3$.

- Ist eine Zahl als Summe echter Teiler darstellbar, so auch ihr Doppeltes. Denn dann kommt sie selbst als echter Teiler hinzu. (Beispiel: 20, 40.)
- Ungerade Zahlen lassen sich anscheinend nie aus ihren echten Teilern zusammensetzen. (Falsch! Das kleinste Gegenbeispiel ist aber 945.)
- Wenn die Summe aller echten Teiler größer als die Zahl ist, ist stets eine solche Darstellung möglich. (Falsch! Hier ist das kleinste Gegenbeispiel 70.)

Die Aussage von Birgit lässt sich ebenfalls leicht begründen. Wenn sie nämlich nur zwei Teiler brauchte, dann müsste einer von ihnen, da sie nicht gleich sein dürfen, größer als die Hälfte der Zahl sein. Hierauf beruht auch die (negative) Antwort auf die letzte Frage, da die betreffenden Zahlen gerade die Potenzen von 2 sind und somit auch alle ihre Teiler.

LÖSUNGSHINWEISE ZU AUFGABE 28

Stichwörter: –; **Schulstoff:** Brüche; **Schulstufe:** 5–6

Ob die Schüler die Gesetzmäßigkeit erkennen, lässt sich am besten daran feststellen, ob sie die Teilaufgaben 1 und 2 lösen können. Dabei ist es denkbar, dass sie den letzten Bruch einfach als Differenz ausrechnen, weil das Bildungsgesetz für seinen Nenner schwerer zu durchschauen ist.

Die Frage nach *kürzeren* Summen, also

$$\frac{1}{2} = \frac{1}{3} + \frac{1}{6}, \qquad \frac{1}{3} = \frac{1}{4} + \frac{1}{12},$$

macht überraschenderweise größere Schwierigkeiten als die Vergrößerung der Summandenzahl. Entscheidend ist aber die Erkenntnis, dass der letzte Nenner stets das Produkt aus dem vorletzten Nenner und dem Nenner des zu entwickelnden Bruches ist. Dabei kann die Begründung auf dieser Stufe nur anhand der konkreten Zahlen durch Ausrechnen gegeben werden, während die allgemeine Aussage in der Jahrgangsstufe 8–9 mittels Termumformung leicht bewiesen werden kann. (Vgl. Aufgabe 34)

LÖSUNGSHINWEISE ZU AUFGABE 29

Stichwörter: –; **Schulstoff:** Brüche; **Schulstufe:** 5–6

Diese Aufgabe hängt eng mit Aufgabe 27 zusammen. Multipliziert man nämlich mit dem Hauptnenner 60, so erhält man mit der Gleichung

$$60 = 20 + 15 + 12 + 10 + 3$$

eine additive „Zusammensetzung" der linken Zahl aus ihren echten Teilern.

Einfache Zerlegungen der 1 in verschiedene Stammbrüche findet man aber auch direkt durch Probieren, z. B.

$$\frac{1}{2} + \frac{1}{3} + \frac{1}{6}, \qquad \frac{1}{2} + \frac{1}{3} + \frac{1}{8} + \frac{1}{24}, \qquad \frac{1}{2} + \frac{1}{3} + \frac{1}{9} + \frac{1}{18}.$$

In diesen Fällen wird $\frac{1}{6}$ weiter zerlegt. Man könnte aber auch $\frac{1}{3}$ weiter zerlegen, z. B.

$$\frac{1}{3} = \frac{1}{4} + \frac{1}{12} \qquad \text{oder} \qquad \frac{1}{3} = \frac{1}{5} + \frac{1}{15} = \frac{1}{5} + \frac{1}{8} + \frac{1}{120},$$

und diese Ausdrücke oben einfügen. Analog erhält man neue Darstellungen, wenn man $\frac{1}{3}+\frac{1}{6}=\frac{1}{2}$ umformt in

$$\frac{1}{2}=\frac{1}{4}+\frac{1}{4}=\frac{1}{4}+\frac{1}{5}+\frac{1}{20}, \quad \text{oder} \quad \frac{1}{2}=\frac{1}{4}+\frac{1}{4}=\frac{1}{4}+\frac{1}{7}+\frac{3}{28}=\frac{1}{4}+\frac{1}{7}+\frac{1}{10}+\frac{1}{140}.$$

Eine erfolgreiche Strategie besteht darin, immer den nächst kleineren Stammbruch zu nehmen und die Differenz auszurechnen.

Diese Strategie ist auch bei Frage 2 erfolgreich. So ist

$$\frac{2}{3}=\frac{1}{2}+\frac{1}{6}, \qquad \frac{5}{7}=\frac{1}{2}+\frac{3}{14}=\frac{1}{2}+\frac{1}{5}+\frac{1}{70}.$$

(Dass $\frac{1}{5}$ kleiner als $\frac{3}{14}$ ist, erkennt man z. B. daran, dass man nur den Nenner so vergrößern muss, dass er durch den Zähler teilbar wird.)

Bei der dritten Teilaufgabe addiert man so viele Stammbrüche, bis man einen „Überschuss" erzielt, der zu subtrahieren ist. Dabei kann man bereits bekannte Zerlegungen in Stammbrüche verwenden. So erhält man

$$1=\frac{1}{2}+\frac{1}{3}+\frac{1}{4}-\frac{1}{12}; \qquad \frac{3}{4}=\frac{1}{3}+\frac{1}{4}+\frac{1}{5}-\frac{1}{48};$$

$$\frac{2}{5}=\frac{1}{4}+\frac{1}{5}-\frac{1}{20}=\frac{1}{4}+\frac{1}{8}+\frac{1}{10}-\frac{3}{40}=\frac{1}{4}+\frac{1}{8}+\frac{1}{10}-\frac{1}{20}-\frac{1}{40}.$$

LÖSUNGSHINWEISE ZU AUFGABE 30

Stichwörter: Kulturgeschichte, Ägypten; **Schulstoff:** Brüche; **Schulstufe:** 5–6

Für die Aufgabe der Zerlegung in Stammbrüche liegt es nahe, den Zähler zu zerlegen, z. B.

$$3=2+1, \qquad 4=2+2, \qquad 5=2+2+1.$$

Man erhält dann

$$\frac{3}{17}=\frac{2}{17}+\frac{1}{17}=\frac{1}{12}+\frac{1}{51}+\frac{1}{68}+\frac{1}{17} \quad \text{(mit der Tabelle!)},$$

$$\frac{4}{35}=\frac{2}{30}+\frac{2}{42}=\frac{1}{15}+\frac{1}{21},$$

$$\frac{5}{11}=\frac{2}{6}+\frac{2}{66}+\frac{1}{11}=\frac{1}{3}+\frac{1}{11}+\frac{1}{33}.$$

Langwieriger wird die Rechnung, wenn die Zähler größer sind:

$$\frac{16}{17}=8\cdot\frac{2}{17}=\frac{8}{12}+\frac{8}{51}+\frac{8}{68}=\frac{2}{3}+\frac{2}{17}+\frac{8}{51}$$

$$=\frac{1}{2}+\frac{1}{6}+\frac{1}{12}+\frac{1}{51}+\frac{1}{68}+\frac{8}{51}$$

$$=\frac{1}{2}+\frac{1}{6}+\frac{1}{12}+\frac{1}{17}+\frac{1}{68}$$

$$=\frac{1}{2}+\frac{1}{6}+\frac{1}{12}+\frac{1}{17}+\frac{1}{12}+\frac{1}{51}+\frac{1}{68}+\frac{1}{68}$$

$$=\frac{1}{2}+\frac{1}{3}+\frac{1}{17}+\frac{1}{34}+\frac{1}{51}.$$

Die Brüche mit geradem Nenner sind kürzbar. Die Brüche mit durch 3 teilbarem Nenner fehlen, weil man aus der „Grundgleichung" $\frac{2}{3} = \frac{1}{2} + \frac{1}{6}$ durch Multiplikation mit einem Stammbruch sofort die gewünschte Darstellung erhalten kann.

In allen Fällen kann man eine Zerlegung in zwei Summanden dadurch erhalten, dass man den Nenner um 1 vergrößert und den so erhaltenen Stammbruch als ersten Summanden nimmt. Dabei wird aber der Nenner des zweiten Bruches unter Umständen sehr groß.

Beispiel:

$$\frac{2}{17} = \frac{1}{9} + \frac{1}{153}.$$

Die Multiplikation von Brüchen, die als Stammbruchsummen vorliegen, ist grundsätzlich mithilfe des Distributivgesetzes möglich:

$$\overline{27} \cdot \overline{2}\,\overline{12} = \overline{4}\,\overline{24}\,\overline{14}\,\overline{84}.$$

Allerdings dürften die Ägypter diesen Kalkül noch nicht systematisch verwendet haben.

LÖSUNGSHINWEISE ZU AUFGABE 31

Stichwörter: Euro; **Schulstoff:** Größen, Runden, Währung; **Schulstufe:** 5–6

1 DM = 0,51129... Euro $\approx$ 0,51 Euro (Rundungsverlust –)
2 DM = 1,02258... Euro $\approx$ 1,02 Euro (Rundungsverlust –)
3 DM = 1,55387... Euro $\approx$ 1,55 Euro (Rundungsverlust –)
4 DM = 2,40516... Euro $\approx$ 2,41 Euro (Rundungsgewinn +)
5 DM = 2,55645... Euro $\approx$ 2,56 Euro (Rundungsgewinn +)

6	7	8	9	10	11	12	13	14	15
+	+	–	–	–	–	+	+	+	+

16	17	18	19	20	21	22	23	24	25
–	–	–	–	+	+	+	+	–	–

26	27	28	29	30	31	32	33	34	35
–	–	+	+	+	–	–	–	–	+

36	37	38	39	40	41	42	43	44	45
+	+	+	–	–	–	–	+	+	+

46	47	48	49	50
+	–	–	–	–

Es ist schwer vorauszusagen, bei welchen Beträgen man durch die Rundung gewinnt bzw. verliert. Bis zu 27 DM folgen auf 4 Rundungsverluste 4 Gewinne, nach 27 DM nur 3.

Zur Frage 2: Für einen Pfennig erhält man $0{,}051128\ldots$ Euro, also einen Cent.
Wechselt man also eine Million DM = 100 Millionen Pf pfennigweise in Euro, so erhält man 100 Millionen Cent, also 1 Million Euro. Der Rundungsgewinn beträgt dabei also $955\,830$ DM. Es dürfte allerdings etwas aufwendig sein, eine Million DM pfennigweise zur Bank zu bringen.

LÖSUNGSHINWEISE ZU AUFGABE 32

Stichwörter: Bauen, Würfel; **Schulstoff:** Würfel, Quader, Oberfläche, Volumen; **Schulstufe:** 5–6

Es gibt verschiedene Zählstrategien, die auch später bei der Aufstellung von Termen (vgl. Aufgabe 87) von Bedeutung sind. Dabei werden in unterschiedlicher Weise die Eigenschaften des Körpers ausgenutzt. Ein bloßes Abzählen ist jedoch nicht möglich, da gewisse Würfel verdeckt sind. Die Formel für die Gesamtzahl A lautet:

$$A = 4(B + T + H - 4).$$

Auf dieser Klassenstufe ist es jedoch nicht das Ziel, diese Formel aufzustellen.

Das Kantengerüst des Würfels mit der „Kantenlänge 3" benötigt die geringste Anzahl, nämlich 20 Würfel. Da ferner die Verbindungen der acht Eckwürfel (die eigentlichen Kanten) alle vierfach vorhanden sind, muss die Gesamtzahl der Würfel durch vier teilbar sein.

LÖSUNGSHINWEISE ZU AUFGABE 33

Stichwörter: Rechenpapier, Karo; **Schulstoff:** Diagonale, Rechteck; **Schulstufe:** 6–8

Sind die Rechteck-Seitenlängen a und b teilerfremde Zahlen, also $\mathrm{ggT}(a,b) = 1$, dann zerteilt die Diagonale $a + b - 1$ Karos, da sie dann durch keinen Gitterpunkt geht und auf ihrem Weg von links unten nach rechts oben jeweils das nächste obere oder nächste rechte Karo zerteilt.

Beispiel mit $a = 3$ und $b = 5$:

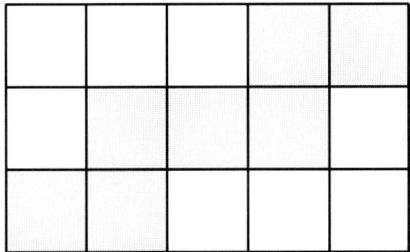

Haben die Seitenlängen a und b einen $\mathrm{ggT}(a,b) = n > 1$, dann verläuft die Diagonale durch $n - 1$ Gitterpunkte. Es werden dann nur $a + b - \mathrm{ggT}(a,b)$ Karos zerteilt.

Beispiel mit $a = 4$ und $b = 6$:

153

Stichwörter: –; **Schulstoff:** Termumformung, Brüche; **Schulstufe:** 9–10

(1) $\quad \dfrac{1}{n} = \dfrac{1}{n+1} + \dfrac{1}{(n+1)^2} + \dfrac{1}{n(n+1)^2}$.

(2) $\quad \dfrac{1}{n} = \dfrac{1}{n+1} + \dfrac{1}{(n+1)^2} + \dfrac{1}{(n+1)^3} + \dfrac{1}{n(n+1)^3}$.

Wenn man die Richtigkeit dieser Formeln beweisen will, ist es *viel besser*, von rechts nach links statt von links nach rechts zu rechnen. Das wird bei der zweiten Formel besonders deutlich:

$$\frac{1}{n(n+1)^3} + \frac{1}{(n+1)^3} = \frac{1+n}{n(n+1)^3} = \frac{1}{n(n+1)^2} .$$

Damit ist die zweite auf die erste Formel zurückgeführt und man erkennt, dass sich diese noch weiter reduzieren lässt:

(0) $\quad \dfrac{1}{n} = \dfrac{1}{n+1} + \dfrac{1}{n(n+1)}$;

bzw. (beliebig) weiter fortsetzen lässt:

(3) $\quad \dfrac{1}{n} = \dfrac{1}{n+1} + \dfrac{1}{(n+1)^2} + \dfrac{1}{(n+1)^3} + \dfrac{1}{(n+1)^4} + \dfrac{1}{n(n+1)^4}$.

Würde man die Summen gleich auf den Hauptnenner bringen, gäbe es beim Kürzen Schwierigkeiten. Andererseits sollten die Schülerinnen und Schüler gerade diese Erfahrung machen, da sie sie dann auch auf Beispiele der folgenden Art übertragen könnten:

(1') $\quad \dfrac{2}{5} = \dfrac{2}{7} + \dfrac{4}{49} + \dfrac{8}{245}$ $\quad$ bzw. allgemein

$$\frac{z}{n} = \frac{z}{n+z} + \frac{z^2}{(n+z)^2} + \frac{z^3}{n(n+z)^2} .$$

Stichwörter: Quader, Abstände von Punkten; **Schulstoff:** Satz des PYTHAGORAS, Gleichungen, binomische Formeln; **Schulstufe:** 9–10

Das Hauptproblem bei dieser Aufgabe ist, dass die Schülerinnen und Schüler zunächst meist keinen Algorithmus erkennen und mit der hier gegebenen Freiheit erst umzugehen lernen müssen.

Zunächst müssen sie eine Quadratzahl beliebig wählen, z. B. 4, und diese dann zerlegen: $4 = 4 \cdot 1 = 2 \cdot 2$. Die zweite Zerlegung kommt nicht infrage, da die Faktoren $c+b$ und $c-b$ verschieden sein müssen. Denn die Aufgabe enthält *implizit* durch den Hinweis auf den Satz des PYTHAGORAS die Bedingung, dass a, b, $c \neq 0$ sein müssen.

Nun müssen b und c so bestimmt werden, dass $c+b=4$ und $c-b=1$ ist. Das ist durch Probieren (ganze Zahlen!) möglich oder durch Ausrechnen nach dem Additionsverfahren. Die Gleichungen kann man aber auch so deuten, dass man von einem Punkt c der Zahlengeraden um die *gleiche* Strecke b nach rechts und links gehen soll, um zu 4 bzw. 1 zu gelangen. Das heißt, c liegt in der Mitte des Intervalls von 1 bis 4 und b ist dessen halbe Länge, $c = 2{,}5$; $b = 1{,}5$.

Das Ergebnis zeigt, dass *ganzzahlige* Lösungen nur dann auftreten, wenn beide Faktoren entweder gerade oder ungerade sind. Damit liefert 16 das erste neue Beispiel mittels der Zerlegung $16 = 8 \cdot 2$. Es folgt $c = 5$ und $b = 3$, also nichts wirklich Neues. Das ist erst bei $25 = 25 \cdot 1$ mit $c = 13$ und $b = 12$ der Fall.

Weitere Beispiele in systematischer Reihenfolge:

1) $\quad 36 = 18 \cdot 2 \quad \Rightarrow \quad c = 10,\ b = 8$
2) $\quad 49 = 49 \cdot 1 \quad \Rightarrow \quad c = 25,\ b = 24$
3) $\quad 64 = 32 \cdot 2 \quad \Rightarrow \quad c = 17,\ b = 15$
4) $\quad\quad\ \ = 16 \cdot 4 \quad \Rightarrow \quad c = 10,\ b = 6$
5) $\quad 81 = 81 \cdot 1 \quad \Rightarrow \quad c = 41,\ b = 40$
6) $\quad\quad\ \ = 27 \cdot 3 \quad \Rightarrow \quad c = 15,\ b = 12$
7) $\quad 100 = 50 \cdot 2 \quad \Rightarrow \quad c = 26,\ b = 24$

Man erkennt, dass nicht alle Beispiele zu wirklich neuen Ergebnissen führen: 1), 4) und 6) gehen durch Multiplikation mit 2 bzw. 3 aus dem Zahlentripel $(3, 4, 5)$ hervor, analog 7) aus $(5, 12, 13)$. Klar ist, dass man auf diese Weise *alle* pythagoreischen Zahlentripel erhält, da für jedes eine solche Darstellung möglich ist.

Um pythagoreische Quader zu finden, schreibt man analog $a^2 + b^2 = (d + c) \cdot (d - c)$. Wählt man nun zwei Quadratzahlen a^2 und b^2, so kann man wie oben weitermachen:

$$a = 1, \ b = 2, \ a^2 + b^2 = 5 = 5 \cdot 1 \quad \Rightarrow \quad d = 3, \ c = 2$$
$$a = 2, \ b = 2, \ a^2 + b^2 = 8 = 4 \cdot 2 \quad \Rightarrow \quad d = 3, \ c = 1$$

Man kann also zwei Kantenlängen eines Quaders, die nicht beide 1 sind, beliebig vorgeben, um einen Quader zu erhalten, dessen dritte Kante und dessen Raumdiagonale ganzzahlig sind.

Bemerkung: Man kann die obige Methode auch umkehren, indem man von b und c ausgeht. Dann muss man jedoch im Falle der pythagoreischen Tripel sicherstellen, dass $(b + c) \cdot (b - c)$ eine Quadratzahl ist. Dies erreicht man im einfachsten Fall dadurch, dass man $b + c = p^2$ und $b - c = q^2$ setzt, also $c = \frac{1}{2}(p^2 + q^2)$ und $b = \frac{1}{2}(p^2 - q^2)$. Da aber jetzt bei beliebiger Wahl von p und q die Ganzzahligkeit von b und c nicht mehr gewährleistet ist, liegt es nahe $c = m^2 + n^2$ und $b = m^2 - n^2$ zu setzen. Dann ist $b + c = 2m^2$ und $b - c = 2n^2$, also $a^2 = 4m^2 n^2$ und $a = 2mn$. Hiermit hat man die klassische Erzeugung der pythagoreischen Zahlentripel aus der dritten binomischen Formel gewonnen.

Stichwörter: – ; **Schulstoff:** Koordinatensystem, Quadrat; **Schulstufe:** 5–7

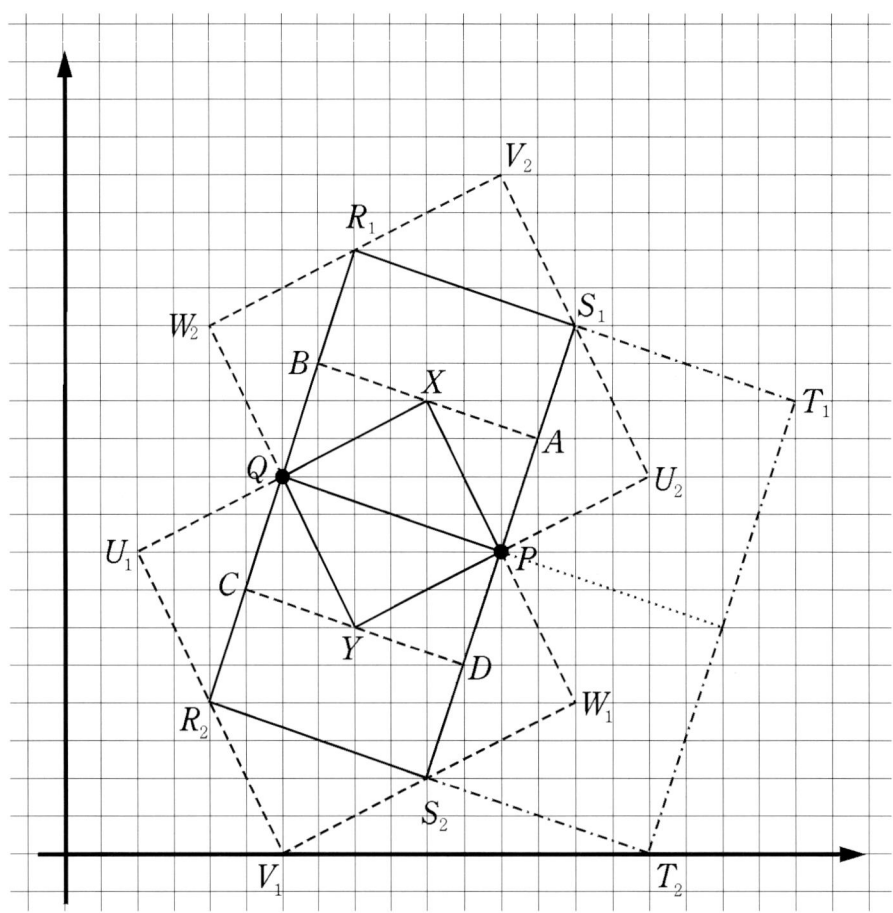

Die Abbildung zeigt die Lösungen aller drei Teilaufgaben.

(1) durchgezogen: PQR_1S_1, PQR_2S_1, $PXQY$.

$R_1(4|8)$, $S_1(7|7)$; $R_2(2|2)$, $S_2(5|1)$; $X(5|6)$, $Y(4|3)$.

(2) gestrichelt: $ABCD$, $XU_1V_1W_1$, $YU_2V_2W_2$.

$A(6,5|5,5)$, $B(3,5|6,5)$; $C(2,5|3,5)$, $D(5,5|2,5)$.

$U_1(1|4)$, $V_1(3|0)$; $W_1(7|2)$, $U_2(8|5)$; $V_2(6|9)$, $W_2(2|7)$.

(3) strichpunktiert: $R_1T_1T_2R_2$; $T_1(10|6)$, $T_2(8|0)$.

Stichwörter: –; **Schulstoff:** Kreis, Symmetrie; **Schulstufe:** 5–6

Die Zerlegung erfolgt nach dem gleichen Prinzip wie beim Quadrat, also punktsymmetrisch bzw. vierfach rotationssymmetrisch. Dabei bietet sich die Verwendung von Kreisbögen besonders an (die jedoch nicht wie auf der Abbildung unten Halbkreise sein müssen). Die Zerlegung mittels gezackter Linien hat aber ebenfalls einen besonderen Reiz, weil man die Kongruenz der Teile nicht so leicht sehen kann. Deshalb ist es sinnvoll, sie ausschneiden und übereinander legen zu lassen.

Die Aufgabe kann sehr gut zur Herstellung punkt- und rotationssymmetrischer Muster eingesetzt werden.

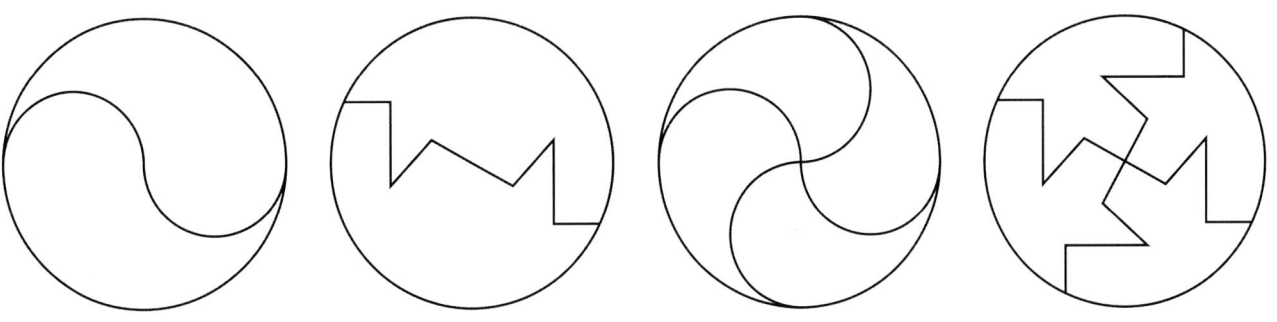

LÖSUNGSHINWEISE ZU AUFGABE 38

Stichwörter: –; **Schulstoff:** Quadrat, Rechteck; **Schulstufe:** 5–6

Im Falle des Quadrats braucht man nur eine beliebige „Tangential"-Gerade durch eine Ecke zu legen und zu dieser die beiden Senkrechten durch die Nachbarecken sowie die Parallele durch die gegenüberliegende Ecke zu zeichnen. Diese vier Geraden bilden dann stets ein Quadrat, da bei Drehung um $90°$ um den Mittelpunkt des gegebenen Quadrats die Geraden miteinander zur Deckung kommen.

Im Fall des Rechtecks muss man den Seiten gleichschenklig-rechtwinklige Dreiecke aufsetzen. Das gleiche Verfahren wie beim Quadrat (gestrichelte Geraden) führt im Allgemeinen zu Rechtecken. Dagegen lassen sich einem Quadrat keine Rechtecke umbeschreiben.

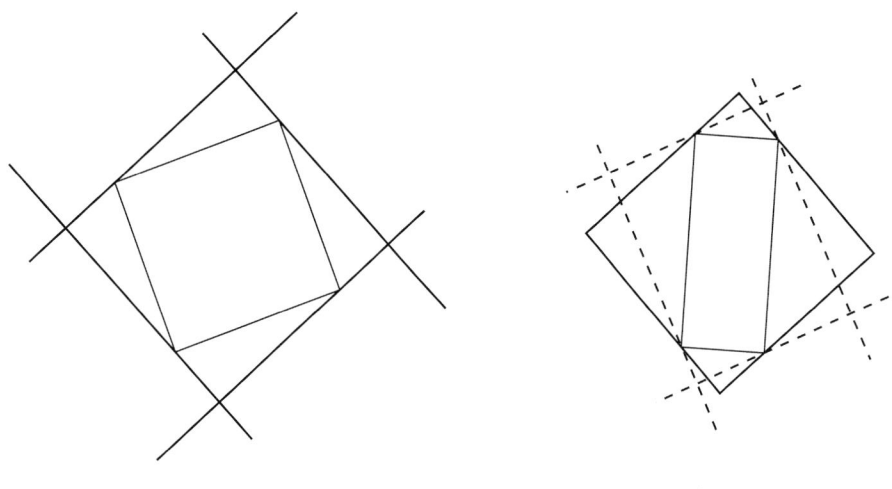

LÖSUNGSHINWEISE ZU AUFGABE 39

Stichwörter: –; **Schulstoff:** Kreis, Rechteck, Quadrat; **Schulstufe:** 5–6

Bei dieser Aufgabe können die Schülerinnen und Schüler versuchsweise eine beliebige Sehne AB zeichnen und in A und B die Senkrechten zu AB, die den Kreis in D bzw. C schneiden. $ABCD$ ist dann automatisch ein Rechteck. Als Begründung könnten sie anführen – der Satz von THALES und seine Umkehrung wird hier noch nicht als bekannt vorausgesetzt –, dass der Durchmesser des Kreises, der zu AB parallel läuft (wie jeder Durchmesser), Symmetrieachse des Kreises ist, weshalb D Spiegelpunkt von A und C Spiegelpunkt von B sein muss.

Zeichnet man auf diese Weise mehrere Rechtecke ein, so fällt auf, dass sie alle die gleiche Ecke C als Schnittpunkt von AM mit dem Kreis haben. Daraus ergibt sich die zweite Lösung: Man konstruiert C als Schnittpunkt von AM mit dem Kreis und zeichnet analog einen beliebigen zweiten Durchmesser BD. In diesem Falle benutzt man die schon bekannte Tatsache, dass ein Viereck mit gleich langen Diagonalen, die sich gegenseitig halbieren, ein Rechteck sein muss.

Ein Quadrat erhält man, wenn der Durchmesser BD senkrecht zu AC ist oder indem man Winkel von $45°$ an AC in A nach beiden Seiten anträgt.

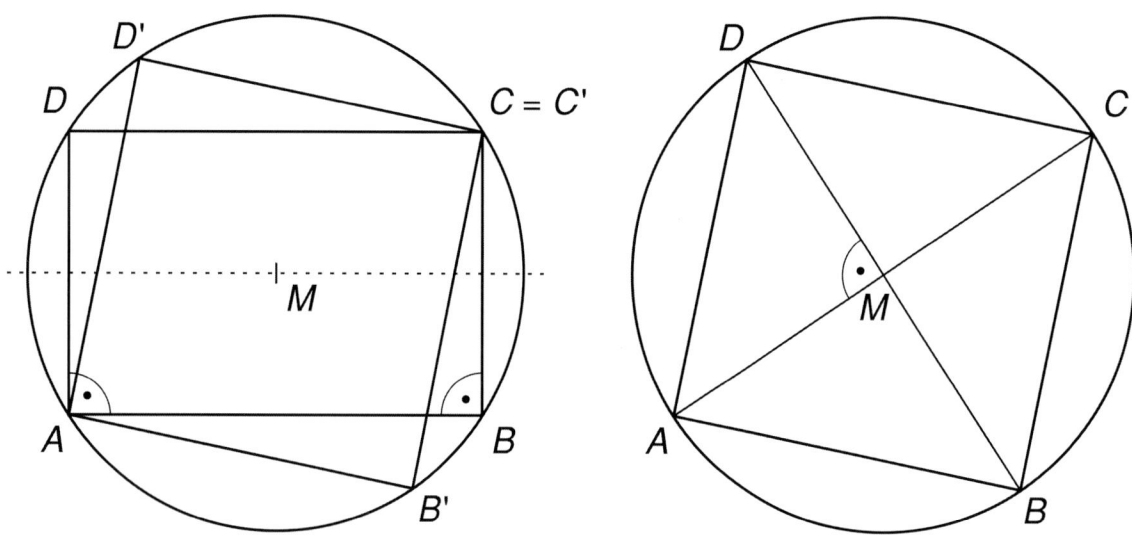

LÖSUNGSHINWEISE ZU AUFGABE 40

Stichwörter: –; **Schulstoff:** Parallelogramm, Rechteck; **Schulstufe:** 5–6

Die Schülerinnen und Schüler können feststellen, dass die Seiten des Rechtecks in jeweils 7 (!) gleich lange Strecken zerlegt werden, deren Endpunkte in geeigneter Weise zu verbinden sind; oder sie finden heraus, dass die Diagonalen in 14 Teile geteilt und durch die Teilpunkte Parallelen zu ihnen gezogen worden sind. Da die Diagonalen eines Rechtecks gleich lang sind, entstehen auf diese Weise kongruente *Rauten* als kleinste Teilfiguren. Hieraus ergeben sich die weiteren Eigenschaften der Figur:

– Die 6 Parallelogramme haben den gleichen Umfang, nämlich das Doppelte der Diagonalenlänge.

– Die Anzahl der Rauten, die die Parallelogramme ausfüllen, ist unterschiedlich, d. h. der Flächeninhalt nimmt zu, je näher die Eckpunkte der Parallelogramme an die Seitenmittelpunkte des Rechtecks heranrücken.

Aus der letzten Feststellung ergibt sich die Vermutung, dass unter *allen* Parallelogrammen, die man einem Rechteck einbeschreiben kann, das Mittenparallelogramm den größten Inhalt hat.

LÖSUNGSHINWEISE ZU AUFGABE 41

Stichwörter: Wege; **Schulstoff:** Fläche, Quadrat; **Schulstufe:** 5–6

Wenn die Schülerinnen und Schüler die Konstruktionsvorschrift verstanden haben, dauert es nicht lange, bis sie Lösungen wie die unten abgebildeten finden. Sie bemerken, dass *geschlossene, kreuzungsfreie* „Plattenwege" entstehen. Überraschend ist, dass es auch zwei getrennte Wege dieser Art geben kann oder in sich zusammenhängende „Zweierquadrate".

Deshalb sollte die Aufgabenstellung nicht das Legen eines Plattenweges verlangen, weil dann diese Möglichkeiten ausgeschlossen wären.

Zählt man die Anzahl der Platten, so fällt auf, dass sie stets gerade ist. Dies lässt sich dadurch plausibel machen, dass man beim „Legen" der Platten feststellt, dass jede Bewegung in einer Richtung (nach rechts, links, oben, unten) wieder durch die entgegengesetzte kompensiert werden muss, wenn ein geschlossener Weg entstehen soll.

Dass die minimale Anzahl 4 ist, finden die Schüler selbst, ebenso die Vermutung, dass man nie mehr als 26 Platten in dieser Weise verlegen kann. Ein schlüssiger Beweis hierfür ist uns nicht bekannt.

Als einfache Variante bietet sich die Änderung der Abmessungen der Felder an. Interessanter ist die folgende: Bei welchen Maßen kann man einen möglichst großen Bruchteil der Fläche des Feldes bedecken? In diesem Fall dürften die Schülerinnen und Schüler in Anlehnung an die dritte abgebildete Lösung eine „mäanderförmige" Verlegung vorschlagen, bei der die Wegschleifen nur eine Platte Abstand voneinander haben. Tatsächlich stellt aber das (triviale) 2×2-Feld, das ja ganz bedeckt werden kann, das Optimum dar.

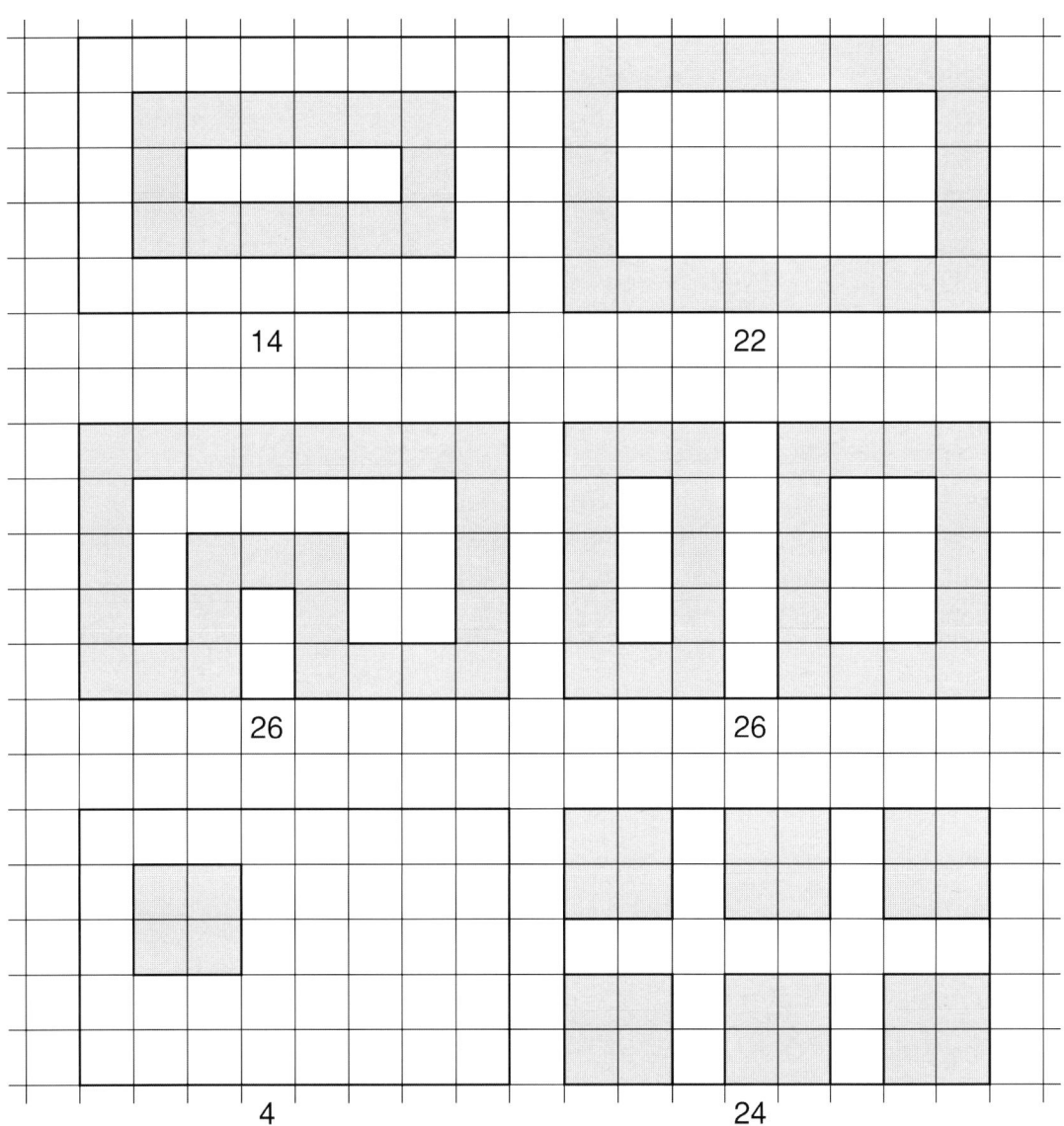

159

Stichwörter: Wege; **Schulstoff:** Strecke, Länge; **Schulstufe:** 5–6

Klaras Haus ist 2,1 km Luftlinie von der Schule entfernt, Franziskas nur 1,9 km. Wegen des Flusses können die Kinder nur entlang der Straße und über die Brücke zur Schule laufen. Franziskas Schulweg ist etwa 6 km lang, Klaras Weg ist etwa 750 m kürzer. Sie steigt vor Franziskas Haus in den Bus und fährt kostenlos zur Schule, während Franziska im Bus zahlen oder laufen muss.

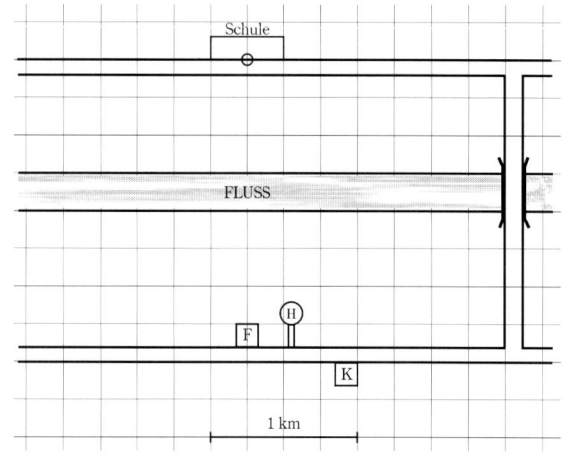

Stichwörter: Mittendreieck; **Schulstoff:** Dreieck, Mittelpunkt, parallel, Ähnlichkeit, Seitenhalbierende, Schwerpunkt; **Schulstufe:** 7–9

Mit den nebenstehenden Zeichnungen gilt:

$\overline{A'B'} \parallel \overline{AB}$ (Strahlensatz) usw.,

$\overline{A'B'} = \frac{1}{2}\overline{AB}$ (Strahlensatz) usw.,

$\angle A'C'B' = \angle ACB$ usw.,

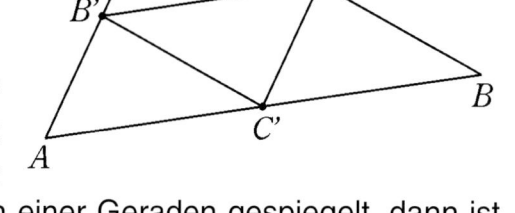

Fläche($\triangle A'B'C'$) $= \frac{1}{4}$Fläche($\triangle ABC$) usw. Die Dreiecke $\triangle AC'B'$, $\triangle B'A'C$, $\triangle C'BA'$ sind zueinander kongruent und alle drei sind ähnlich zu $\triangle ABC'$. $\triangle A'B'C'$ ist „spiegel-ähnlich" zu $\triangle ABC$, d. h. wird das $\triangle A'B'C'$ an einer Geraden gespiegelt, dann ist das entstehende Dreieck ähnlich zu $\triangle ABC$.

Setzt man das Verfahren fort, entstehen immer kleinere Dreiecke, die alle ähnlich oder spiegel-ähnlich zu dem ursprünglichen Dreieck sind. Bei jedem Schritt halbieren sich die Seitenlängen. Das Dreieck $\triangle A''B''C''$ ist ähnlich zu $\triangle ABC$.

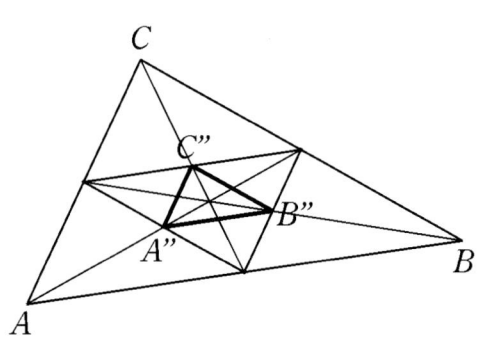

Der Mittelpunkt C'' von $\overline{A'B'}$ liegt auf der Verbindungslinie CC', also auf der Seitenhalbierenden s_c. Auch alle weiteren Punkte C''' usw. liegen auf dieser Seitenhalbierenden usw.

Die Dreiecke ziehen sich dabei von Schritt zu Schritt immer mehr auf einen Punkt zusammen. Dieser Punkt ist der Schnittpunkt der Seitenhalbierenden, der Schwerpunkt S.

* Wie ist das bei einem Viereck?

Das Mitten-Viereck $A'B'C'D'$ ist immer ein Parallelogramm!

Es ist nämlich $\overline{A'B'} \parallel \overline{AC}$ und $\overline{D'C'} \parallel \overline{AC}$ (wie oben beim Dreieck, siehe die folgende Abb.), also auch $\overline{A'B'} \parallel \overline{D'C'}$; analog $\overline{A'D'} \parallel \overline{B'C'}$. Die Seiten des Parallelogramms sind jeweils gerade halb so lang wie die zugehörige Diagonale des Vierecks.

160

Behauptung: Fläche$(A'B'C'D') = \frac{1}{2}$Fläche$(ABCD)$

– dazu genügt es zu zeigen, dass die vier Außendreiecke die halbe Fläche des ursprünglichen Vierecks haben. Für die vier Außendreiecke gilt jeweils:

Fläche$(\triangle A'D'A) = \frac{1}{4}$Fläche$(\triangle BDA)$

Fläche$(\triangle D'C'D) = \frac{1}{4}$Fläche$(\triangle ACD)$

Fläche$(\triangle C'B'C) = \frac{1}{4}$Fläche$(\triangle DBC)$

Fläche$(\triangle B'A'B) = \frac{1}{4}$Fläche$(\triangle CAB)$,

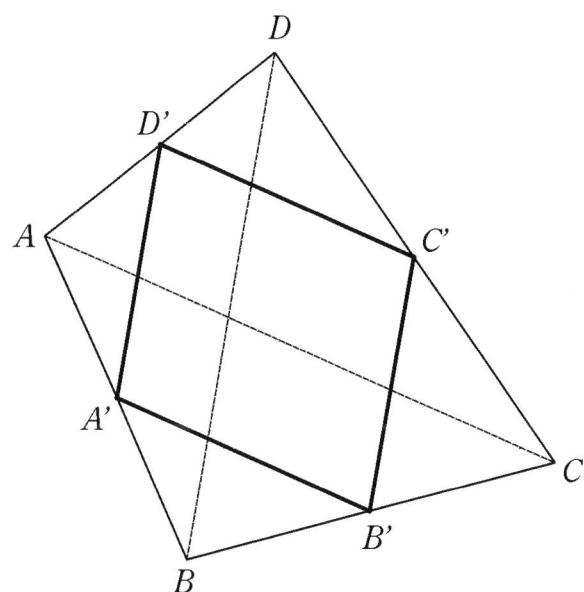

also ergibt sich für die Summe der vier Außendreiecke

Fläche$(\triangle A'D'A)$+Fläche$(\triangle D'C'D)$+Fläche$(\triangle C'B'C)$+Fläche$(\triangle B'A'B)$

$= \frac{1}{4}\big[$Fläche$(\triangle BDA)$+Fläche$(\triangle DBC)\big] + \frac{1}{4}\big[$Fläche$(\triangle ACD)$+Fläche$(\triangle CAB)\big]$

$= \frac{1}{4}\big[$Fläche$(ABCD)$+Fläche$(ABCD)\big]$

$= \frac{1}{2}$Fläche$(ABCD)$,

was zu beweisen war.

Setzt man das Verfahren fort, entstehen immer kleinere Parallelogramme, die (wie beim Dreieck) zwei „Familien" von untereinander ähnlichen Figuren bilden.

Alles dies gilt sogar für Vierecke mit einer eingeschlagenen Ecke, siehe nebenstehende Abbildung!

- Wie ist das bei einem Fünfeck, ..., bei einem n-Eck?

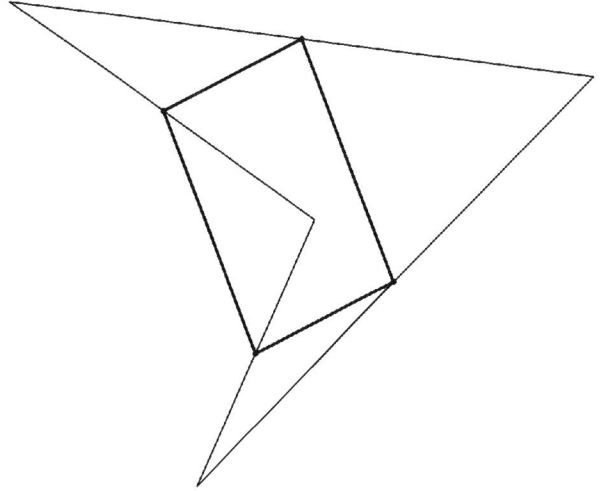

Auch beim Fünfeck zeigt sich, dass die Mitten-Fünfecke „runder" und regelmäßiger als die Ausgangsfigur sind. Setzt man das Verfahren fort, werden die Fünfecke sogar immer „runder" und regelmäßiger (auch bei einer oder zwei eingeschlagenen Ecken!) – und natürlich immer kleiner.

Dies gilt ebenso für alle n-Ecke mit $n \geq 5$.

LÖSUNGSHINWEISE ZU AUFGABE 44

Stichwörter: –; **Schulstoff:** Vieleck, Winkelsumme; **Schulstufe:** 6–7

Da Dreieck BPM gleichschenklig ist und der Winkel an der Spitze $45°$ beträgt, ist Winkel $BPM = 67{,}5°$. Aus Symmetriegründen (oder analog) ergibt sich, dass Winkel AQM genauso groß ist. Folglich ist Winkel $PMQ = 45°$. Nun sind auch die Winkel PMA und QMB gleich groß und daher jeder der beiden $22{,}5°$, da AM und BM senkrecht aufeinander stehen. Ebenso folgert man, dass Winkel $AMR = 22{,}5°$ und damit Winkel $PMR = 45°$ ist. Damit bilden die aufeinander folgenden Verbindungsstrecken des Mittelpunktes M mit den Endpunkten der Viertelkreise einen Winkel von $45°$ und da sie auch gleich lang sind, ist das Achteck regelmäßig.

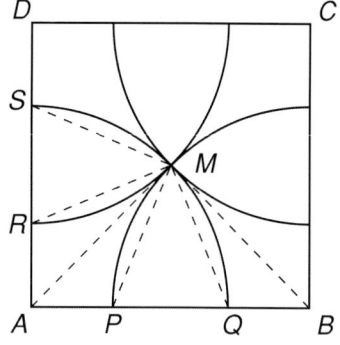

Eine andere Begründung für den Winkel PMA ergibt sich aus

$$\angle PMA = \angle QMA - \angle QMP = 67{,}5 - 45 = 22{,}5° \, .$$

LÖSUNGSHINWEISE ZU AUFGABE 45

Stichwörter: –; **Schulstoff:** Satz des THALES; **Schulstufe:** 6–7

Bei dieser Hinführung zum Satz des THALES sollen die Schülerinnen und Schüler durch die konkreten Rechnungen die innere Struktur der Figur zunächst bewusst erfassen, um im Anschluss daran zu verstehen, worauf die Gültigkeit des Satzes beruht. Wichtig ist, den Winkel ACB in die Berechnungen mit einzubeziehen. Viele übersehen, dass auch er ein Winkel der Figur ist.

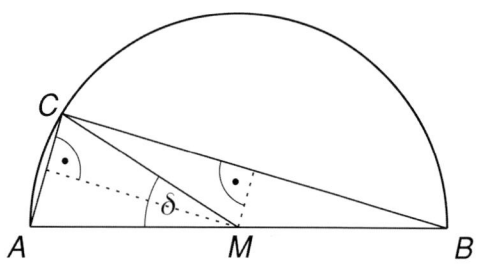

Die *verbale* Erklärung könnte nun so gegeben werden: Die Winkel MAC und MCA sind gleich groß und ergänzen δ zu $180°$. Also ergänzt jeder $\frac{1}{2}\delta$ zu $90°$. (Sie sind also um $\frac{1}{2}\delta$ kleiner als $90°$.) Aber auch die Winkel MBC und MCB sind gleich groß und ergänzen Winkel BMC zu $180°$. Da das auch δ macht, muss jeder von ihnen gleich $\frac{1}{2}\delta$ sein. Was also dem Winkel MCA an $90°$ fehlt, wird durch den Winkel MCB hinzugefügt.

Man kann diese Überlegung wirkungsvoll dadurch unterstützen, dass man die Symmetrieachsen der beiden gleichschenkligen Dreiecke AMC und BMC einzeichnet. Als Winkelhalbierende zweier Nebenwinkel stehen sie senkrecht aufeinander und da sie auch senkrecht auf AC bzw. BC stehen, muss auch der vierte Winkel ein rechter sein. Schließlich könnte man auch mit den Diagonaleneigenschaften von Rechtecken argumentieren und feststellen, dass ABC ein „halbes" Rechteck ist.

LÖSUNGSHINWEISE ZU AUFGABE 46

Stichwörter: –; **Schulstoff:** Winkel, Vieleck; **Schulstufe:** 6–7

Aufgrund der Rotationssymmetrie der Figur kann als selbstverständlich angenommen werden, dass
- alle Diagonalen gleich lang sind und
- die Schnittpunkte der Diagonalen ebenfalls ein regelmäßiges Fünfeck bilden.

Ferner kennt man den Winkel des regelmäßigen Fünfecks, der $108°$ beträgt, oder berechnet ihn aus dem Mittelpunktswinkel der Bestimmungsdreiecke. Aus der Gleichschenkligkeit von ABD folgt

$$\angle ABD = \angle ADB = 36° = \angle DAE = \angle CAB$$

und damit ist $\quad \angle CAF = \angle BAD - \angle BAC - \angle DAF = 36° \, .$

Die Diagonalen teilen also den Fünfeckswinkel in drei gleiche Teile. Ferner ist aufgrund der Gleichheit der Basiswinkel das Dreieck ABC, also auch das Dreieck AFC gleichschenklig und daher $\angle AFC = 72°$. (Dies folgt auch aus der Regularität des inneren Fünfecks, von der man ebenfalls hätte ausgehen können.) Somit ist auch das Dreieck ABF gleichschenklig. Die Figur enthält demnach 5 große gleichschenklige Dreiecke, die zu ABE kongruent sind, 5 mittlere gleichschenklige Dreiecke, die zu ABF kongruent sind, und 5 kleine gleichschenklige Dreiecke, die zu AFC kongruent sind. Diese 15 Dreiecke besitzen alle den Basiswinkel $72°$.

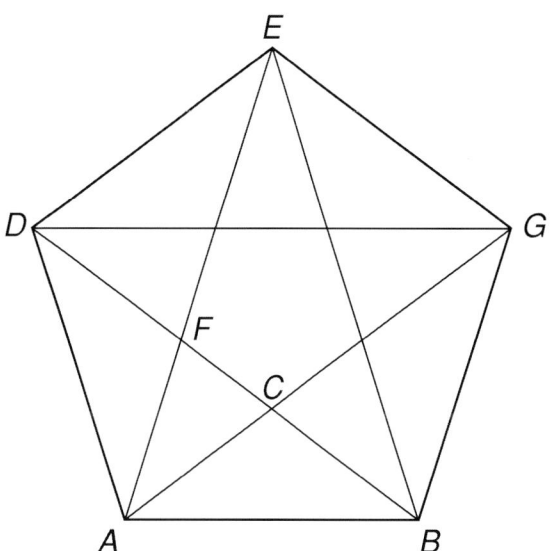

Da die Dreiecke ABD und DGC kongruent sind, enthält die Figur ferner 10 große gleichschenklige Dreiecke mit dem Basiswinkel $36°$ und 5 kleine, die jeweils untereinander kongruent sind.

LÖSUNGSHINWEISE ZU AUFGABE 47

Stichwörter: Grundstücke; Schulstoff: Winkel, Vieleck; Schulstufe: 6–7

Zunächst sind die Seitenlängen aus der Zeichnung zu bestimmen. Die Flächen der vier Grundstücke können dann auf verschiedenen Wegen bestimmt und miteinander verglichen werden. Für den Größenvergleich spielt übrigens der Maßstab keine Rolle!

Fläche oben links: $56 \, \text{cm}^2$ Fläche oben rechts: $48 \, \text{cm}^2$
Fläche unten links: $60 \, \text{cm}^2$ Fläche unten rechts: $60 \, \text{cm}^2$

Der Vater meint also sicherlich das Parallelogramm – auch wenn sein Formulierung „Nicht *das* größte ..." wohl nicht ganz korrekt ist, weil es ja *zwei* größte Grundstücke gibt.

LÖSUNGSHINWEISE ZU AUFGABE 48

Stichwörter: Euro-Symbol; Schulstoff: Winkel, regelmäßige Vielecke; Schulstufe: 6–7

Die erforderlichen Maße lassen sich unmittelbar der Vorlage entnehmen: Der äußere Kreis hat einen Radius von $1\,\text{LE} + 3{,}5\,\text{LE} + 1\,\text{LE} + 0{,}5\,\text{LE} = 6\,\text{LE}$, der innere von $5\,\text{LE}$. Der Mittelpunktswinkel misst $80°$, die Öffnung des Kreisringes ist nach unten durch eine vertikale Gerade und nach oben durch die Gerade gegeben, die durch den oberen Schnittpunkt des $80°$-Winkels mit dem inneren Kreis und den tiefsten Punkt des äußeren Kreises geht. Die parallelogrammförmigen Mittelbalken sind $1\,\text{LE}$ breit und durch einen Streifen gleicher Breite getrennt. Nur die Länge dieser Balken ist nicht unmittelbar ersichtlich. Schiebt man den unteren Balken nach rechts bis zur gestrichelten Fortsetzung des inneren Kreises, dann wird aus seiner unteren Kante eine Sehne dieses Kreises. Damit lässt sich der untere Balken und anschließend auch der obere konstruieren.

Den Flächeninhalt des Euro-Symbols *ganz genau* zu ermitteln ist wegen der etwas vagen Flächenangabe auf der Farbdose nicht erforderlich.

Für den Flächeninhalt des Kreisringes gilt: $(6^2\,\text{LE}-5^2\,\text{LE})\pi\approx 11\cdot 3{,}14\,\text{LE}^2\approx 35\,\text{LE}^2$. Berücksichtigt man die Lücke in diesem Ring, dann bleibt etwa $35\,\text{LE}^2\cdot\dfrac{280}{360}\approx 28\,\text{LE}^2$. Für die Flächeninhalte der beiden Balken zusammen gilt etwa $2\cdot 1\,\text{LE}\cdot 10\,\text{LE}=20\,\text{LE}^2$. Für den Flächeninhalt des Euro-Symbols ergibt sich also näherungsweise $48\,\text{LE}^2$. Aus der Bedingung $48\,\text{LE}^2\approx 10\,\text{m}^2$ ergibt sich schließlich $1\,\text{LE}\approx 45\,\text{cm}$. Das Euro-Symbol auf Frieda Friedels Geldspeicher würde damit etwa $0{,}45\,\text{m}\cdot 12=5{,}4\,\text{m}$ hoch.

LÖSUNGSHINWEISE ZU AUFGABE 49

Stichwörter: –; **Schulstoff:** Dreieck, Winkelsumme, Kongruenz; **Schulstufe:** 7–8

Offensichtlich sind die *gleichschenkligen* Dreiecke APD und DQC kongruent, da bei Spiegelung an BD m in n und der Kreisbogen in sich übergeht. Ferner ist auch das Dreieck ABQ gleichschenklig und wegen $|AD|=|AB|=|BP|$ sogar gleichseitig. Die gleichschenkligen Dreiecke ABP und AQD stimmen daher in allen drei Seiten überein und sind deshalb ebenfalls kongruent. (Andere Begründung: Bei Drehung um den Mittelpunkt des Quadrats um $90°$ geht B in A, A in D, P in Q über.) Daher ist

$$\angle ABP = \angle DAP = \angle DAB - \angle QAB = 90°-60°=30°.$$

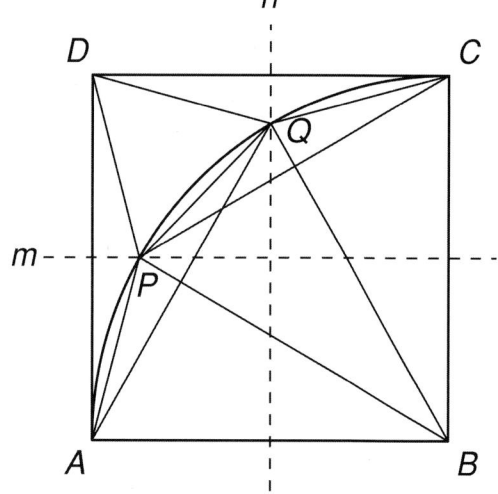

Die Gerade BP ist daher Symmetrieachse des Vierecks $ABQP$ und es folgt

$$|PQ|=|PA|=|PD|=|DQ|=|QC|.$$

Die Figur enthält somit drei *gleichseitige* Dreiecke:

ABQ, BCP, PQD;

fünf kongruente gleichschenklige Dreiecke mit Basiswinkel $75°$:

ABP, PBQ, QBC, AQD, CPD;

vier kongruente gleichschenklige Dreiecke mit Basiswinkel $15°$:

AQP, PCQ, APD, CQD.

P und Q sind Umkreismittelpunkte von AQD bzw. PCD.

LÖSUNGSHINWEISE ZU AUFGABE 50

Stichwörter: –; **Schulstoff:** Vieleck, Flächeninhalt; **Schulstufe:** 7–8

Jedes der hinzugefügten Dreiecke hat den Inhalt a^2, $A'B'C'D'$ ist also 5-mal so groß wie $ABCD$.

Die Rekonstruktion ist auf verschiedene Weisen möglich.

1. Offensichtlich bewirkt eine Änderung von a nur eine maßstäbliche Vergrößerung oder Verkleinerung. Man braucht daher nur den Winkel $DD'A'$ zu messen und ihn zu übertragen. Man kann aber auch das Verhältnis der Seitenlängen von $ABCD$ und $A'B'C'D'$ benutzen und entsprechend vorgehen.

2. Da der Flächeninhalt von $A'B'B$ gleich $\frac{1}{5}$ des Quadrates $A'B'C'D'$ beträgt und die Grundseite gleich ist, beträgt die Höhe des Dreiecks $\frac{2}{5}$ der Seitenlänge, also $2{,}4$ cm. B liegt also auf der Parallele zu $A'B'$ im Abstand $2{,}4$ cm und zugleich auf dem Thaleskreis über $A'B'$.

3. Die Verlängerung von DC halbiert $A'B'$, da sie *Mittelparallele* des Dreiecks $BA'B'$ ist. Somit braucht man nur C' mit dem Mittelpunkt von $A'B'$ zu verbinden, um die Träger-gerade von DC zu erhalten. Verfährt man so mit allen Seiten, erhält man $ABCD$.

Im Falle des Rechtecks erhält man ein Parallelogramm, da die Konstruktion punktsymme-trisch ausgeführt wird. Die hinzugefügten Dreiecke sind alle gleich groß und haben den In-halt $\frac{3}{8}ab$. Also hat $A'B'C'D'$ den Inhalt $\frac{5}{2}ab$.

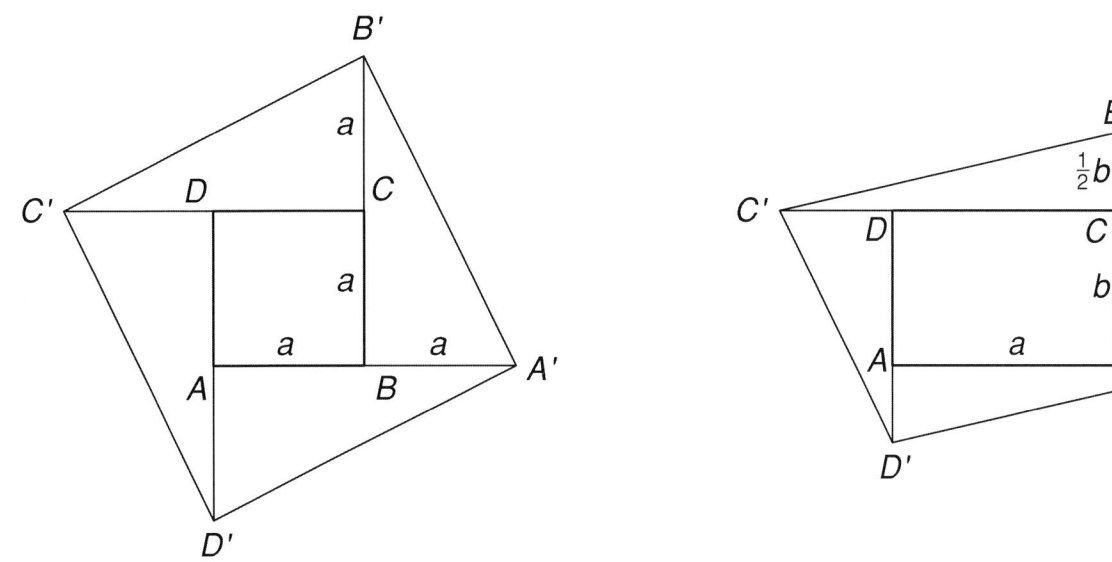

LÖSUNGSHINWEISE ZU AUFGABE 51

Stichwörter: Teilpunkte; **Schulstoff:** Strahlensätze, Flächeninhalt; **Schulstufe:** 8–9

Offenbar steht $A'B'$ senkrecht auf AB und Entsprechendes gilt für die anderen Seiten. Der Grund ist darin zu suchen, dass $A'B$ halb so lang wie BB' ist und das Dreieck $A'BB'$ infolgedessen „ein halbes gleichseitiges Dreieck" ist. Die Seite dieses Dreiecks verhält sich zu der des Dreiecks ABC wie $2:3$, die zugehö-rigen Inhalte stehen daher im Verhältnis $4:9$ zueinander. Der Inhalt des Dreiecks $A'BB'$ beträgt somit $\frac{2}{9}$ des gegebenen, alle abgeschnittenen Dreiecke machen zusammen $\frac{2}{3}$ des Inhalts von ABC aus.

Folglich verhalten sich die Inhalte von $A'B'C'$ und ABC wie $1:3$.

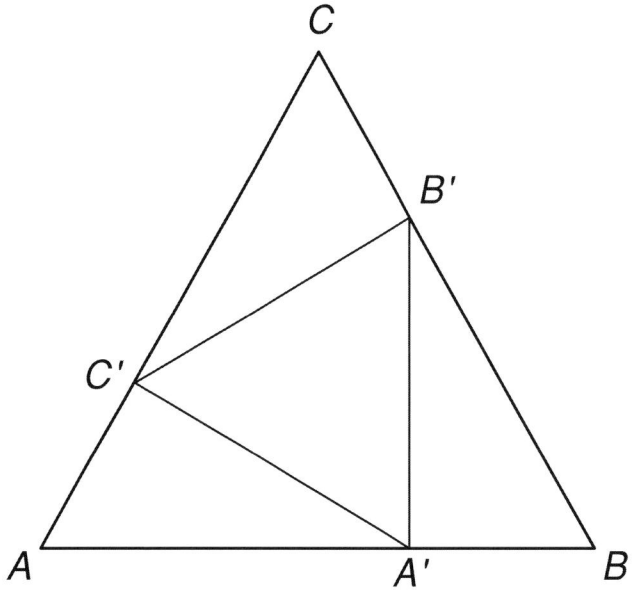

Stichwörter: Parkett; **Schulstoff:** Satz des PYTHAGORAS, Flächenbestimmungen; **Schulstufe:** 8–9

Diese Aufgabe ist als Vorbereitung des Satzes von PYTHAGORAS gedacht, der sich als Sonderfall eines allgemeineren Phänomens herausstellt. Sie kann aber auch als Übungsaufgabe gestellt werden, wenn der Satz des PYTHAGORAS bereits bekannt ist. Die Flächenumwandlungen können dann sowohl zur Herleitung des Ergebnisses wie zu seiner Veranschaulichung dienen.

Die Schülerinnen und Schüler werden zwei verschiedene Sorten von Quadraten finden, ohne dass ihnen dieser Unterschied gleich zu Bewusstsein kommen wird.

Im ersten Fall sind es immer die „gleichen" Ecken, die verbunden werden. Das ist so zu verstehen: Betrachten wir nur die kleinen Quadrate, so können wir ihre Ecken folgendermaßen unterscheiden: unten links, unten rechts, oben rechts, oben links. Es entsteht nun stets ein Quadrat, wenn man zwei beliebige, gleich bezeichnete Ecken (die nicht auf einer Waagerechten oder Senkrechten liegen dürfen) auswählt und über der Verbindungsstrecke das Quadrat konstruiert, wobei wohl schon allein nach Augenmaß die „richtigen" Ecken identifiziert werden (Abb. 1a).

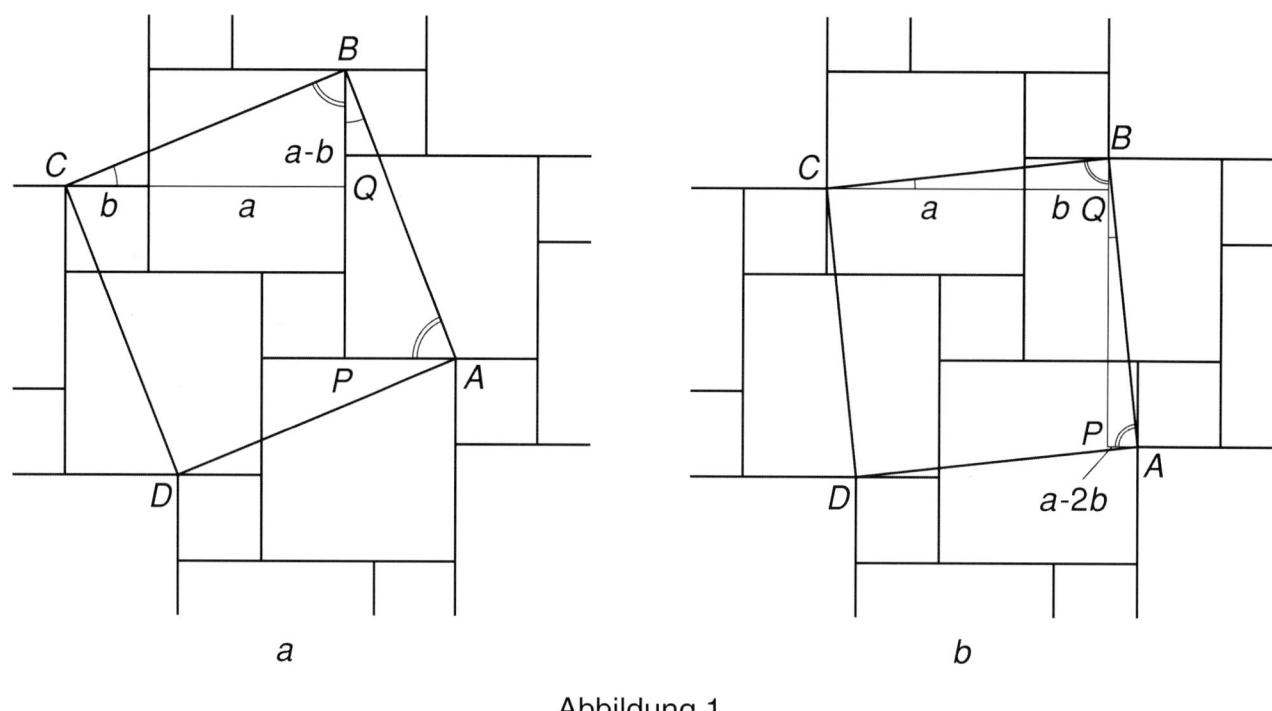

a   b

Abbildung 1

Im zweiten Fall wird nicht die Translations-, sondern die Rotationssymmetrie des Parketts ausgenutzt. Wählt man eine Ecke, z. B. „links unten", willkürlich aus, so muss man als nächste eine „rechts unten" (oder „links oben", wenn das zu zeichnende Quadrat *rechts orientiert* sein soll) wählen und findet dann nach Augenmaß oder messend gegen den Uhrzeigersinn leicht die passenden Ecken „rechts oben" und „links oben" (Abb. 1b).

Um die Quadrateigenschaft der gefundenen Vierecke zu begründen, muss man natürlich auf die Struktur des Parketts zurückgreifen. So sieht man, dass die Dreiecke ABP und BCQ in Abb. 1a) bzw. 1b) kongruent sind und ihre an der Ecke B aneinander stoßenden Winkel sich zu $90°$ ergänzen. Entsprechendes gilt in allen anderen Fällen, wobei die Katheten der rechtwinkligen Dreiecke sich immer in der Form $ma + nb$ mit ganzzahligen m, n ergeben.

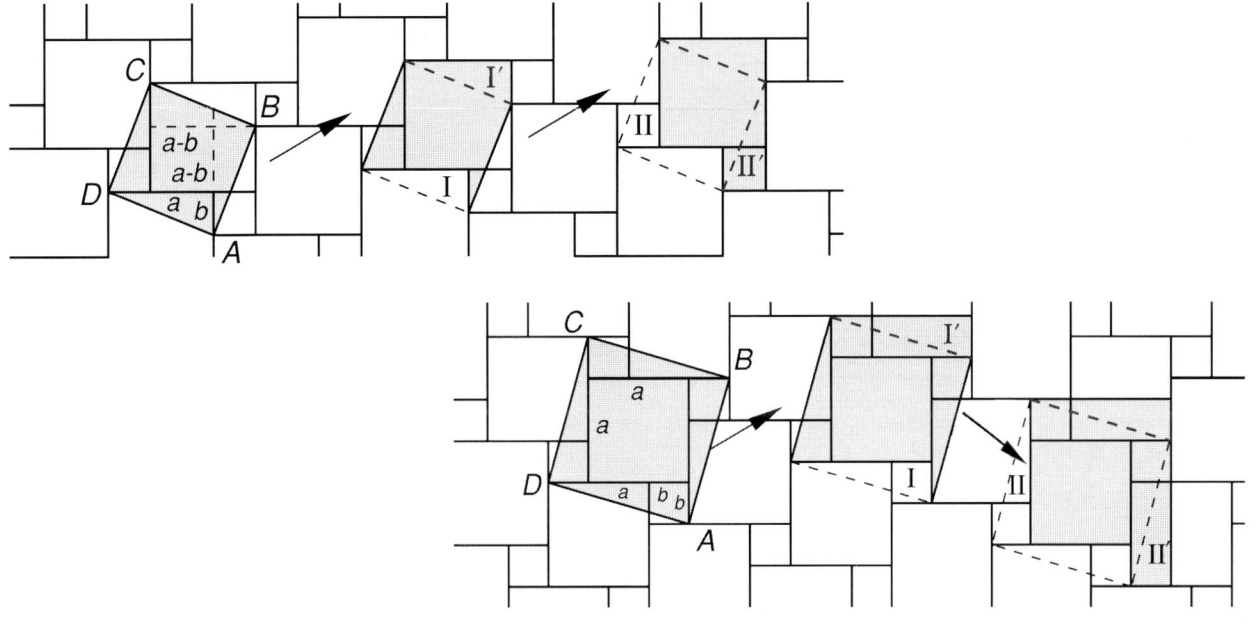

Abbildung 2a (oben links),   Abbildung 2b (unten rechts)

Zur Bestimmung des Flächeninhaltes (*ohne* Kenntnis des Satzes von PYTHAGORAS) lassen sich verschiedene Wege einschlagen. So kann man im Falle der Abbildung 2a die durch das Parkett nahe gelegte innere Zerlegung heranziehen und erhält $F = (a-b)^2 + 2ab = a^2 + b^2$ und bei der Abbildung 2b analog $F = a^2 + 2ab + b^2$.

Eine andere Methode besteht darin, eine von einer Seite des Quadrates und einem „Gitterweg" begrenzte Fläche wegzunehmen und sie *parallel* an der gegenüberliegenden Seite wieder einzufügen (vgl. I, I' bzw. II, II' in Abb. 2a und 2b, wo die Flächenumwandlung in zwei aufeinanderfolgenden Schritten durchgeführt worden ist).

Das Prinzip lässt sich folgendermaßen beschreiben: Man wähle einen (möglichst „direkten") Gitterweg von z. B. A nach D und verschiebe ihn parallel, sodass A auf B und D auf C fällt. (Der parallel verschobene Gitterweg muss nicht wieder ein Gitterweg sein, ist es jedoch stets bei den Quadraten der ersten Art.) Wenn dann diese Wege die Seiten AB und DC nicht schneiden, dann darf man die Seiten AD und BC des Quadrates durch sie ersetzen, ohne dass sich der Flächeninhalt dabei ändert. Im zweiten Schritt verfährt man genauso mit der Seite AB, wobei der Gitterweg zusätzlich aber so gewählt werden muss, dass die beiden im ersten Schritt neu entstandenen Berandungen nicht überschnitten werden. So erhält man die Abbildungen 3a, 3b, 4a, 4b und liest unmittelbar ab:

3a: $F = 2a^2 + 2b^2$;   3b: $F = 5a^2 + 5b^2$;   4a: $F = (a-b)^2 + b^2 = a^2 - 2ab + 2b^2$;   4b: $F = 4a^2 + b^2$.

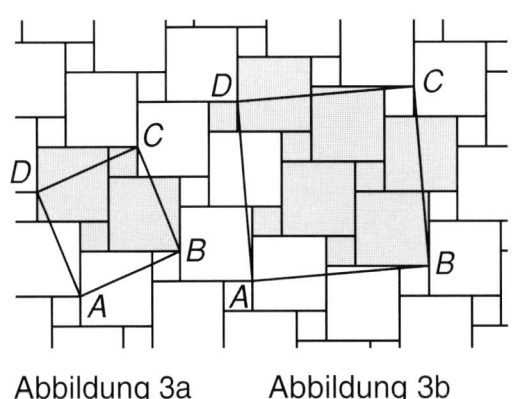

Abbildung 3a   Abbildung 3b

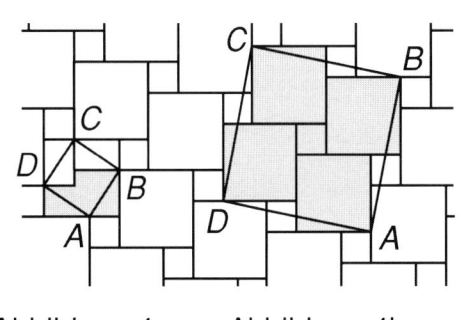

Abbildung 4a   Abbildung 4b

In allen Fällen kann natürlich auch die *subtraktive Methode* verwendet werden, indem man dem betrachteten Quadrat ein zweites umbeschreibt, dessen Seiten parallel zu den Seiten der Gitterquadrate sind. (Wenn Schülerinnen und Schüler das selbst entdecken sollten – wie auch die analoge *additive Methode* in Verallgemeinerung der Abbildungen 2a, 2b – dann wäre darin eine beträchtliche Transferleistung zu sehen!) Abbildung 5 zeigt eine Variante dieser Methode, die in diesem Fall besonders schnell zu einem Ergebnis führt, da die gegenüberliegenden Trapeze sich zu einem Rechteck mit den Seiten a und $a+b$ ergänzen. Demgemäss beträgt der Flächeninhalt

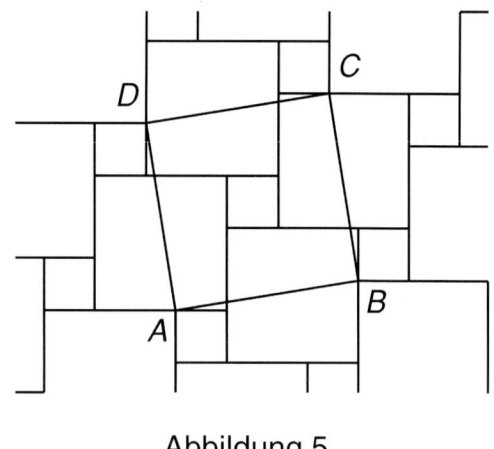

Abbildung 5

$$F = 4a^2 + 5b^2 - 2a(a+b) = 2a^2 - 2ab + 5b^2.$$

LÖSUNGSHINWEISE ZU AUFGABE 53

Stichwörter: –; Schulstoff: Flächenverwandlung, Satz des PYTHAGORAS; Schulstufe: 8–9

Die Abbildung unten zeigt eine der beiden Möglichkeiten (die zweite ist zur Diagonalen AC spiegelbildlich).

1. Lösung (gestrichelt):

$$A = 4 \cdot (d^2 + \tfrac{1}{2}(e-d)(e+d)) = 2d^2 + 2e^2 = a^2 + 2e^2.$$

2. Lösung (Strich-Punkt):

F sei der Schnittpunkt der Parallele zu DD' durch C' mit der Verlängerung von DC.

Dann ist $\angle D'DB = \angle FC'C = 90°$ und mit $\angle FCC' = 45°$ folgt: $|FC'| = |CC'| = e$.

Das Viereck $D'DC'F$ ist daher ein Parallelogramm und das Dreieck $D'DE$ kongruent zum Dreieck $C'FE$. Der Flächeninhalt des Vierecks $D'DCC'$ ist daher gleich dem Inhalt von Dreieck $FCC' = \tfrac{1}{2}e^2$. Somit erhält man

$$A = 4 \cdot (\tfrac{1}{2}e^2 + \tfrac{1}{2}d^2) = a^2 + 2e^2.$$

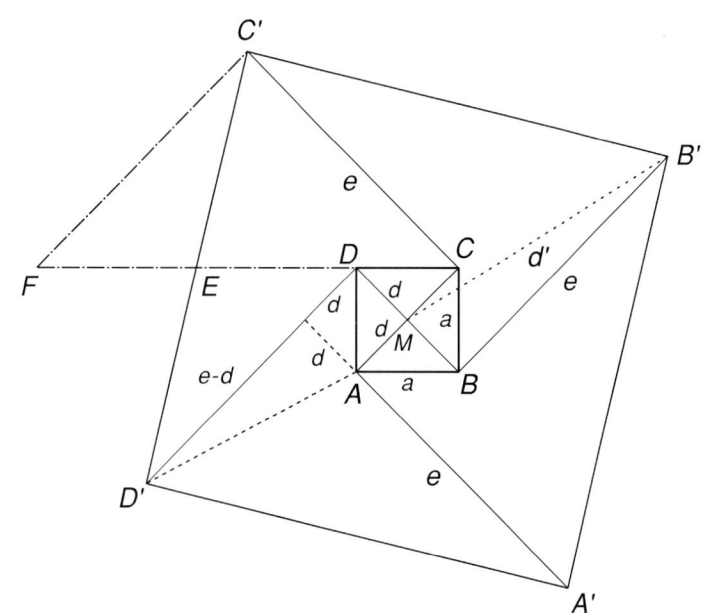

3. Lösung (punktiert):

Nach dem Satz von PYTHAGORAS, angewandt auf das Dreieck MBB', gilt:

$d'^2 = d^2 + e^2$, also $A = 2d^2 + 2e^2 = a^2 + 2e^2$.

Wenn $e < d$ ist, überschneiden sich die Quadrate. Die dritte Lösung bleibt aber unverändert gültig.

168

Stichwörter: Fünfeck; **Schulstoff:** Ähnlichkeit, Goldener Schnitt; **Schulstufe:** 9–10

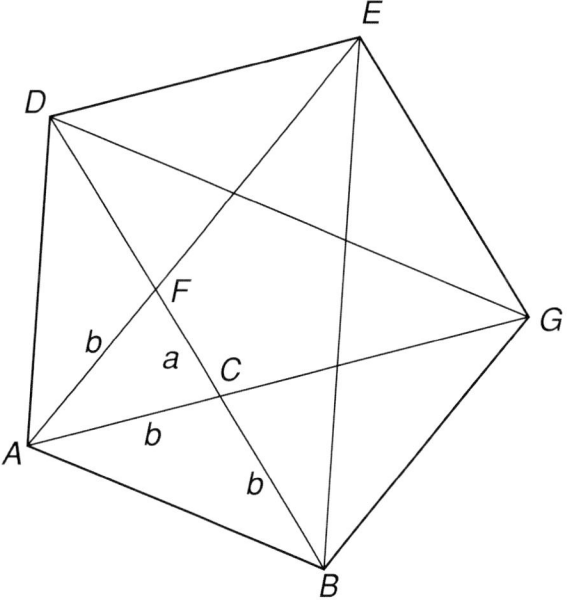

Durch Messen kann man feststellen, dass sich die Seiten des inneren Fünfecks zu den Schenkeln der aufgesetzten gleichschenkligen Dreiecke ungefähr wie $3:5$ verhalten. Analysiert man nun die Figur wie in Aufgabe 46, so stellt man fest, dass die Dreiecke ABF und ACF ähnlich sind und daher

$$b:a=(a+b):b=a:b+1$$

gilt. Nennt man nun das Teilverhältnis $a:b=t$, so folgt $\dfrac{1}{t}=t+1$, also $t^2+t=1$ und damit

$$t=-\frac{1}{2}\pm\frac{1}{2}\sqrt{5}\approx 0{,}618.$$

Stichwörter: –; **Schulstoff:** Strahlensätze, Flächenverwandlung; **Schulstufe:** 9–10

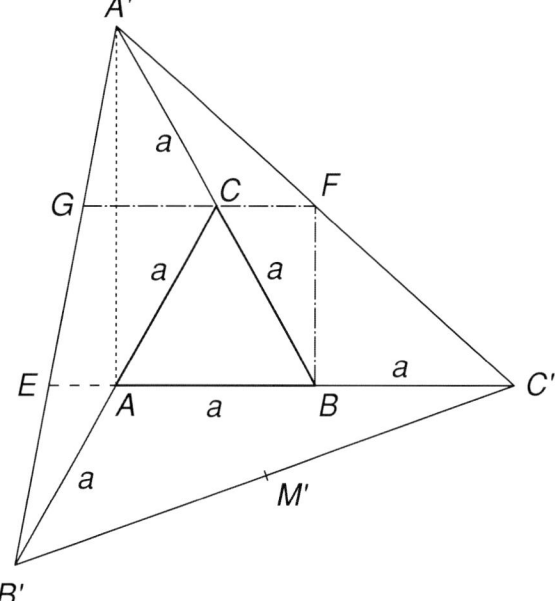

Es liegt nahe, die Seiten des gegebenen Dreiecks zu verlängern, bis sie die Seiten von $A'B'C'$ schneiden. Durch Messen stellt man dann fest, dass die Schnittpunkte die Seiten im Verhältnis $2:1$ teilen. Die Verlängerung selbst beträgt $\frac{1}{3}a$. Zieht man außerdem die Verbindungslinie entsprechender Ecken, z. B. AA', so bemerkt man, dass diese senkrecht auf AB steht. Letzteres ergibt sich einfach aus der Tatsache, dass A auf dem Halbkreis über $A'B$ liegt (Satz des THALES), oder auch daraus, dass das Dreieck ABA' offenbar „ein halbes gleichseitiges Dreieck" ist.

Zur Begründung der Teilverhältnisse liegen die Strahlensätze nahe. Es sei z. B. GF die Parallele zu AB durch C. Da A Mittelpunkt von CB' ist, ist dann auch E Mittelpunkt von GB'. Andererseits ist, da GF die Strecke BA' in C halbiert, G Mittelpunkt von EA' und F Mittelpunkt von $C'A'$. Somit teilt E die Seite $A'B'$ im Verhältnis $2:1$. Nach dem zweiten Strahlensatz ist nun GC doppelt so lang wie EA und EB ist doppelt so lang wie GC. Daher ist EB viermal so lang wie EA und AB muss das Dreifache von EA sein. Hieraus folgt $\frac{2}{3}a$ für die Länge von GC und da CF nach dem zweiten Strahlensatz gleich $\frac{1}{2}a$ ist, teilt C die Strecke GF im Verhältnis $4:3$.

In Bezug auf die Teilflächen ergibt sich, dass die Dreiecke ABC, ACA' und $AA'B'$ inhaltsgleich sind, da sie in der Grundlinie (jeweils a) und der Höhe übereinstimmen. Folglich ist das Dreieck $A'B'C$ doppelt so groß wie ABC und da dies auch für die Dreiecke $B'C'A$, $C'A'B$ gilt, verhalten sich die Inhalte von ABC und $A'B'C'$ wie 1:7.

Die Rekonstruktion von ABC bei gegebenem $A'B'C'$ kann gemäß den vorstehenden Ergebnissen auf verschiedene Weise erfolgen.

1. Man teilt die Seiten von $A'B'C'$ zyklisch im Verhältnis 2:1 und verbindet die Teilpunkte mit den gegenüberliegenden Ecken.
2. Man zeichnet nur eine „Ecktransversale" gemäß 1., z. B. EC', und teilt diese im Verhältnis 1:6 bzw. 4:3. So erhält man A und B und kann darüber das gleichseitige Dreieck errichten.
3. Eine zu 2. analoge Konstruktion ist möglich, indem man zuerst GF konstruiert und diese Strecke dann im Verhältnis 4:3 teilt. So erhält man C und entsprechend die anderen Ecken.
4. Da der Inhalt des Dreiecks $A'B'C$ zwei Siebtel des Inhalts von ABC beträgt, teilt man $B'C'$ im Verhältnis 2:7 und zieht durch den Teilpunkt die Parallele zu $A'B'$. Auf dieser liegt C. Analog liegt C auf der Parallele zu $A'C'$, die $B'C'$ im Verhältnis 1:7 teilt, da $A'C'C$ und ABC gleichen Inhalt haben. Der Schnittpunkt beider Parallelen ist C. Verlängert man $A'C$ um sich selbst, erhält man B, und verlängert man $C'B$ um sich selbst, erhält man A.

Weitere Konstruktionen ergeben sich aus der Analyse der Winkel. So steht z. B. die Strecke BF senkrecht auf AC', da sie die Mittelparallele zu AA' im Dreieck $AA'C'$ ist. Analog liegt A auf dem Thaleskreis über $B'M'$, wobei M' Mittelpunkt von $B'C'$ ist. Da andererseits A auch auf dem Thaleskreis über $A'C'$ liegt, ist seine Lage als Schnittpunkt beider Kreise eindeutig bestimmt. (Der andere Schnittpunkt ist M'.) Analog findet man B und C.

Ist der Satz vom Umfangswinkel bekannt, dann findet man A wegen Winkel $B'AC'=120°$ und Winkel $B'AA'=150°$ einerseits auf dem Kreisbogen über $B'C'$ zum Umfangswinkel $120°$, andererseits auf dem Kreisbogen über $A'B'$ zum Umfangswinkel $150°$.

Diese sechs Möglichkeiten können natürlich auch miteinander vermischt werden. Einige weitere Konstruktionen beruhen auf der Ähnlichkeit aller so erzeugten Dreiecke $A'B'C'$. Zum Beispiel kann man ausgehend von einem beliebigen Dreieck $A_0B_0C_0$ das zugehörige Dreieck $A_0'B_0'C_0'$ konstruieren und die *Gesamtfigur* so verkleinern bzw. vergrößern, dass $A_0'B_0'$ die gleiche Länge wie $A'B'$ bekommt.

Bemerkung: Die Figur hat noch viele weitere interessante Eigenschaften, die vor allem Teilverhältnisse betreffen. Eine von ihnen ist: Bringt man FA mit $B'C'$ zum Schnitt und zeichnet einen Kreis um diesen Schnittpunkt, der $B'C'$ im Verhältnis 1:2 teilt, dann berührt dieser Kreis den Thaleskreis über $A'C'$.

LÖSUNGSHINWEISE ZU AUFGABE 56

Stichwörter: –; **Schulstoff:** Kreisberechnung, Ähnlichkeit; **Schulstufe:** 9–10

Man erhält stets dasselbe Ergebnis und zwar im Falle von

Halbkreisen: $4\pi a$, Drittelkreisen: $\frac{4}{3}\pi a\sqrt{3}$, Viertelkreisen: $\pi a\sqrt{2}$, Sechstelkreisen: $\frac{4}{3}\pi a$.

Die Erklärung ist in jedem Fall dieselbe. Es genügt, sie für Viertelkreise und nur eine Quadratseite zu geben. Die Abbildung zeigt einen Viertelkreis, der über der ganzen ungeteilten

Seite gezeichnet ist, und drei Viertelkreise über den Teilstrecken x_1, x_2, x_3. Diese *Segmente*, gebildet aus Viertelkreis und Sehne, sind zueinander ähnlich. Nennen wir die Teilbogenlängen b_1, b_2, b_3 und b den Bogen von A bis D, so gilt:

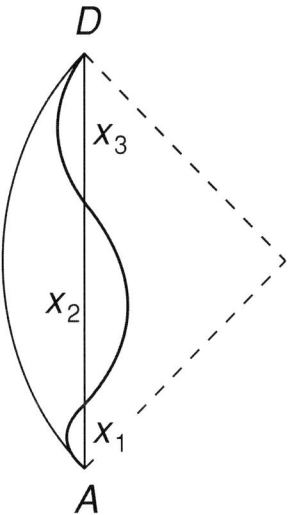

$$b_1 = \frac{x_1}{a} b, \quad b_2 = \frac{x_2}{a} b, \quad b_3 = \frac{x_3}{a} b, \text{ folglich}$$

$$b_1 + b_2 + b_3 = \frac{b}{a}(x_1 + x_2 + x_3) = \frac{b}{a} \cdot a = b.$$

Im Falle von Viertelkreisen stimmt also die Länge der Umrandung stets mit dem Umfang des Umkreises des Quadrates überein. Bei einem gleichseitigen Dreieck erhält man dasselbe Ergebnis, wenn man Drittelkreise nimmt.

LÖSUNGSHINWEISE ZU AUFGABE 57

Stichworte: –; Schulstoff: Kreisberechnung; Schulstufe: 9/10

Diese Aufgabe setzt die Behandlung der vorigen Aufgabe voraus. Die von den 6 kongruenten Halbkreisen umrandete Figur hat den gleichen Inhalt wie das Dreieck. Das erkennt man am einfachsten an der Figur rechts. Fügt man zuerst den linken Halbkreis hinzu, so vergrößert sich das Dreieck um dessen Fläche. Schneidet man dann den rechten Halbkreis fort, so wird diese Vergrößerung wieder kompensiert. Formal könnte man auch so argumentieren: Bedeutet H die

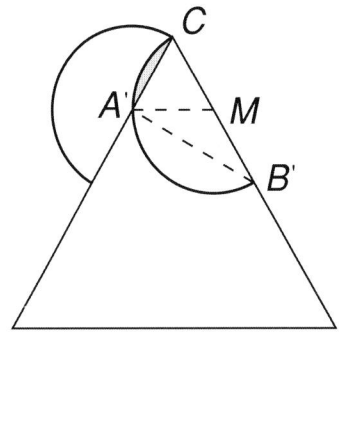

Fläche des Halbkreises und X die des schwarz gefärbten Segments, so wird vom Dreieck rechts $H - X$ weggenommen und zugleich links addiert. Die Fläche des Segments X ließe sich auch leicht berechnen, da das Dreieck $A'B'C$ nach dem Satz des THALES rechtwinklig ist, weshalb das Dreieck, gebildet aus dem Schnittpunkt A', dem Mittelpunkt M von $B'C$ und C, gleichseitig sein muss. Daher beträgt seine Fläche $\frac{1}{16}D$, wenn D der Inhalt von ABC ist, also $X = \frac{1}{6}\pi\left(\frac{a}{4}\right)^2 - \frac{1}{16}D$.

Für die Berechnung der Fläche zwischen zwei Wellenlinien gehen wir gleich allgemein vor, d. h. wir teilen eine Strecke a in zwei Teilstücke x und y, über denen die Halbkreise gezeichnet werden und vergrößern dann den einen Radius um $\frac{1}{2}d$, während wir den anderen um denselben Betrag verringern. Mit $x \geq y$ folgt dann für den Inhalt W der „Wellenfläche"

$$W = \frac{1}{2}\pi\left(\frac{1}{2}x + \frac{1}{2}d\right)^2 - \frac{1}{2}\pi\left(\frac{1}{2}x\right)^2 + \frac{1}{2}\pi\left(\frac{1}{2}y\right)^2 - \frac{1}{2}\pi\left(\frac{1}{2}y + \frac{1}{2}d\right)^2 = \frac{1}{4}\pi ad,$$

wenn man noch $x + y = a$ berücksichtigt. *Der Inhalt ist also unabhängig von x, y und hängt nur von der gewählten Breite ab.*

Die Abbildung zeigt die geforderte Siebenteilung des Kreises. Dabei hat jede Teilfläche (nach der vorigen Aufgabe) denselben Umfang wie der Kreis.

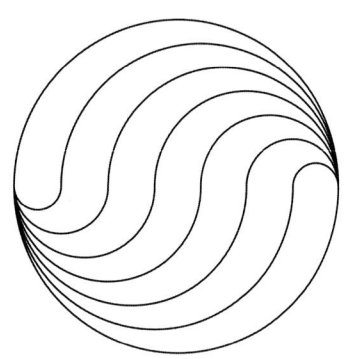

LÖSUNGSHINWEISE ZU AUFGABE 58

Stichwörter:–; **Schulstoff:** Kreisberechnung, Ähnlichkeit; **Schulstufe:** 8–9

$$U = 2 \cdot 2\pi \frac{1}{2} x + \frac{1}{2} \cdot 2\pi(a-x) = \pi(a+x). \qquad A = a^2 + 2\pi\left(\frac{1}{2}d\right)^2 - \frac{1}{2}\pi(a-d)^2 = a^2 - \frac{1}{2}\pi a(a - 2d).$$

Die Figuren sind nicht ähnlich im mathematischen Sinne, da sich die Radien gegenläufig und nicht proportional ändern.

Aus der Formel für U folgt $d = 0$. Bei der Veränderung von d Richtung 0 müssen sich aber beide Viertelkreise schneiden. Die Lösung erfüllt die Bedingung nicht.

Die Formel für A besagt, dass für $d = \frac{1}{2}a$, d. h. wenn die Halbkreise über der halben Seite gezeichnet werden, die Fläche gleich der des Quadrates ist. Dabei überschneiden sich die Viertelkreise nicht. – Eine andere Argumentation wäre: Ein Viertelkreis muss einen Vollkreis, also zwei Halbkreise kompensieren. Damit das der Fall ist, muss sein Radius doppelt so groß sein, da sich die Flächeninhalte wie die Quadrate der Radien verhalten.

LÖSUNGSHINWEISE ZU AUFGABE 59

Stichwörter: –; **Schulstoff:** Kreisberechnung; **Schulstufe:** 9–10

Die Flächenbedingung der ersten Teilaufgabe besagt $\frac{1}{2}\pi r^2 = 3 \cdot \frac{1}{2}\pi(\frac{1}{2}a - r)^2$. Sie führt auf die

quadratische Gleichung $2r^2 - 3ar + \frac{3}{4}a^2 = 0$ mit den Lösungen $r_{1,2} = \frac{3}{4}a \pm \frac{1}{4}a\sqrt{3}$, wobei nur

die Lösung mit dem Minuszeichen wegen $r < \frac{1}{2}a$ infrage kommt.

Zur Konstruktion bestimmt man $AP = \frac{3}{4}a$ und schlägt einen Kreis um A von P bis zum Schnittpunkt Q mit der Höhe. Dieselbe Höhe wird durch die Mittelparallele in R halbiert. Dann ist RQ gleich dem gesuchten Radius.

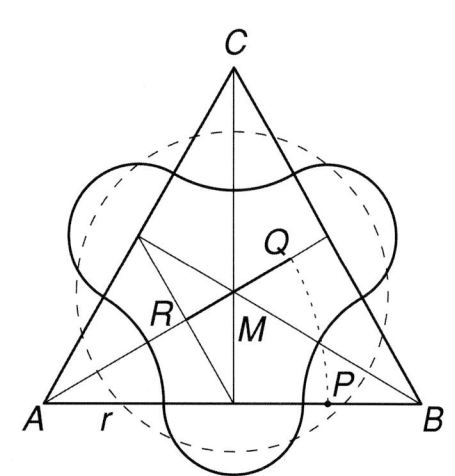

Die Umfangsberechnung bei beliebigem r ergibt

$$U = \pi r + 3\pi\left(\frac{1}{2}a - r\right) = \frac{3}{2}\pi a - 2\pi r.$$

Mit dem errechneten Wert für r folgt

$$U = \frac{3}{2}\pi a - \frac{3}{2}\pi a + \frac{1}{2}\pi a\sqrt{3} = \frac{1}{2}\pi a\sqrt{3}.$$

Ein Kreis mit dem gleichen Umfang hat daher den Radius $\frac{1}{4}a\sqrt{3}$ gleich der halben Höhe, also gleich AR.

Bei der zweiten Teilaufgabe lautet die Bedingung $\frac{3}{2}\pi a - 2\pi r = 2\pi\frac{1}{3}a\sqrt{3}$. Aus ihr folgt

$r = \frac{3}{4}a - \frac{1}{3}a\sqrt{3}$, die Strecke MQ der Figur.

<hr/>

LÖSUNGSHINWEISE ZU AUFGABE 60

Stichwörter: –; **Schulstoff:** Kreisberechnung; **Schulstufe:** 9–10

Die Radien der beteiligten Kreise sind: Umkreis und große Viertelkreise $\frac{1}{2}a\sqrt{2}$, kleine Viertelkreise $a - \frac{1}{2}a\sqrt{2}$, Halbkreise $\frac{1}{2}a\sqrt{2} - \frac{1}{2}a$.

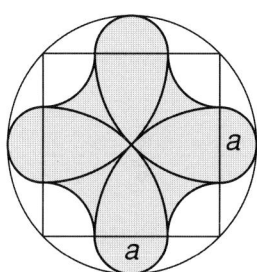

$U = 2\pi\frac{1}{2}a\sqrt{2}$

$A = a^2$

Der Umfang stimmt also mit dem Umfang des Umkreises überein, der Inhalt mit dem des Quadrats. Jeder Halbkreis kompensiert also einen kleinen Viertelkreis.

$U = \pi a(\sqrt{2} - \frac{1}{2})$

$A = \frac{1}{4}\pi\sqrt{2}a^2(\sqrt{2} - 1)$

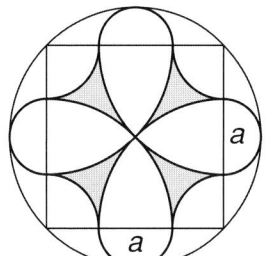

$U = \frac{1}{2}\pi a\sqrt{2}$

$A = \frac{1}{8}a^2(\pi - 2)$

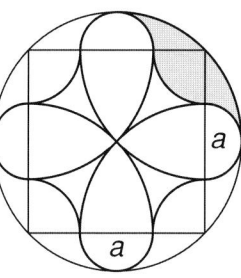

Der äußere Teil des Umfangs und der innere, geschwungene Teil stimmen überein. Ferner ist die Fläche eines Segments zwischen Umkreis und Quadrat genauso groß wie A.

$U = 2\pi a$ (gleich doppelter Umfang des einbeschriebenen Kreises)

$A = a^2(2 + \pi\sqrt{2} - 2\pi)$

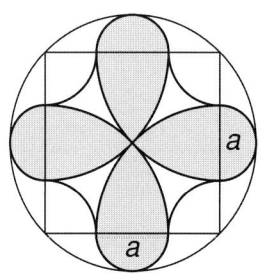

$U = \pi a(3\sqrt{2} - 2)$

$A = a^2(2\pi - \pi\sqrt{2} - 1)$

LÖSUNGSHINWEISE ZU AUFGABE 61

Stichwörter: Autobahn, Modellrechnung; **Schulstoff:** große Zahlen; **Schulstufe:** 5–6

Bearbeitung ohne Taschenrechner!

Für $10\,000\,000$ € erhält man $1\,\text{km} = 1000\,\text{m} = 100\,000\,\text{cm} = 1\,000\,000\,\text{mm}$ Autobahn, also $1\,\text{mm}$ für 10 € oder $0,1\,\text{mm}$ für 1 €.

Lena kann sich daher $0,5\,\text{mm} \cdot 3 = 1,5\,\text{mm} = 0,15\,\text{cm}$ Autobahn für ihr Taschengeld kaufen.

$1\,\text{Meter} = 100\,\text{cm} = 1000\,\text{mm}$ Autobahn kosten $10\,000$ €. Dafür müsste Lena lange sparen: $10\,000 : 15 = 2000 : 3 \approx 666$ Monate, also $55\frac{1}{2}$ Jahre.

Lenas Vater erhält für seinen Monatsverdienst von 2500 € einen Viertelmeter Autobahn, müsste also für einen Meter 4 Monate sparen.

$11\,190\,\text{km}$ Autobahn hätten 1998 etwa $11\,190 \cdot 10$ Millionen €, also etwa $111\,900\,000\,000$ € gekostet, das sind 111 Milliarden 900 Millionen €, das ist etwa die Hälfte des Bundesetats 1998.

Für den Preis eines Mittelklassewagens kann man sich 2 Meter Autobahn kaufen. Der Preis eines Einfamilienhauses entspricht 30 Meter Autobahn, der eines Schulgebäudes 400 Meter.

Von 1 Milliarde € kann man 100 km Autobahn bauen.
Eine sechsspurige Autobahn ist etwa $50\,\text{m}$ breit. Eine Fläche von $1\,\text{cm} \cdot 50\,\text{m} = 1\,\text{cm} \cdot 5000\,\text{cm}$ kostet 100 €; $1\,\text{cm}^2$ also etwa $100\,€ : 5000 = 10\,000\,\text{Cent} : 5000 = 2\,\text{Cent}$.

Eine Fläche von $1\,\text{m}^2 = 100\,\text{cm} \cdot 100\,\text{cm} = 10\,000\,\text{cm}^2$ kostet daher $2\,\text{Cent} \cdot 10\,000 = 2\,€ \cdot 100 = 200$ €. Ein $50\,\text{m}^2$ großer Klassenraum würde also $200\,€ \cdot 50 = 10\,000$ € kosten.

Modellrechnung:

$10\,\text{km}$ Autobahn kosten 100 Millionen €. Wir unterstellen, dass diese Summe (einschließlich der anfallenden Zinsen) in 20 Jahresraten à 10 Millionen € aufgebracht wird.

Wir rechnen großzügig:

	$10\,000\,000$ €	pro Jahr
entspricht	$25\,000$ €	pro Tag,
entspricht	1000 €	pro Stunde,
entspricht	15 €	pro Minute,
entspricht	3 €	pro Minute pro Spur,
entspricht	1 €	pro 20 Sekunden pro Spur.

Wenn also Tag und Nacht, Sommer und Winter durchschnittlich alle 20 Sekunden auf jeder der 6 Spuren ein Auto fährt, das an einer Zahlstelle 1 € bezahlt hat, dann wird die Jahresrate von 10 Millionen eingenommen. Der Autofahrer müsste also 10 Cent pro Kilometer Autobahngebühr zahlen. Das entspricht etwa den französischen Gebühren im Jahr 2000.

Alle 20 Sekunden ein Auto bedeutet bei einer Geschwindigkeit von $90\,\dfrac{\text{km}}{\text{h}} = 1,5\,\dfrac{\text{km}}{\text{min}}$, dass durchschnittlich alle $500\,\text{m}$ ein Auto fährt.

Alternativ kann man auch die Modellrechnung mit einer Autobahngebühr von 10 Cent pro Kilometer beginnen und dann ermitteln, wie viele Autos man für $10\,000\,000$ € benötigt und diese dann auf das Jahr und die Strecke verteilen.

Nicht berücksichtigt ist eine möglicherweise höhere Gebühr für Lastkraftwagen.

LÖSUNGSHINWEISE ZU AUFGABE 62

Stichwörter: Arbeitslosigkeit, Quote; **Schulstoff:** Dreisatz, Verhältnisrechnung; **Schulstufe:** 7-8

Im Westen waren von 1000 Erwerbspersonen 97 arbeitslos, im Osten sogar 183. Gäbe es im Westen und Osten genauso viele Erwerbspersonen, dann wären insgesamt von 2000 Menschen 280, also 14 % arbeitslos. Weil im Westen aber mehr Menschen als im Osten leben, betrug die gesamte Arbeitslosenquote nur 11,4 %.

Setzen wir x für die Anzahl der Erwerbspersonen im Westen und y für die im Osten, dann gilt:

9,7 % von x und 18,3 % von y ist ebenso viel wie 11,4 % von $(x+y)$, also

$$0,097 \cdot x + 0,183 \cdot y = 0,114 \cdot (x+y)$$
$$0,097 \cdot x + 0,183 \cdot y = 0,114 \cdot x + 0,114 \cdot y$$
$$0,069 \cdot y = 0,017 \cdot x$$
$$x = \frac{0,069}{0,017} \cdot y \approx 4 \cdot y.$$

Es lebten also etwa 4-mal so viele Menschen im Westen wie im Osten; im Westen waren $0,097 \cdot 4y = 0,388y$ Menschen arbeitslos, im Osten $0,183y$, also insgesamt $0,571y$.

Es lebten also $\frac{0,183y}{0,571y} \approx 0,32 = 32\,\%$ der Arbeitslosen im Osten, also ungefähr jeder dritte.

LÖSUNGSHINWEISE ZU AUFGABE 63

Stichwörter: Fußball; **Schulstoff:** Zerlegung von Summen; **Schulstufe:** 6-8

<u>Gruppe A</u>

Für jede Mannschaft gab es drei, in jeder Gruppe 6 Spiele.

Brasilien (B) kann seine 6 Punkte nur durch zwei Siege (3+3) und eine Niederlage (0) erzielt haben;

Norwegen (N) kann seine 5 Punkte nur durch einen Sieg (3) und zwei Unentschieden (1+1) erzielt haben;

Marokko (M) kann seine 4 Punkte nur durch einen Sieg (3), ein Unentschieden (1) und eine Niederlage (0) erzielt haben;

Schottland (S) kann seinen Punkt nur durch ein Unentschieden (1) und zwei Niederlagen (0+0) erzielt haben.

Zur Übersicht:

B: $6 = 3 + 3 + 0$
N: $5 = 3 + 1 + 1$
M: $4 = 3 + 1 + 0$
S: $1 = 1 + 0 + 0$

Zu jedem Sieg (3) von Brasilien gehört eine Niederlage (0) bei einem der Gegner. Brasilien hat also gegen Marokko und Schottland gewonnen und daher sein drittes Spiel (0) gegen Norwegen verloren.

Zu jedem Unentschieden (1) von Norwegen gehört ein Unentschieden (1) bei einem anderen Land. Norwegen hat also gegen Marokko und Schottland unentschieden gespielt.

Das noch fehlende sechste Spiel hat Marokko (3) gegen Schottland (0) ausgetragen und gewonnen.

Gruppe B

I: $\quad 7 = 3 + 3 + 1$
C: $\quad 3 = 1 + 1 + 1$ oder $3 = 3 + 0 + 0$
Ö: $\quad 2 = 1 + 1 + 0$
K: $\quad 2 = 1 + 1 + 0$

Hätte Chile einmal gewonnen (3) und zweimal verloren (0+0), dann gäbe es in dieser Übersicht drei Siege (3 mal die 3), aber vier Niederlagen (4 mal die 0). Das kann aber nicht sein, da zu jedem Sieg einer Mannschaft eine Niederlage einer anderen gehört. Also hat Chile seine 3 Punkte in der Form 1+1+1, also durch drei Unentschieden erzielt.

Damit hat Chile gegen I, Ö und K unentschieden gespielt; I hat gegen Ö und K gewonnen und das Spiel Ö gegen K muss unentschieden ausgegangen sein.

Gruppe C

F: $\quad 9 = 3 + 3 + 3$
D: $\quad 4 = 3 + 1 + 0$
S: $\quad 2 = 1 + 1 + 0$
S-A: $1 = 1 + 0 + 0$

F gewann also seine drei Spiele; D gewann gegen S-A, und die verbleibenden Spiele gingen unentschieden aus.

Gruppe D ist ergebnisgleich zu Gruppe A.

Gruppe E

N: $\quad 5 = 3 + 1 + 1$
M: $\quad 5 = 3 + 1 + 1$
B: $\quad 3 = 1 + 1 + 1$ oder $3 = 3 + 0 + 0$
S: $\quad 1 = 1 + 0 + 0$

Da die Zahl der Siege (3) gleich der Zahl der Niederlagen sein muss, hat B gegen alle anderen unentschieden gespielt; N und M haben gegen S gewonnen und gegeneinander unentschieden gespielt.

Gruppe F

Die USA (0) hat ihre drei Spiele verloren, Deutschland und Jugoslawien haben gegen den Iran gewonnen und gegeneinander unentschieden gespielt.

Gruppe G

R: $\quad 7 = 3 + 3 + 1$
E: $\quad 6 = 3 + 3 + 0$
K: $\quad 3 = 1 + 1 + 1$ oder $3 = 3 + 0 + 0$
T: $\quad 1 = 1 + 0 + 0$

K kann nicht dreimal unentschieden gespielt haben, da E nicht unentschieden gespielt hat. Also hat K einmal gewonnen (3) und zweimal verloren (0+0). R hat gegen T unentschieden gespielt; also hat T gegen E und K verloren. K hat damit gegen E und R verloren. Folglich hat das sechste Spiel R gegen E gewonnen.

Gruppe H

Argentinien (9) hat seine drei Spiele gewonnen, Kroatien (6) hat gegen Japan und Jamaika gewonnen und schließlich Japan (3) gegen Jamaika.

Insgesamt kann man also in allen acht Gruppen aus den Ergebnissen schließen, wie die einzelnen Spiele (verloren 0, unentschieden 1, gewonnen 3) ausgegangen sind. Geht das wohl immer?

Eine Vorüberlegung:

Man kann in einer solchen Viergergruppe als Einzelmannschaft in drei Spielen folgende Punktzahlen erreichen:

$0 = 0+0+0$; $1 = 1+0+0$; $2 = 1+1+0$; $3 = 1+1+1$ oder $3 = 3+0+0$; $4 = 3+1+0$; $5 = 3+1+1$; $6 = 3+3+0$; $7 = 3+3+1$; $9 = 3+3+3$.

8 Punkte kann man nicht erzielen. Nur wenn eine Mannschaft insgesamt 3 Punkte erhält, gibt es zwei Möglichkeiten für ihre drei Spiele (1 Sieg und 2 Niederlagen oder 3 Unentschieden).

Jetzt betrachten wir aber eine Viergergruppe A, B, C und D, bei der A gegen B, B gegen C, C gegen D und D gegen A gewinnt. Dann haben alle Mannschaften A, B, C und D jeweils $3+0 = 3$ Punkte. Wenn dagegen alle Spiele umgekehrt ausgegangen wären, also A gegen B verloren hätte und B gegen C, C gegen D und D gegen A, dann hätten auch alle Mannschaften $0+3 = 3$ Punkte aus den gleichen vier Spielen. Man kann dann aus dem Punktestand nicht rekonstruieren, ob z. B. A das Spiel gegen B gewonnen oder verloren hat. Jetzt müssen wir nur noch die beiden verbleibenden Spiele von A gegen C und B gegen D zueinander passend festlegen, was die Zahl der Siege, Niederlagen oder Unentschieden anbetrifft. A soll gegen C gewonnen und B soll gegen D unentschieden gespielt haben. Dann erhalten wir

Beispiel:

A: $6 = 3+3+0$
B: $4 = 3+1+0$
C: $3 = 3+0+0$
D: $4 = 3+1+0$

Offensichtlich hat dann B gegen D unentschieden gespielt. Ob die Spiele A/B, B/C, C/D und D/A alle gewonnen oder alle verloren wurden, lässt sich aber nicht rekonstruieren.

LÖSUNGSHINWEISE ZU AUFGABE 64

Stichwörter: DAX; Schulstoff: Graph, Grafik, Daten darstellen, Koordinatensystem; Schulstufe: 6–10

Die rechte Grafik könnte man „Es geht wieder aufwärts" überschreiben. Die rechte Hälfte der linken Grafik zeigt ab April (A) die gleichen Daten wie die rechte Grafik. Dennoch erwecken diese Bilder ganz unterschiedliche Eindrücke. Das liegt daran, dass die Wahl der Einheiten auf den Achsen, also unten auf der Zeitachse und rechts auf der DAX-Punkteachse, frei gewählt werden kann. Wählt man die Intervalle auf der Zeitachse enger oder die auf der Punkteachse weiter, dann wird der Graph steiler; wählt man die Intervalle auf der Zeitachse weiter oder die auf der Punkteachse enger, dann wird der Graph flacher. Es gibt dabei kein richtig oder falsch. Man kann hier also nicht sagen, der eine Graph gibt den Sachverhalt angemessen wieder, während der andere das nicht tut. Beide sind gleichermaßen richtig. Will eine Bank ihre Kunden etwa davon überzeugen, wie vorteilhaft es ist, sein Geld in Aktien anzulegen, dann wird sie in ihrem Prospektmaterial vermutlich die linke Grafik abdrucken. Der Kunde und die Kundin sollten aber in der Lage sein, eine solche Grafik zu beurteilen und nicht auf ihren ersten Anschein „hereinzufallen".

LÖSUNGSHINWEISE ZU AUFGABE 65

Stichwörter: Fischfang, Nordsee; Schulstoff: Graph, Grafik, Koordinatensystem; Schulstufe: 7–10

In der Grafik werden zwei verschiedene Skalierungen für die senkrechte Achse verwendet – in den Medien finden sich zunehmend derartige Darstellungen.
Mögliche Lösung am Beispiel der Hering-Grafik:

Der Hering-Fang in der Nordsee stieg von über 1 Mio. t im Jahre 1950 zunächst etwas an, fiel dann aber bis Anfang der 60er-Jahre auf unter 800 000 t. Einem Anstieg bis etwa 1968 auf über 1 Mio. t folgte dann ein starker Abfall auf fast 0. Nach einer kleinen „Erholung" bis 1983 gab es 1984 noch einmal einen Einbruch auf fast 0. Anschließend stieg der Fang wieder auf knapp 600 000 t im Jahre 1986. Hier endet die Grafik.

LÖSUNGSHINWEISE ZU AUFGABE 66

Stichwörter: ran, Zuschauer; Schulstoff: Graph, Grafik, Koordinatensystem; Schulstufe: 7–10

Es handelt sich nicht um „eine kontinuierliche Abnahme der Zuschauerquote von 1996 an", denn bei der Hinrunde 1996 und der Rückrunde 1997 war der Marktanteil zumindest gleich und von der Hinrunde 1997 zur Rückrunde 1998 stieg der Marktanteil sogar an.

Das Schaubild vermittelt einen offensichtlich dramatischen Sturz „bis ins Bodenlose" – aber das liegt daran, dass die Grafik nur die Marktanteile oberhalb von 27 % zeigt. Eine andere Darstellung, die die vollständige Skala von 0 an verwendet, sieht wesentlich weniger spektakulär aus.

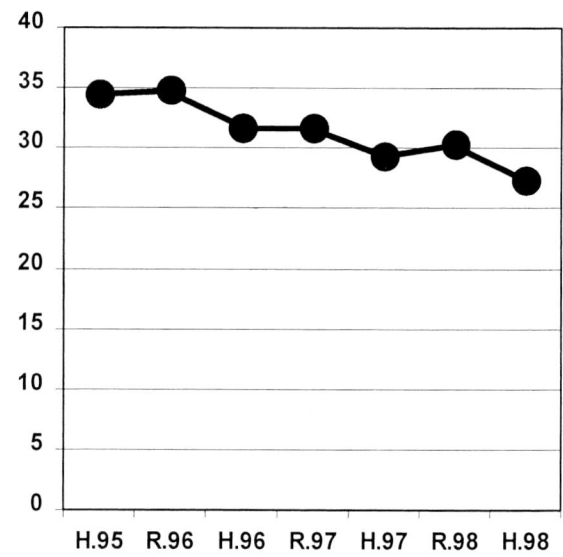

LÖSUNGSHINWEISE ZU AUFGABE 67

Stichwörter: Geschwindigkeit, Abstand; Schulstoff: Größen; Schulstufe: 6–7

Um einen zeitlichen Abstand in einen räumlichen umrechnen zu können, muss man wissen oder schätzen, wie schnell die Fahrzeuge etwa fahren. Die Durchschnittsgeschwindigkeit beträgt in Imola etwa 200 km/h; die Geschwindigkeit bei der Zieldurchfahrt etwa 240 km/h. Bei 240 km/h legt man in einer Minute 4 km zurück und damit in einer Sekunde 4000:60 m $= 200:3\,\mathrm{m} \approx 66{,}7\,\mathrm{m}$.

Der zeitliche Abstand von COULTHARD zu HÄKKINEN betrug 0,022 Sekunden, also $66{,}7\,\mathrm{m} \cdot 0{,}022 \approx 1{,}5\,\mathrm{m}$.

Der zeitliche Abstand von SCHUMACHER zu HÄKKINEN betrug 0,176 Sekunden, also $66{,}7\,\mathrm{m} \cdot 0{,}176 \approx 11{,}7\,\mathrm{m}$.

Für die übrigen Fahrer entsprechend.

Alternativ: Bei $240\,\text{km/h}$ fährt man in der Sekunde etwa $66{,}7\,\text{m} = 6670\,\text{cm}$, also in einer Tausendstelsekunde $6{,}67\,\text{cm}$. Zum Beispiel erreichte der achtschnellste Fahrer Damon HILL das Ziel 1324 Tausendstelsekunden nach dem Sieger HÄKKINEN, also in einem Abstand von $1324 \cdot 6{,}67\,\text{cm} = 8831{,}08\,\text{cm} \approx 88\,\text{m}$.

In der Formel 1 scheint also eine Zeitmessung auf Tausendstelsekunden sinnvoll zu sein; wie ist das im Schwimmsport? In welchen anderen Sportarten ist eine Zeitmessung auf Tausendstelsekunden sinnvoll?

LÖSUNGSHINWEISE ZU AUFGABE 68

Stichwörter: Mobilfunk; **Schulstoff:** Prozentrechnung, Daten darstellen; **Schulstufe:** 6–8

Die Grafik erzielt den Eindruck, dass E-plus den anderen Mobilfunkanbietern deutlich überlegen ist. Vermutlich wurde sie mithilfe der ersten Zeile der Tabelle ($89{,}1\,\%$; $91\,\%$; $93{,}8\,\%$; $90\,\%$) erstellt. Diese Zahlen sind aber nicht korrekt in Balkenlängen umgerechnet worden. Dadurch wird der Eindruck vermittelt, als kämen bei dem konkurrierenden Anbieter Interkom nur etwa halb so viele Gespräche zustande wie bei E-plus.

Den tatsächlichen Unterschied in den Prozentzahlen der erfolgreichen Gespräche (geringer als 4 %) würde ein Kunde in der Praxis kaum merken.

Der Anbieter Interkom könnte die letzten Zeile der Tabelle grafisch veranschaulichen und behaupten, dass mit E-plus fast viermal so häufig wie bei Interkom Gespräche wegen eines Funkloches nicht zustande kommen.

Der Anbieter D2 könnte die dritte Zeile der Tabelle grafisch umsetzen und behaupten, dass bei den konkurrierenden Anbietern die Abbruchquote deutlich höher ist.

Der Anbieter D1 könnte damit werben, dass einerseits bei ihm deutlich weniger Störgeräusche auftreten als bei Interkom und D2 und dass andererseits bei ihm auch deutlich weniger Gespräche wegen eines Funkloches nicht zustande kommen als bei E-plus.

LÖSUNGSHINWEISE ZU AUFGABE 69

Stichwörter: Schießen, Zielscheibe, Ringe; **Schulstoff:** Mittelwert, Streuung, Statistik; **Schulstufe:** 7–8

Die Summe der Ringe ist in jedem Fall gleich, nämlich

$$11 + 2 \cdot 10 + 2 \cdot 9 + 3 \cdot 8 + 7 + 6 + 2 \cdot 5 + 2 \cdot 4 + 1 = 105$$

bzw.

$$12 + 6 \cdot 8 + 5 \cdot 7 + 6 + 3 + 1 = 105.$$

Jeder „trifft also im Mittel pro Schuss" den siebten Ring. Die maximale Abweichung von diesem Mittelwert ist ebenfalls gleich, nämlich $7 - 1 = 6$. Aber die durchschnittliche absolute Abweichung beträgt im ersten Fall

$$(4 + 2 \cdot 3 + 2 \cdot 2 + 3 \cdot 1 + 0 + 1 + 2 \cdot 2 + 2 \cdot 3 + 6) : 15 \approx 2{,}3$$

und im zweiten

$$(5 + 6 \cdot 1 + 5 \cdot 0 + 1 + 4 + 6) : 15 \approx 1{,}5.$$

Das heißt, die Treffer des zweiten Schützen „streuen weniger" und konzentrieren sich, wie man unmittelbar sieht, auf wenige Ringe. Er kann deshalb als der „bessere" oder zuverlässigere Schütze gelten.

Zur Beantwortung der zweiten Frage können die Schülerinnen und Schüler, statt zu probieren, die Strategie einschlagen, vom Mittelwert „9 Ringe" ausgehen und dann – was intuitiv klar ist – beim Eintragen der Treffer dafür sorgen, dass sich die Abweichungen vom Mittelwert nach oben und unten aufheben müssen, z. B.

$$1 \cdot 6 + 1 \cdot 5 + 1 \cdot 4 + 1 \cdot 2 + 1 \cdot (-2) + 5 \cdot (-3) = 0.$$

Bei weiterer Verteilung über die Scheibe erzwingt also der Mittelwert, dass der Schütze mehrfach ins Schwarze treffen muss (was der Wirklichkeit allerdings kaum gerecht wird).

LÖSUNGSHINWEISE ZU AUFGABE 70

Stichwörter: Flugreisen, Flugzeugabsturz; **Schulstoff:** Daten interpretieren; **Schulstufe:** 7–10

Die Aussagen stehen alle im Zusammenhang mit den Daten in der Grafik; sie widersprechen diesen auch nicht direkt, insofern sind sie nicht falsch – aber sind sie deshalb richtig?

Die Grafik bezieht sich nur auf 13 Abstürze. Es sind seit 1996 aber sehr viel mehr Maschinen abgestürzt. Wenn man alle Abstürze insgesamt oder alle Abstürze der Flugzeuge von Linien- und Chartergesellschaften seit 1996 betrachten würde, könnten sich völlig andere Aussagen ergeben.

1. Die Aussage ist richtig; sie suggeriert aber, dass die Flugzeuge der Firma Boeing besonders häufig an schwersten Flugzeugabstürzen beteiligt ist. Um das tatsächlich zu überprüfen, müsste man den Marktanteil dieser Firma kennen und auch Informationen über weitere Abstürze haben.

2. Die Aussage ist fraglich. Was soll „zunehmend" heißen? Es könnte sich ja auch um drei „Ausrutscher" handeln. Es könnte auch sein, dass der Marktanteil dieser Flugzeuge in dem betrachteten Zeitraum wesentlich gestiegen ist.

3. Die Aussage lässt sich nicht halten; denn sie verallgemeinert eine Feststellung, die nur aufgrund von 13 Abstürzen gemacht wurde. Zudem müsste man wissen, wie viel Prozent des Flugverkehrs auf der nördlichen bzw. südlichen Erdhalbkugel stattfindet.

4. Tatsächlich fanden 2 der 13 schwersten Flugzeugunglücke seit 1996 in der Nähe von zwei New Yorker Flughäfen statt. Die Aussage lässt sich aber so nicht halten. Um entscheiden zu können, ob ein Flughafen gefährlicher oder weniger gefährlich als ein anderer ist, benötigt man viele andere Daten.

5. Ob das Fliegen seit 1996 sicherer geworden ist, lässt sich anhand der vorliegenden Daten nicht entscheiden. Sicher ist nur, dass es 1996 mehr schwerste Flugzeugunglücke als 1999 gegeben hat. In der Grafik ist nichts über die Anzahl der Menschen, die 1996 bzw. 1999 durch Flugzeugabstürze ums Leben kamen, gesagt, auch nichts über die Anzahl der Flüge bzw. Flugkilometer in diesen Jahren.

6. Richtig ist, dass von den 13 schwersten Flugzeugabstürzen von 1996 bis Anfang 2000 keiner im März oder Juni stattfand. Aber daraus lassen sich keine allgemeinen Schlüsse über den Zusammenhang von Jahreszeit und Flugsicherheit ziehen.

Stichwörter: Armut, Einkommen, Vermögen, Reichtum; **Schulstoff:** Prozentrechnung, Daten darstellen; **Schulstufe:** 6–8

„Das untere Zehntel verfügt über ein 25stel des Gesamteinkommens, das obere Fünftel über ein Drittel."

Das bedeutet, dass die Personen im oberen Fünftel im Schnitt viermal so viel verdienen wie die im unteren Zehntel. Diese Einkommensproportionen (4:1) erscheinen zunächst nicht so sehr groß. Aber die Auswirkung ist doch beträchtlich: Ein durchschnittlich Armer aus dem unteren Zehntel weiß, dass jeder Fünfte im Schnitt viermal so viel Einkommen hat wie er.

Der Einkommenskuchen

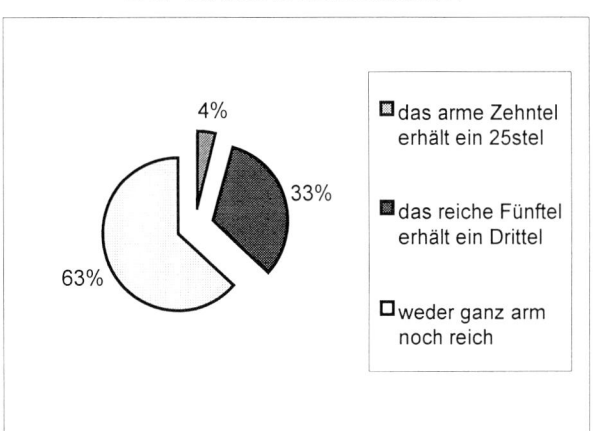

Armut in Deutschland

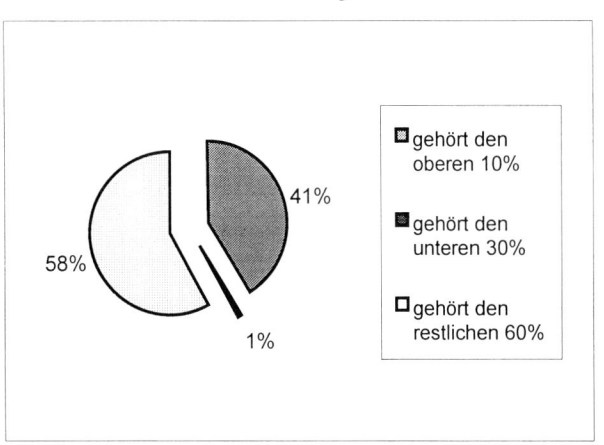

Sozialhilfemissbrauch (?) in Millionen €

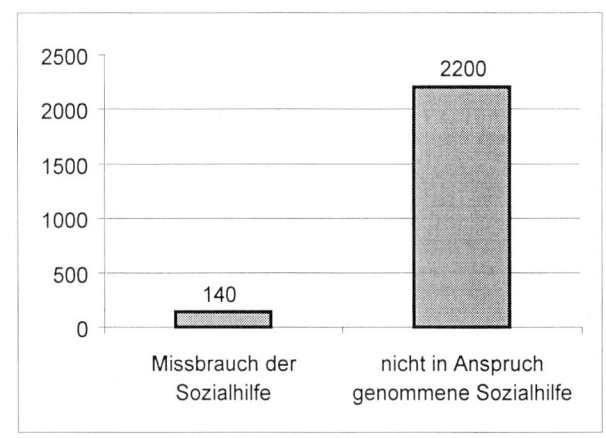

Wohlstandsverteilung

Der westliche Vermögenskuchen

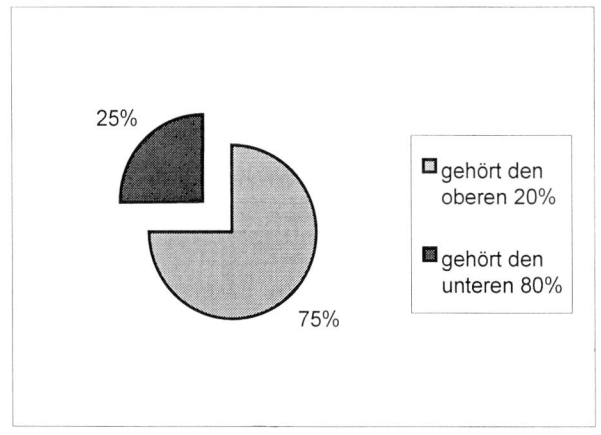

Der östliche Vermögenskuchen

Stichwörter: Kaufkraft, Inflation; **Schulstoff:** Prozentrechnung, Wachstum, Logarithmus, Halbwertszeit; **Schulstufe:** 9–10

Zur Grafik: Der Kaufkraftverlust betrug von 1948 auf 1998 zum Beispiel für Deutschland 73 %. Das bedeutet, dass 100 DM, die Großmutter 1948 in den Strickstrumpf tat, 1998 nur noch eine Kaufkraft von 27 DM hatten. Um sich 1998 genauso viel kaufen zu können wie Großmutter dies 1948 für 100 DM konnte, muss man heute $\frac{100}{27} \cdot 100 \approx 370$ DM ausgeben.

Hätte Großmutter 100 DM im Jahr 1948 auf ein Sparbuch mit einem festen Zinssatz von 3 % eingezahlt, dann wären ihr nach 50 Jahren $100 \cdot 1{,}03^{50} \approx 438$ DM ausgezahlt worden, deren Kaufkraft verglichen mit 1948 aber nur noch $438 \cdot 0{,}27 \approx 118$ DM beträgt.

Zum durchschnittlichen jährlichen Kaufkraftverlust:
Für Deutschland gilt: $100 \cdot x^{50} = 27$, also $x^{50} = 0{,}27$, $x \approx 0{,}9742$. Also betrug der durchschnittliche jährliche Kaufkraftverlust 2,58 %.

Für die anderen Länder gilt:

GRI/POR	8,80 %	FIN/FRAN	5,47 %	USA	3,72 %
SPA	7,53 %	SWE/DÄN	5,18 %	BEL/LUX	3,48 %
ITA	6,23 %	ÖST/JAP	4,50 %	CH	2,81 %
IRL/GRB	5,82 %	NIE	3,86 %	D	2,58 %

Zur Halbwertszeit der Währungen:
Wann war die DM nur noch halb so viel wie 1948 wert?

Es gilt: $1 \cdot 0{,}9742^{x} = 0{,}5 \Rightarrow x = \frac{\ln 0{,}5}{\ln 0{,}9742} \approx 26{,}5$. Also war die DM nach 26,5 Jahren nur noch halb so viel wert wie 1948.

Für die anderen Länder ergibt sich als Kaufkraft-Halbierungszeit in Jahren:

GRI/POR	7,5	Fin/FRAN	12,3	USA	18,3
SPA	8,9	SWE/DÄN	13,0	BEL/LUX	19,6
ITA	10,8	ÖST/JAP	15,1	CH	24,3
IRL/GRB	11,6	NIE	17,6	D	26,5

Zum Zusammenhang von durchschnittlichem jährlichen Kaufkraftverlust und der Kaufkrafthalbierungszeit:
Bildet man für alle betrachteten Länder das Produkt dieser beiden Größen, so erhält man auf eine Dezimale gerundet:

GRI/POR	$8{,}80 \% \cdot 7{,}5 \approx 0{,}7$	ÖST/JAP	$4{,}50 \% \cdot 15{,}1 \approx 0{,}7$
SPA	$7{,}53 \% \cdot 8{,}9 \approx 0{,}7$	NIE	$3{,}86 \% \cdot 17{,}6 \approx 0{,}7$
ITA	$6{,}23 \% \cdot 10{,}8 \approx 0{,}7$	USA	$3{,}72 \% \cdot 18{,}3 \approx 0{,}7$
IRL/GRB	$5{,}82 \% \cdot 11{,}6 \approx 0{,}7$	BEL/LUX	$3{,}48 \% \cdot 19{,}6 \approx 0{,}7$
FIN/FRAN	$5{,}47 \% \cdot 12{,}3 \approx 0{,}7$	CH	$2{,}81 \% \cdot 24{,}3 \approx 0{,}7$
SWE/DÄN	$5{,}18 \% \cdot 13{,}0 \approx 0{,}7$	D	$2{,}58 \% \cdot 26{,}5 \approx 0{,}7$

Für den Zusammenhang zwischen der jährlichen Geldentwertung (p %) und der Halbierungszeit H der Kaufkraft in Jahren gilt näherungsweise: $p \% \cdot H \approx 0{,}7$. Deshalb kann man bei Kenntnis von p die Halbierungszeit H mit der Formel $H \approx \frac{0{,}7}{p \%}$, also $H \approx \frac{70}{p}$, näherungsweise berechnen.

LÖSUNGSHINWEISE ZU AUFGABE 73

Stichworte: Rauchen, Sparen, Rente; **Schulstoff:** Zins, Zinseszins, Geometrische Reihe; **Schulstufe:** 9–10

Zum Nachrechnen der Angaben im Text:

Bei einer jährlichen Sparrate von DM 1825 und einer Verzinsung von 10 % beträgt das Kapital (in DM) nach 50 Jahren $\sum_{k=0}^{49} 1825 \cdot 1{,}1^k \approx 2{,}12 \cdot 10^6$. Bei einer Verzinsung von 10 % wirft dieser Betrag monatlich $\dfrac{2{,}16 \cdot 10^6 \cdot 0{,}1}{12} \approx 17701$ an Zinsen (in DM) ab.

Will man nun auf die gleiche Weise eine Million DM ansparen, dann muss gelten:

$\sum_{k=0}^{n-1} 1825 \cdot 1{,}1^k \approx 10^6$. Durch Probieren oder mithilfe der Summenformel für die geometrische

Reihe $\sum_{k=0}^{n-1} 1825 \cdot 1{,}1^k = 1825 \cdot \sum_{k=0}^{n-1} 1{,}1^k = 1825 \cdot \dfrac{1{,}1^n - 1}{1{,}1 - 1} = 18250 \cdot (1{,}1^n - 1) \approx 10^6$ erhält man $n = 43$. Begnügt man sich also mit einer Million (statt 2 Millionen), muss man „nur" 43 Jahre (statt 50 Jahre) auf das Rauchen verzichten! Die monatliche Zusatzrente (in DM) beträgt dann nur $100\,000\,/\,12 \approx 8333$.

LÖSUNGSHINWEISE ZU AUFGABE 74

Stichwörter: Weltbevölkerung, Wachstum, Prognose; **Schulstoff:** Wachstum; **Schulstufe:** 10

Es liegt eine Prognose vor, aber deren Grundlagen und Voraussetzungen sind nicht angegeben.

Wir betrachten zunächst China, dessen Bevölkerung in den angegebenen 52 Jahren um $(1478 - 1256 =)$ 222 Millionen Menschen angewachsen ist.

Der (mathematisch) einfachste Fall wäre, dass man ein lineares Wachstum unterstellt. Danach würde die Bevölkerung Chinas jährlich um $\dfrac{222}{52}$ Millionen, also um etwa 4,27 Millionen Menschen zunehmen. Von 1998 bis 2010 bzw. 2020 wäre die Bevölkerung China dann um $12 \cdot 4{,}27$ Millionen, also um etwa 51 Millionen, bzw. um $22 \cdot 4{,}27$ Millionen, also um etwa 94 Millionen Menschen angewachsen. Danach würden in China im Jahr 2010 etwa 1529 Millionen und 2020 etwa 1572 Millionen Menschen leben.

Bei der Entwicklung von Bevölkerungszahlen unterstellt man in der Regel aber nicht ein lineares, sondern ein exponentielles Wachstum, da die jährliche Zunahme vermutlich nicht gleich bleibt, sondern eher jeweils dem Bestand proportional ist (vgl. z. B. „Geburtenrate"). Unterstellt man daher ein exponentielles Wachstum für China in den betrachteten 52 Jahren mit einem jährlichen Wachstumsfaktor q, dann gilt:

$q^{52} = \dfrac{1478}{1256}$, also $q \approx 1{,}00313$. Die chinesische Bevölkerung wächst danach um 3,13 Promille jährlich.

Für 2010 bzw. 2020 wäre danach eine Einwohnerzahl von $1\,478\,000\,000 \cdot q^{12} \approx 1\,535\,000\,000$ bzw. $1\,478\,000\,000 \cdot q^{22} \approx 1\,583\,000\,000$ zu erwarten.

Die Ergebnisse der exponentielle Voraussage liegen (natürlich) über denen der linearen Voraussage. Von der Größenordnung her unterscheiden sie sich aber nicht wesentlich (weniger als ein Prozent).

Der grundsätzliche Unterschied in der Dynamik von linearem und exponentiellem Wachstum wird an diesen Zahlen also noch nicht deutlich. Nur für die Länder mit einem „großen" q und für längere Zeiträume wäre dies anders.

Der Wachstumsfaktor q macht auch die Entwicklung in den einzelnen Ländern gut vergleichbar. Die nachstehende Tabelle ist mit einer Tabellenkalkulation erstellt.

	1998	2010 (lin)	2010 (exp)	2020 (lin)	2020 (exp)	2050	q	Zu-/Abnahme in Promille p.a.
China	1256	1307	1304	1350	1346	1478	1,00313	3,13
Indien	982	1108	1088	1213	1184	1529	1,00855	8,55
USA	274	291	290	306	304	349	1,00466	4,66
Indonesien	206	230	227	251	246	312	1,00802	8,02
Brasilien	166	184	181	199	195	244	1,00743	7,43
Pakistan	148	194	180	232	212	346	1,01647	16,47
Russ. Föd.	147	141	141	136	136	122	0,99642	-3,58
Japan	125	120	120	117	116	105	0,99665	-3,35
Bangladesch	125	145	141	162	157	213	1,01030	10,30
Nigeria	106	138	128	164	151	244	1,01616	16,16

Für eine realistische Bevölkerungsprognose ist ein zunächst exponentielles Wachstum zu unterstellen, bei dem dann aber der Wachstumsfaktor q im Laufe der Jahre kleiner werden dürfte.

LÖSUNGSHINWEISE ZU AUFGABE 75

Stichwörter: Gefäße, Füllen; Schulstoff: Funktion, Graphen; Schulstufe: 7–8

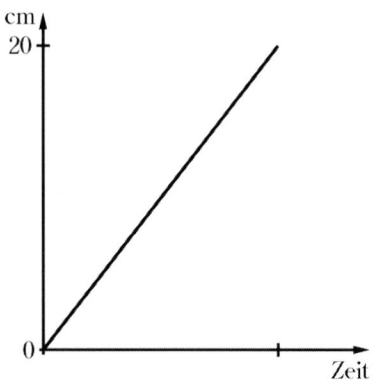
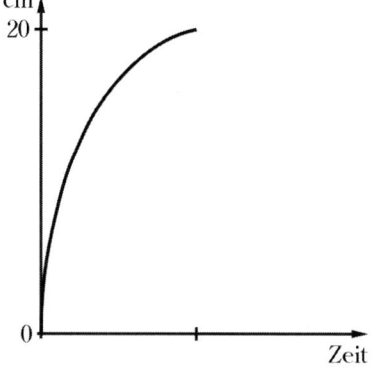
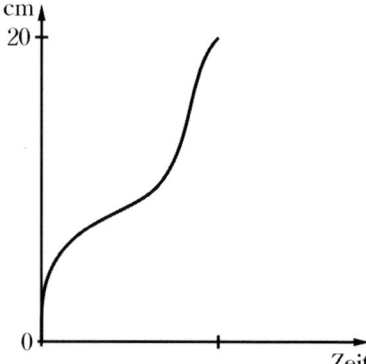

Bei den zu findenden Gefäßen sind natürlich sehr verschiedene Lösungen möglich. Im Fall 1 könnte es ein einfaches quaderförmiges Gefäß, aber auch ein Zylinder sein – wichtig ist nur, dass die Querschnittsfläche in jeder Höhe den gleichen Flächeninhalt hat. In Fall 2 könnte es z. B. ein Kegelstumpf-Gefäß sein, das nach oben enger wird. Im Fall 3 könnte es eine ähnlich bauchige Vase sein, wie sie in der Aufgabe rechts abgebildet ist.[*]

---

[*] Vgl. Sabine SEGELKEN: Badewanne & CO. – In: *mathematik lehren,* Heft 94 (Juni 1999), S. 58–59.

LÖSUNGSHINWEISE ZU AUFGABE 76 und 77

Stichwörter: Badewanne, Füllgraph; **Schulstoff:** Funktionen, Graphen; **Schulstufe:** 7–8

Diese beiden Aufgaben können sehr gut nacheinander verwendet werden, da beide für die Schülerinnen und Schüler sehr attraktiv sind. Hier bietet sich auch Arbeit in kleinen Gruppen an, um bereits dort die vorgeschlagenen Ideen zu diskutieren. Anschließend werden die Gruppen-Vorschläge im Klassenverband vorgestellt und von allen gemeinsam fachkundig begutachtet.

Wichtig ist, für alle Lösungsansätze genügend Raum zu lassen und diese wohlwollend zu werten – entscheidend ist hier das Argumentieren für und gegen die jeweiligen Vorschläge.

Zur Vorbereitung auf die „Badewannenaufgabe" könnten einfachere Graphen zu entsprechend einfacheren Situationen behandelt werden: gleichmäßig steigende Wasserhöhe bei gleichmäßig zulaufendem Wasser, gleichmäßig sinkende Wasserhöhe bei gleichmäßig ablaufendem Wasser, ... (vgl. auch die vorige Aufgabe). Wer es allerdings ganz genau nimmt: Badewannen laufen nicht wirklich linear aus, das Auslaufen wird mit sinkendem Wasserspiegel langsamer.

Später können die Schülerinnen und Schüler – ggf. in Partnerarbeit oder in Gruppenarbeit – selbst Geschichten erfinden und dann jeweils einen passenden Graphen dazu aufstellen (auch für neue, ganz andere Situationen).

LÖSUNGSHINWEISE ZU AUFGABE 78

Stichwörter: Einnahmen, Ausgaben, Staat, Bürger; **Schulstoff:** Grafik, Summenfunktion; **Schulstufe:** 8–10

Die Grafik zeigt, was der Staat im Leben eines Bürgers für diesen (z. B. für Schule, Rente, Gesundheit, Sozial- und Arbeitslosenhilfe) ausgibt bzw. durch ihn (z. B. durch Einkommenssteuer und Sozialbeiträge) einnimmt.

Bis der junge Bürger etwa 23 Jahre alt ist, muss der Staat für ihn insgesamt etwa $300\,000$ DM ausgeben. Dann beginnt er an dem Bürger zu verdienen. Ist der Bürger 30 Jahre alt, dann sind Staat und Bürger quitt. Anschließend verdient der Staat weiter an dem Bürger, bis dieser etwa 55 Jahre alt ist. Sollte der Bürger jetzt sterben, dann hat der Staat an ihm mehr als eine halbe Million DM verdient. Zwischen dem 55. und dem 60. Lebensjahr kostet der Bürger dem Staat erneut Geld. Dann verdient der Staat noch eine kurze Zeit an dem Bürger, bis dieser etwa ab seinem 64. Lebensjahr nur noch kostet. Mit etwa 70 Jahren ist die Bilanz wieder ausgeglichen. Ab da zahlt der Staat „drauf".

Bilanz des Lebens:

Bis zu einem Alter von 10 Jahren: $200\,000$ DM Ausgaben,

von 10 bis 20 Jahren: $100\,000$ DM Ausgaben,

von 20 bis 30 Jahren: $150\,000$ DM Einnahmen,

von 30 bis 40 Jahren: $2500\,000$ DM Einnahmen,

von 40 bis 50 Jahren: $300\,000$ DM Einnahmen,

von 50 bis 60 Jahren: Einnahmen und Ausgaben gleichen sich aus,

von 60 bis 70 Jahren: $400\,000$ DM Ausgaben.

LÖSUNGSHINWEISE ZU AUFGABE 79

Stichwörter: Telefon, Auskunft, Gesprächsdauer;
Schulstoff: Lineare Funktionen, abschnittsweise definierte Funktion, Graphen; **Schulstufe:** 7–10

Bei allen Funktionen erhält man bei der Eingabe von t in Sekunden den Gesprächspreis in Pfennigen.

Zu Viag: $\quad v(t) = \dfrac{225 - 160}{180} \cdot t + 160 \approx 0{,}36 \cdot t + 160$. Neben der Grundgebühr von $1{,}60$ DM kostet eine Gesprächssekunde somit etwa $0{,}36$ Pfennig, also eine Minute etwa 22 Pfennig.

Zu Telegate: $g(t) = 1{,}67 \cdot t + 100$.

Zu Otelo: $\quad o(t) = 1{,}75 \cdot t + 160$.

Zu Arcor: $\quad$ Die Werte sind nicht leicht abzulesen. Wir unterstellen, dass hier 96 Pf je angefangene 30 Sekunden zu zahlen sind. Mit der „GAUSSklammer"-Funktion $[\ ]$, wobei $[x]$ die größte ganze Zahl kleiner oder gleich x bezeichnet, gilt dann:

$$a(x) = 96 \cdot \left(\left[\frac{t}{30} \right] + 1 \right).$$

Zur Deutschen Telekom: Auch hier sind die Werte schlecht abzulesen. Wir unterstellen, dass die ersten 30 Sekunden 96 Pf kosten und dann je angefangene 4 Sekunden 12 Pf zu zahlen sind. Dann gilt: $d(t) = 96 + 12 \cdot \left(\left[\dfrac{t - 30}{4} \right] + 1 \right)$.

LÖSUNGSHINWEISE ZU AUFGABE 80

Stichwörter: Autorennen, Formel 1; **Schulstoff:** Funktion; **Schulstufe:** 8-10

Misst man in der Abbildung die Strecke sorgfältig mit einem Stechzirkel oder mit einem Lineal, dann erhält man für deren Länge etwa $30{,}5$ cm. Das bedeutet bei einer Rundenlänge von $5{,}14$ km, dass 1 cm etwa 168 m entspricht, also 3 cm etwa 500 m. Jetzt kann man den Streckenpunkten s (in Kilometer vom Start/Ziel aus gemessen) die dort gefahrene Geschwindigkeit v in km/h zuordnen.

s	0,00	0,23	0,33	0,73	0,83	0,93	1,02	1,60	1,93	2,60	2,70	2,90	3,33	3,45	3,78	4,02	4,28	4,45	4,66	5,14
v	270	292	220	295	210	205	150	305	161	265	81	115	280	115	240	155	85	100	250	270

Den Graph erhält man, indem man die Datenpunkte in der nachstehenden Grafik durch eine geeignete glatte Kurve verbindet.

Den Graph für eine Fahrt mit einem Zwischenstopp im Kiesbett an der „Chapel" erhält man, indem

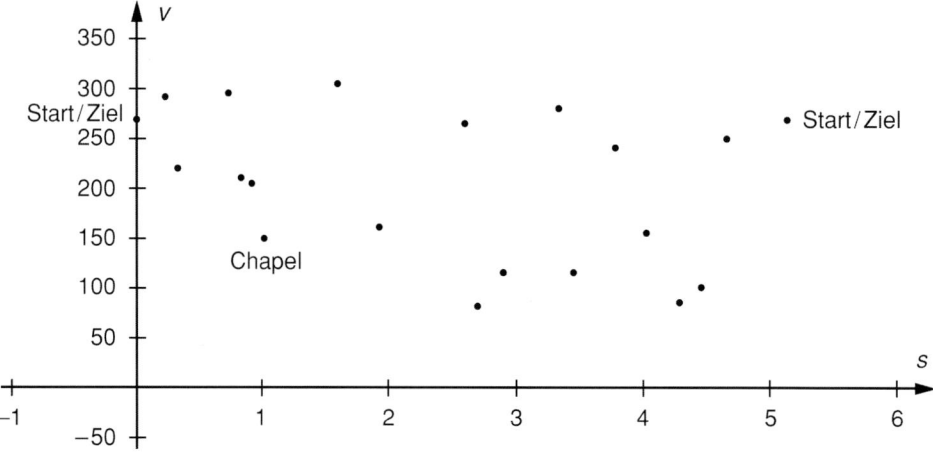

186

man die Datenpunkte in der nachstehenden Grafik verbindet. Allerdings ist es fraglich, ob die hohe Geschwindigkeit bereits bei km 1,6 tatsächlich bereits erreicht wird.

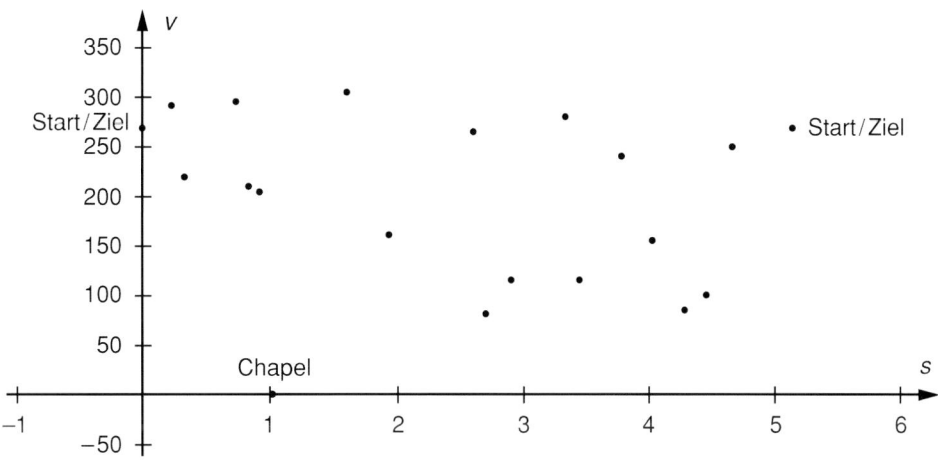

LÖSUNGSHINWEISE ZU AUFGABE 81

Stichwörter: Gitterpunkte; **Schulstoff:** Geradengleichung, Steigungsdreieck, Teilbarkeit; **Schulstufe:** 8–9

Wenn man g_1 zeichnet, sieht man, dass $(3|2)$ auf der Geraden liegt, und kann dies durch Einsetzen bestätigen. Beim Rechnen bemerkt man, dass aus den „Sechsteln" dann „Halbe" werden und erkennt darin den Grund für die Ganzzahligkeit von y. Würden sich statt dessen beim Steigungsterm Ganze oder (echte) Drittel oder Sechstel ergeben, so könnten diese auch wieder nur durch Ganze, Drittel oder Sechstel zu ganzzahligen Summen ergänzt werden. Somit muss x durch 3 teilbar und zugleich ungerade sein. Kürzen durch 3 ergibt dann wieder eine ungerade Zahl, die mit 5 multipliziert wird. Folglich sind beide Zähler ungerade, also y ganz. Zu den x-Werten 3, 9, 15, ... gehören die y-Werte 2, -3, -8, ... und entsprechend in der anderen Richtung. Dabei bemerkt man, dass die Differenz der y-Werte offenbar gleich dem Zähler -5 der Steigung der Geraden ist. Formal könnte man daher alle Gitterpunkte auf der Geraden durch $(3+6n|2-5n)$ mit $n \in \mathbb{Z}$ darstellen und dies durch Rechnung bestätigen. Die aufzählende Angabe reicht aber bereits aus.

Die Rolle, die die Steigung bei der Lösung dieser Aufgabe spielt, lässt sich geometrisch leicht verstehen. Zeichnet man die Gerade wie üblich mittels eines Steigungsdreiecks aus Zähler und Nenner sowie dem y-Abschnitt und verschiebt dann das Dreieck längs der Geraden, bis eine seiner Ecken in einem Gitterpunkt der Geraden liegt, dann befin-

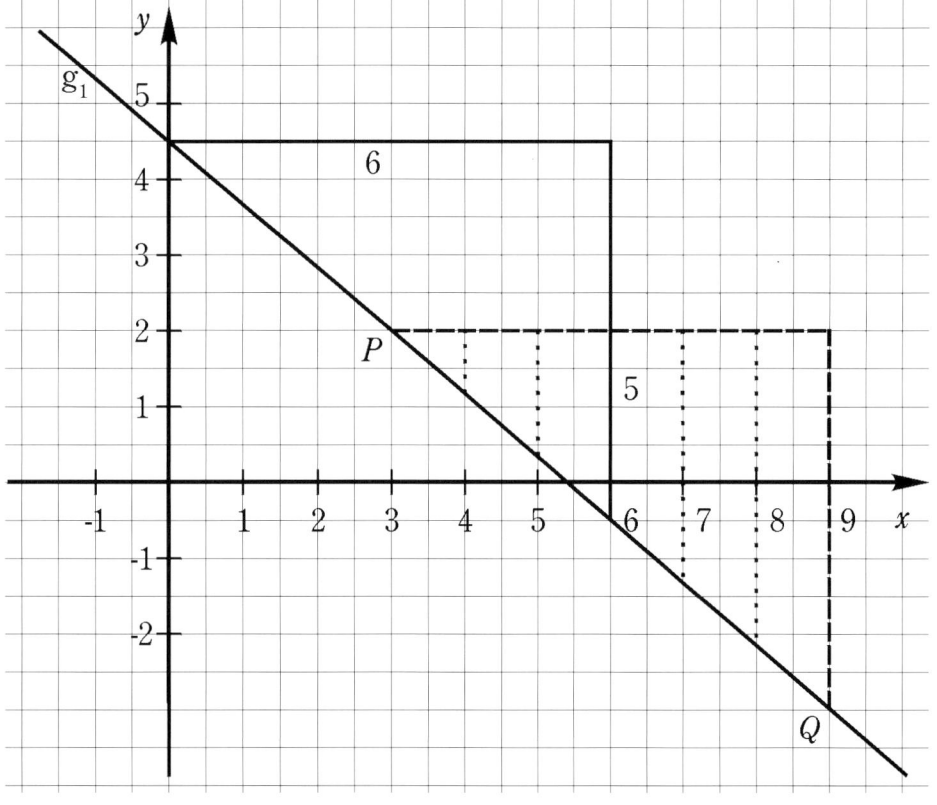

187

det sich auch die andere Ecke auf einem Gitterpunkt der Geraden, weil die Katheten des Dreiecks ganzzahlig sind. Ferner sieht man, dass kein Punkt der Hypotenuse des so verschobenen Steigungsdreiecks ein Gitterpunkt sein kann, weil die (in der Abbildung punktierten) Abstände von der Waagerechten durch P als Produkte von $\frac{5}{6}$ mit einer der Zahlen $1, 2, 3, 4, 5$ nicht ganzzahlig sind, was sie aber sein müssten, wenn auch die y-Werte ganze Zahlen werden sollen. Da man nun das Steigungsdreieck immer weiter in der gleichen Weise nach oben und nach unten längs der Geraden verschieben kann, wiederholt sich die beschriebene Situation: Nur die Endpunkte der Hypotenuse sind Gitterpunkte, alle anderen nicht.

Im Falle der zweiten Geraden sind die Gitterpunkte weniger leicht zu erkennen, aber die beiden infrage kommenden Kandidaten $(5|4)$ und $(-2|-2)$ schnell verifiziert. Von der ersten Aufgabe her oder durch Probieren entdeckt man dann, dass auch jetzt wieder die Gitterpunkte im gleichen Abstand – gegeben durch die Hypotenuse des Steigungsdreiecks – über die Geraden verteilt sind. Die rechnerische Argumentation könnte folgendermaßen lauten: Wenn sich x um 7 vergrößert, vergrößert sich $\frac{6}{7}x$ um 6, also um eine ganze Zahl. Dadurch kommt man von einem Gitterpunkt zum nächsten. Das entspricht genau der geometrischen Begründung, wie sie oben gegeben wurde. Eine weniger nahe liegende Variante ergibt sich, wenn man die Geradengleichung auf die Gestalt $6x-7y=2$ bringt. Hier „sieht" man, dass die Vergrößerung von x um 7 die linke Seite um 42 vergrößert. Diese Vergrößerung wird durch eine Vergrößerung von y um 6 kompensiert. Somit kommt man von einer ganzzahligen Lösung in x und y auf diese Weise zu einer weiteren. Man erkennt hier den Zusammenhang mit der Aufgabe 22.

Auf der Geraden g_3 scheint es dagegen überhaupt keine Gitterpunkte zu geben. Alle Kandidaten, wie z. B. $(3|1)$, erweisen sich als falsch. Offensichtlich liegt das daran, dass $\frac{3}{4}x$ niemals „Sechstel" ergeben kann, sondern außer „Vierteln" nur noch „Halbe" und „Ganze". Bringt man die Gleichung auf die Gestalt $9x-12y=14$, so könnte man auch so argumentieren: Für ganzzahlige x und y ist die linke Seite stets durch 3 teilbar, die rechte aber nicht.

Durch diese Beispiele wird die zweite Teilaufgabe vorbereitet, in der die Erkenntnisse verallgemeinert werden sollen. Sie könnten gemäß der obigen Argumentation mit Brüchen so formuliert werden:

– Nur wenn die Steigung durch Multiplikation auf den gleichen Nenner gebracht werden kann wie das absolute Glied gibt es Gitterpunkte auf der Geraden, sonst nicht;

oder einfacher ausgedrückt:

– Nur wenn der Nenner des absoluten Gliedes den Nenner der Steigung teilt, kann dieser Fall eintreten.

Dass es dann tatsächlich auch immer Gitterpunkte auf der Geraden geben *muss,* kann auf dieser Stufe noch nicht zwingend begründet werden. In jedem konkret durch Zahlen gegebenen Fall ist es jedoch leicht möglich, die Gitterpunkte zu finden: Man muss nur prüfen, ob die Hypotenuse eines beliebigen Steigungsdreiecks Gitterpunkte enthält. Ist das nicht der Fall, so existieren keine. Die Entdeckung dieser Tatsache ist verhältnismäßig nahe liegend. Sie lässt sich folgendermaßen begründen. Wir wissen: Wenn es auf einer Geraden mit der Steigung $\frac{p}{q}$ (p und q teilerfremd) einen Gitterpunkt gibt, dann unendlich viele, die die Gerade in gleiche Abschnitte unterteilen. Da sich die x-Werte dieser Punkte um q unterscheiden, sind also *entweder die Eckpunkte* der Hypotenuse des Steigungsdreiecks Gitterpunkte *oder* es liegt *genau ein* Gitterpunkt im Innern der Hypotenuse. Somit braucht man nur die Punkte mit den x-Werten $0, 1, \ldots, q-1$ zu berechnen, um einen Gitterpunkt zu finden, falls es solche überhaupt gibt.

LÖSUNGSHINWEISE ZU AUFGABE 82

Stichwörter: –; **Schulstoff:** Quadratische Funktionen, Lineare Funktionen; **Schulstufe:** 8–9

Die Aufgabe sollte bearbeitet werden, bevor die Schülerinnen und Schüler verschobene Parabeln kennen gelernt haben. Sie können diese durch die Aufgabenstellung grafisch entdecken.

Es entsteht wieder eine Parabel, die gegenüber der Normalparabel um eine Vierteleinheit nach links verschoben ist und um fast eine ganze Einheit nach oben.

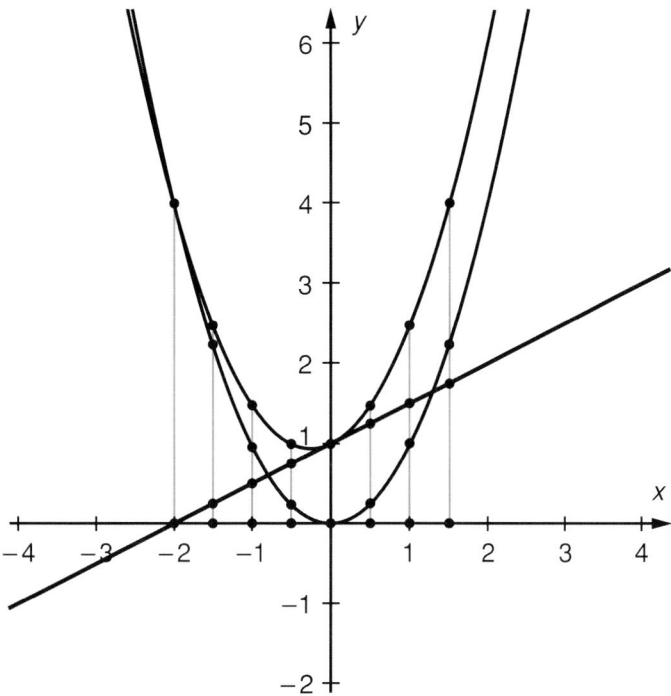

Zur Gleichung der entstandenen Parabel:

$$y = x^2 + \frac{1}{2}x + 1 = x^2 + \frac{1}{2}x + \frac{1}{16} + \frac{15}{16} = \left(x + \frac{1}{4}\right)^2 + \frac{15}{16}.$$

Man kann an dieser Gleichung ablesen, dass die zugehörige Parabel gegenüber der Normalparabel um eine Vierteleinheit nach links und um $\frac{15}{16}$ Einheiten nach oben verschoben ist.

Zusatzfrage: Wie wird die Normalparabel verschoben, wenn man die Gerade zu $y = a \cdot x + b$ zu ihr addiert?

Auch wenn man von einer Parabel eine Gerade abzieht, erhält man wieder eine Parabel. Wenn man zwei Parabeln punktweise addiert oder subtrahiert, erhält man eine Parabel oder eine Gerade.

189

Stichwörter: Bewegung; **Schulstoff:** Parabel, Gerade, Ähnlichkeit; **Schulstufe:** 8–9

Nimmt man einen beliebigen Punkt ungleich A und B als Höhenschnittpunkt H an, dann ist C durch die folgenden Bedingungen eindeutig festgelegt.

1. C liegt auf der Senkrechten zu AB durch H,
2. C liegt auf der Senkrechten zu AH durch B,
3. C liegt auf der Senkrechten zu BH durch A,

d. h. C ist Höhenschnittpunkt des Dreiecks ABH, was den Schülerinnen und Schülern wohl erst durch die Zusatzfrage bewusst wird.

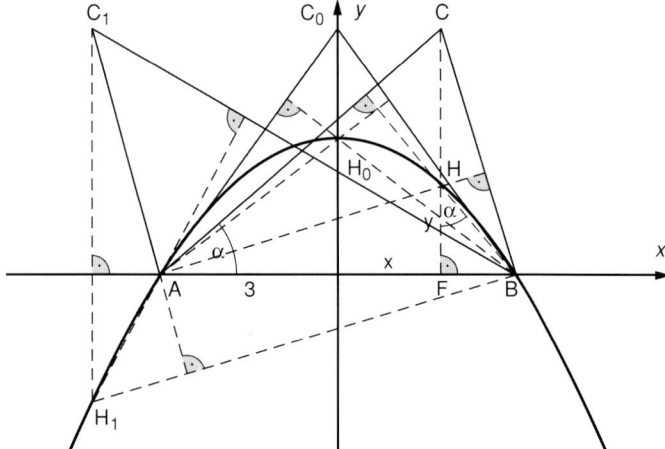

Die Konstruktion von mindestens drei Punkten C lässt vermuten, dass sie auf einer Parallelen zu AB liegen. Wenn das zutrifft, so kann H sogar jeder Parabelpunkt sein und die Ecken A und B müssen nicht ausgeschlossen werden. Denn sie sind genau dann Höhenschnittpunkt, wenn das Dreieck ABC bei A bzw. B rechtwinklig ist.

Der Beweis dieser Aussagen erfolgt mithilfe ähnlicher Dreiecke. Da die rechtwinkligen Dreiecke AFC und BFH auch in den Winkeln bei A bzw. H übereinstimmen, gilt

$$\frac{h}{3+x} = \frac{3-x}{y}, \text{ also } h = \frac{9-x^2}{y},$$

und mit $y = \frac{1}{4}(9-x^2)$ folgt $h = 4$.

Stichwörter: –; **Schulstoff:** Termumformung; **Schulstufe:** 7–8

Nach der Behandlung der „trivialen" Termumformungen wie $8a+5a=13a$, $7b-16b=-9b$, $6 \cdot 7c = 42c$ und $3(a \pm b) = 3a \pm 3b$, die Lehrer selbstverständlich erscheinen, kann diese Aufgabe zur selbstständigen Erarbeitung der „nichttrivialen" Klammerregeln dienen. Dabei geht es nicht nur darum, den (einen) einfacheren Term zu finden, sondern sich das Ergebnis klar zu machen. Zum Beispiel können die Schülerinnen und Schüler so argumentieren:

– Man subtrahiert nicht 5, sondern a weniger, erhält also gerade a mehr: $12-(5-a)=7+a$.

– Wenn man eine Summe subtrahiert, muss man beide (alle) Summanden subtrahieren:

$$3b-(5+2b)=3b-5-2b=b-5.$$

– Wegen „Punkt vor Strich" muss man zuerst beide Summanden verdoppeln und diese dann subtrahieren:

$$24-2(c+8)=24-2c-16=8-2c.$$

In den daran anschließenden Aufgaben werden diese Regeln kombiniert angewendet und schließlich in Form von Formeln festgehalten.

LÖSUNGSHINWEISE ZU AUFGABE 85

Stichwörter: Fliesen, Hallenbad; **Schulstoff:** Termumformung, Rechteck, Fläche, Umfang; **Schulstufe:** 7–8

Verschiedene Abzählstrategien sind möglich.

1. Die Zahl der Kreise, die sich auf einer waagerechten „Mittellinie" befinden, beträgt $2n-1$; die Zahl der Kreise längs einer dazu parallelen „inneren Randlinie" n. Es gibt n Mittellinien und $(n-1)$ solcher Randlinien. Daher beträgt die Gesamtzahl k:

$$k = n(2n-1) + (n-1)n = 3n^2 - 2n.$$

2. Wir unterscheiden die Zahl der im Innern der Quadrate befindlichen Kreise i von der Zahl der Randkreise r. Offenbar ist $i = n^2$, außerdem $r = 2(n-1)$, da es $2(n-1)$ innere Randlinien gibt. Also ist

$$k = n^2 + 2(n-1) \cdot n = 3n^2 - 2n.$$

3. Pro Fliese gibt es 3 Kreise, wenn man sich die Halbkreise zu einem Vollkreis zusammengefügt denkt. Die Gesamtzahl der Kreise ist daher $3n^2$. Von dieser Zahl sind aber die Kreise abzuziehen, die sich aus den außen befindlichen Randhalbkreisen ergeben, also $2n$.

Durch Vergleich zweier *extremer* Beispiele, nämlich Quadrat einerseits und Rechteck mit einer Fliese als Breite andererseits, erkennt man sofort, dass im ersten Fall erheblich mehr ganze Kreise vorhanden sind als im zweiten, bei dem sehr viel weniger Fugen entstehen. Mittels der dritten Abzählmethode lässt sich der Zusammenhang noch deutlicher machen. Es ist $k = 3ab - (a+b)$ und da $a \cdot b$ konstant ist, entscheidet der *halbe Umfang des Rechtecks, $a+b$,* über die Anzahl. Dieser ist beim Quadrat am kleinsten und nimmt in dem Maße zu, je mehr sich die Seitenlängen unterscheiden.

LÖSUNGSHINWEISE ZU AUFGABE 86

Stichwörter: Grundstücke; **Schulstoff:** Termumformung, Fläche; **Schulstufe:** 7–8

1. Grundstück: $5a-2$; $\quad I = 5(a-2)$; $\qquad II = 8$; $\qquad 5(a-2)+8 = 5a-2.$

2. Grundstück: $9b$; $\quad I = 6 \cdot 1,5 + 9 \cdot (b-3,5)$; $\quad II = 2 \cdot 9 + 3 \cdot 1,5 = 22,5$; $\quad 9b = 9 + 9(b-3,5) + 22,5.$

3. Grundstück: $9c$; $\quad I = 2 \cdot \frac{1}{3}c + 2 \cdot c + 5 \cdot \frac{1}{6}c = 3\frac{1}{2}c$; $\quad II = 9c - 3\frac{1}{2}c = 5\frac{1}{2}c.$

Die rechnerische Lösung ergibt für die Höhe $22,5 : 9 = 2,5$ beim zweiten und $5\frac{1}{2}c : c = 5\frac{1}{2}$ beim dritten Grundstück. Geometrisch „sieht" man die erste Lösung z. B. so: Der Einsprung von II in I hat die Höhe $1,5$ und die Breite 3. Er muss auf die Breite 6 verteilt, seine Höhe also im Verhältnis dieser Breiten aufgeteilt werden. Im Fall des dritten Grundstücks führt dieselbe Methode stufenweise zum Ziel (vgl. die Abbildung). Die Flächen

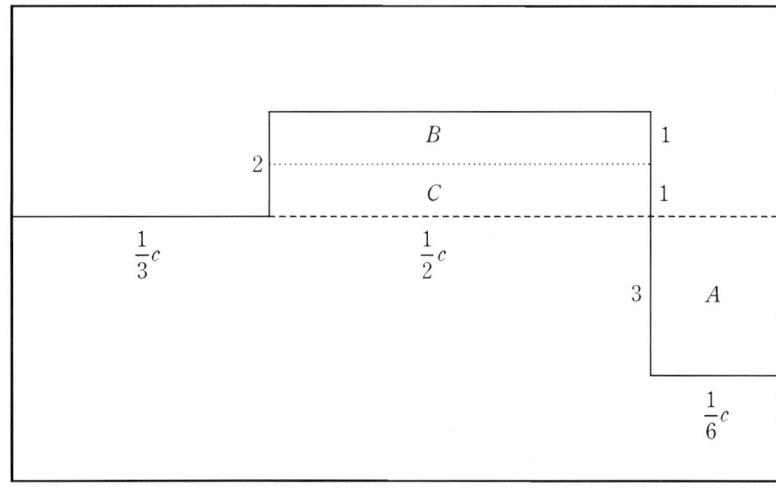

A und B kompensieren sich, C muss von der halben auf die ganze Breite verteilt werden.

LÖSUNGSHINWEISE ZU AUFGABE 87

Stichwörter: Raum, Würfel; **Schulstoff:** Termumformung, Raumgeometrie; **Schulstufe:** 7–8

Wir unterscheiden zwischen „Eckenwürfeln" (Anzahl 8) und „Kantenwürfeln".

Augenzahl 1: $\qquad\qquad 4 + 4(a-2) + 4(c-2) = 4(a+c-3)$

Analog die Augenzahlen 2 und 3: $\quad 4(b+c-3), \quad 4(a+b-3)$.

Da es zu jeder freien vorderen (rechten, oberen) Würfelfläche genau eine freie hintere (linke, untere) Würfelfläche gibt, stimmt die Zahl der Sechsen mit der Zahl der Einsen, die Zahl der Fünfen mit der Zahl der Zweien und die Zahl der Vieren mit der Zahl der Dreien überein.

Für die Gesamtsumme g der Augenzahlen erhält man so:

$$g = 4(a+c-3) \cdot 7 + 4(b+c-3) \cdot 7 + 4(a+b-3) \cdot 7 = 28(2a+2b+2c-9).$$

Eine zweite Strategie besteht darin, die zugeklebten Augenzahlen zu zählen. Bei $4(a-1)$ Würfeln sind das die Augenzahlen 2 und 5, bei $4(b-1)$ die Augenzahlen 1 und 6, bei $4(c-1)$ die Augenzahlen 3 und 4. Folglich ist $28(a+b+c-3)$ die Summe der zugeklebten Augenzahlen. Die Gesamtzahl der Würfel ist $4(a+b+c-4)$; da jeder Würfel die Augensumme 21 hat, beträgt die Augensumme für alle Würfel zusammen $84(a+b+c-4)$. Von dieser zieht man die Summe der zugeklebten Augenzahlen ab und erhält

$$g = 84(a+b+c-4) - 28(a+b+c-3) = 28(2a+2b+2c-9).$$

Eine dritte Strategie ist die folgende. Bei jedem Kantenwürfel sind $\frac{2}{3}$ seiner Augensumme, also 14, sichtbar. Das ergibt $56(a+b+c-6)$. Bei den 8 Eckenwürfeln sind *insgesamt* $4 \cdot 7 \cdot 3 = 84$ Augen sichtbar, da man sie zu einem $2 \times 2 \times 2$-Würfel zusammenschieben kann.

Folglich ist $g = 56(a+b+c-6) + 84 = 28(2a+2b+2c-9)$.

LÖSUNGSHINWEISE ZU AUFGABE 88

Stichwörter: –; **Schulstoff:** Binomische Formeln; **Schulstufe:** 7–8

(1) $n^2 = 3 \cdot n + (n-3) \cdot n$ $\qquad\qquad\qquad$ (2) $n^2 = 2 \cdot n + (n-1) \cdot (n-2) + n - 2$

Zwei weitere Möglichkeiten sind:

(3) $n^2 = (n-1)^2 + 2 \cdot (n-1) + 1$

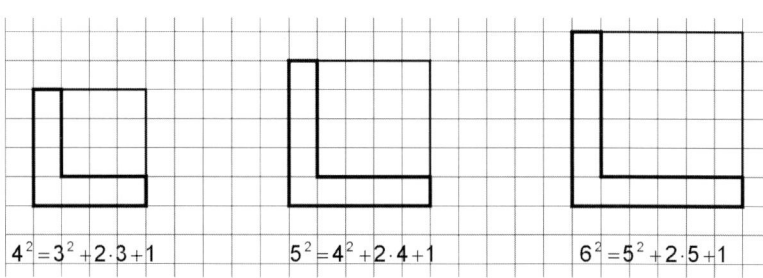

$$4^2 = 3^2 + 2 \cdot 3 + 1 \qquad 5^2 = 4^2 + 2 \cdot 4 + 1 \qquad 6^2 = 5^2 + 2 \cdot 5 + 1$$

(4) $n^2 = 3^2 + 2(n-3) \cdot 3 + (n-3)^2$

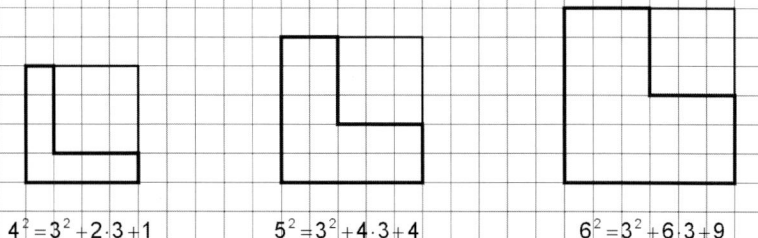

$$4^2 = 3^2 + 2 \cdot 3 + 1 \qquad 5^2 = 3^2 + 4 \cdot 3 + 4 \qquad 6^2 = 3^2 + 6 \cdot 3 + 9$$

Stichwörter: Drehung; **Schulstoff:** Termumformung, binomische Formeln; **Schulstufe:** 7–9

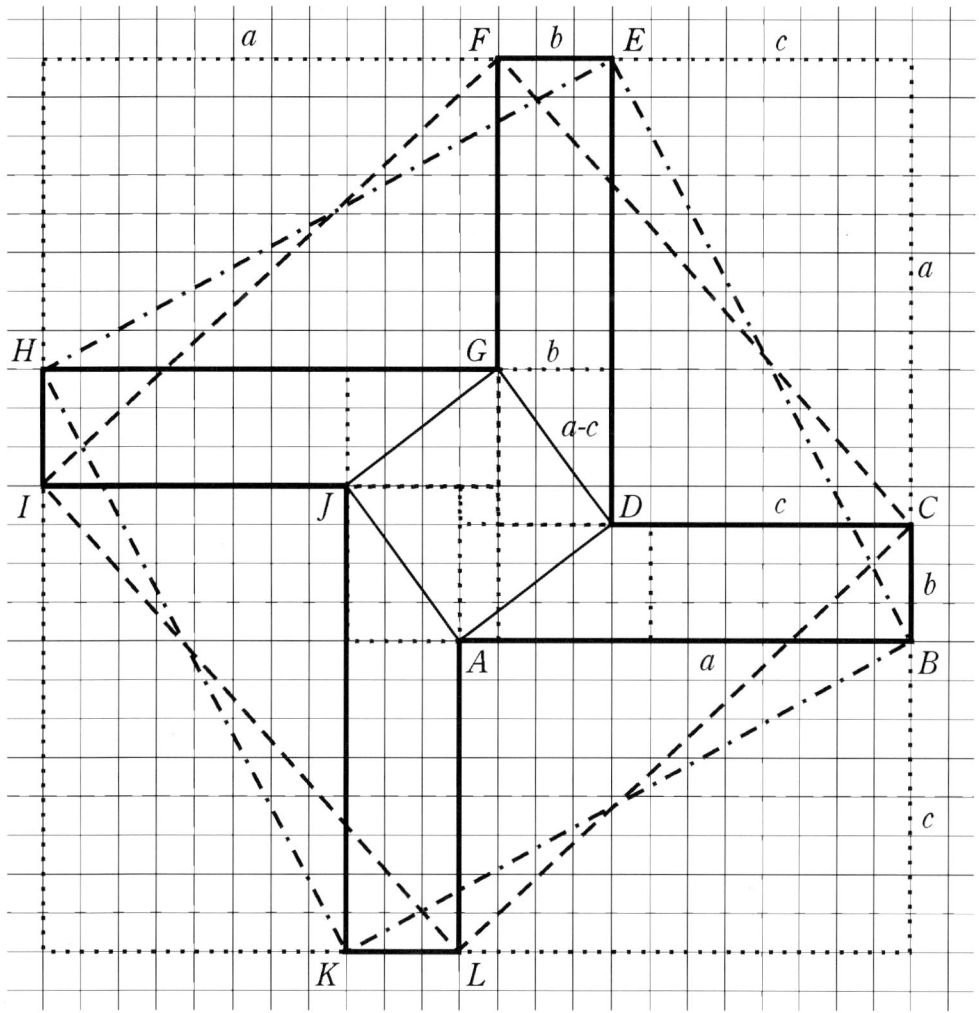

Die Berechnung kann *additiv* oder *subtraktiv* durchgeführt werden. So gilt zum Beispiel für die Fläche T der Figur

$$T = (a+b+c)^2 - 4ac = a^2 + b^2 + c^2 + 2ab + 2bc - 2ac.$$

Entsprechend für die Fläche U des Quadrats $ADGJ$

$$U = (a-c+b)^2 - 2b(a-c) = a^2 + b^2 + c^2 - 2ac,$$

für die Fläche V des Quadrats $BEHK$

$$V = (a+b+c)^2 - 2c(a+b) = a^2 + b^2 + c^2 + 2ab$$

und für die Fläche W des Quadrats $CFIL$

$$W = (a+b+c)^2 - 2a(b+c) = a^2 + b^2 + c^2 + 2bc.$$

Dass es sich bei den fraglichen Figuren um Quadrate handelt, beruht darauf, dass sie bei Drehung um $90°$ um ihren Mittelpunkt in sich selbst übergehen.

Man könnte den fraglichen Zusammenhang formal entwickeln, indem man aus drei Gleichungen die gemischten Glieder $2ab$, $2bc$, $2ac$ ausrechnet und in die vierte einsetzt. Aber eigentlich kann man „direkt sehen", dass

$$(a+b+c)^2 = V + W - U$$

ist.

Stichwörter: –; **Schulstoff:** Lineare Gleichungen; **Schulstufe:** 7–8

Diese Aufgabe ist zur Einführung in die Gleichungslehre gedacht und setzt nur einfache Termumformungen wie $7k + 3k = 10k$ voraus. Erfahrungsgemäß sind viele in der Lage, durch *inhaltliches Argumentieren* die Gleichungen zu lösen. Zum Beispiel:

- „Wenn zu $12a$ noch 27 addiert wird, um 63 zu erhalten, so muss $12a$ gleich 36 sein und $a = 3$." (Entsprechend in allen anderen Fällen, bei denen die Variable nur auf einer Seite vorkommt.)

- Bei $3d + 9 = 5d + 5$ ergibt der Vergleich (!): „Auf der linken Seite fehlen $2d$, die aber durch den Wert $4(= 9 - 5)$ kompensiert werden. Deshalb muss $d = 2$ sein."

- Bei $24 - f = 10 + f$ wäre die Lösung so zu begründen: „Wenn man von 24 um den gesuchten Betrag zurückgeht und um denselben von 10 vorwärts, dann muss man sich in der Mitte treffen. Also ist $f = 17$."

- Bei $20 + 7k = 60 - 3k$ könnte man sagen: „Der Unterschied zwischen 20 und 60 setzt sich aus $7k$ und $3k$ zusammen, also $k = 4$."

- Bei $20 - 7l = 60 - 3l$ lautet eine mögliche Begründung: „ Die Zahl l muss negativ sein, denn sonst könnte man nicht denselben Wert erhalten, wenn man von 20 um $7l$, von 60 aber nur um $3l$ zurückgeht. Der Unterschied zwischen 20 und 60 muss durch die Addition des 4fachen der Unbekannten ausgeglichen werden. Also ist $l = -10$."

Formale Lösungsoperationen, die manchen Schülern schon bekannt sein könnten, sollte man nicht zurückweisen, aber eine inhaltliche Rechtfertigung verlangen. Diese läuft dann auf Argumentationen wie oben hinaus.

LÖSUNGSHINWEISE ZU AUFGABE 91

Stichwörter: –; **Schulstoff:** Termumformung, binomische Formeln; **Schulstufe:** 8-9

Bei dieser Aufgabe ist der Taschenrechner erlaubt, da es sich um das Erkennen von Gesetzen und nicht um Rechenübungen geht.

Beim systematischen Variieren der Daten werden die Schülerinnen und Schüler voraussichtlich die folgenden Ergebnisse für den Fall $a \cdot b \cdot c + 1$ finden:

(1) $1 \cdot 3 \cdot 5 + 1 = 16$; $1 \cdot 8 \cdot 15 + 1 = 121$

(2) Ist 2 die Anfangszahl, erhält man stets ein Quadrat; denn $2 \cdot (2 + x)(2 + 2x) + 1 = (2x + 3)^2$.

(3) Zur Anfangszahl 3 scheint es keine Lösung zu geben.

(4) $4 \cdot 5 \cdot 6 + 1 = 121$; $4 \cdot 12 \cdot 20 + 1 = 961 = 31^2$

(5) $5 \cdot 8 \cdot 11 + 1 = 441 = 21^2$;

(6) $6 \cdot 10 \cdot 14 + 1 = 841 = 29^2$.

Im Fall $abcd + 1$ erhält man stets eine Quadratzahl, wenn a, b, c, d *aufeinander folgende* (natürliche) Zahlen sind. Ist der Abstand größer, können ebenfalls Quadratzahlen auftreten, z. B. $2 \cdot 6 \cdot 10 \cdot 14 + 1 = 1681 = 41^2$.

Der Beweis für die zuerst genannte Tatsache kann auf mindestens drei verschiedene Weisen geführt werden:

1. Empirische Analyse der Funktion $f(n) = n(n+1)(n+2)(n+3)+1$.

n	$f(n)$	$\sqrt{f(n)}$	$\sqrt{f(n)}-1$
1	25	5	$4 = 1 \cdot 4$
2	121	11	$10 = 2 \cdot 5$
3	361	19	$18 = 3 \cdot 6$
4	841	29	$28 = 4 \cdot 7$
5	1681	41	$40 = 5 \cdot 8$
6	3025	55	$54 = 6 \cdot 9$

Ob die Schülerinnen und Schüler auf die letzte Spalte kommen, hängt davon ab, ob sie schon Erfahrung haben mit der Analyse funktionaler Abhängigkeiten. Zumindest muss ihnen bewusst sein, dass das Ziel stets darin besteht, eine Verbindung mit der Ausgangsspalte herzustellen. Aus dieser ergibt sich

$$\sqrt{f(n)} - 1 = n(n+3)$$

und damit $f(n) = (n^2 + 3n + 1)^2$.

Die endgültige Rechtfertigung ergibt sich dann durch Bestätigung der Gleichung

$$n \cdot (n+1) \cdot (n+2) \cdot (n+3) + 1 = (n^2 + 3n + 1)^2.$$

2. Eine zweite Lösung ist rein algebraisch ausgerichtet: Der Term für $f(n)$ ergibt ausmultipliziert

$$n^4 + 6n^3 + 11n^2 + 6n + 1,$$

also durch quadratische Ergänzung

$$= (n^2 + 3n)^2 + 2n^2 + 6n + 1 = (n^2 + 3n)^2 + 2(n^2 + 3n) + 1 = (n^2 + 3n + 1)^2.$$

3. Eine dritte Lösung benutzt die zu Beginn der Aufgabe genannte Beziehung:

$$n \cdot (n+1) \cdot (n+2) \cdot (n+3) + 1$$
$$= n \cdot (n+2) \cdot (n+1) \cdot (n+3) + 1$$
$$= \left[(n+1)^2 - 1\right] \cdot \left[(n+2)^2 - 1\right] + 1$$
$$= (n+1)^2 \cdot (n+2)^2 - (n+1)^2 - (n+2)^2 + 2$$
$$= (n^2 + 3n + 2)^2 - 2(n^2 + 3n + 2) + 1$$
$$= ((n^2 + 3n + 2) - 1)^2$$
$$= (n^2 + 3n + 1)^2.$$

LÖSUNGSHINWEISE ZU AUFGABE 92

Stichwörter: –; **Schulstoff:** Quadratische Gleichungen; **Schulstufe:** 8–9

Diese Aufgabe soll zur quadratischen Ergänzung hinführen. Da bei den ersten fünf Gleichungen die Auflösung der Klammern zum Ziel führt, liegt dieselbe Strategie bei der sechsten nahe. Dadurch aber können die Schülerinnen und Schüler erkennen, dass die siebte mit der sechsten identisch ist und bei der achten Gleichung diese Erkenntnis anwenden.

Stichwörter: –; **Schulstoff:** Quadratische Gleichungen; **Schulstufe:** 8–9

Wenn der Inhalt des einbeschriebenen Quadrats 68 ist, lässt sich die Aufgabe leicht durch Probieren lösen. Bei jedem systematischen Ansatz spielen die „abgeschnittenen" rechtwinkligen Dreiecke eine entscheidende Rolle. Je nachdem, ob man nun

– eine seiner Katheten oder den Abstand vom Seitenmittelpunkt als Unbekannte wählt

und ob man

– den Satz des PYTHAGORAS voraussetzt oder nicht,

erhält man so die vier Ansätze

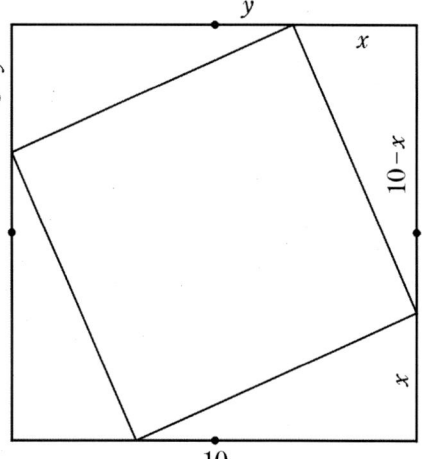

(1) $\quad x^2 + (10-x)^2 = 68;$

(1') $\quad \dfrac{1}{2} x \cdot (10-x) = \dfrac{100-68}{4} = 8;$

(2) $\quad (5+y)^2 + (5-y)^2 = 68;$

(2') $\quad \dfrac{1}{2}(5+y) \cdot (5-y) = 8.$

Sie führen auf die quadratischen Gleichungen

$$x^2 - 10x = -16 \quad \text{bzw.} \quad y^2 = 9.$$

Falls die Methode der quadratischen Ergänzung nicht bekannt ist, lässt sie sich durch Vergleich beider Gleichungen entwickeln; denn da $y = 5 - x$ ist, muss die erste in $(5-x)^2 = 9$ überführbar sein.

Stichwörter: Netze, Maschen, Knoten, Gitter; **Schulstoff:** Funktionen, Ähnlichkeit; **Schulstufe:** 8–9

Die Wertetabelle

n	m	k	s
1	1	3	3
2	4	6	9
3	9	10	18
4	16	15	30
5	25	21	45

legt für m die Formel $m = n^2$ nahe, während für k und s zunächst nur das sich aus der Abzählung ergebende Bildungsgesetz hingeschrieben werden kann:

$$k = 1 + 2 + 3 + \cdots + (n+1)$$
$$s = 3(1 + 2 + 3 + \cdots + n).$$

Aus ihnen ergeben sich die geschlossenen Formen

$$k = \frac{1}{2}(n+1)(n+2), \qquad s = \frac{3}{2}n(n+1),$$

wenn die Summenformel für die natürlichen Zahlen bekannt sein sollte. Auch von der Aufgabe 102 her lässt sich diese Lösung herleiten, wenn man das Abzählverfahren mit den halben Quadraten auf das vorliegende Problem überträgt. Danach ist die Anzahl der Dreiecke $m = 2I + R - 2$, ferner $R = 3n$ und $k = I + 3n$. Mit $m = n^2$ folgt hieraus

$$I = \frac{1}{2}n^2 - \frac{3}{2}n + 1 \quad \text{und} \quad k = \frac{1}{2}n^2 + \frac{3}{2}n + 1 = \frac{1}{2}(n+1)(n+2).$$

Für $\frac{1}{3}s$ folgt dann hieraus durch Subtraktion von $(n+1)$ die bekannte Formel. Es bliebe also nur noch $m = n^2$ zu begründen. Wenn bekannt ist, dass sich die Flächen ähnlicher Dreiecke wie die Quadrate entsprechender Seiten verhalten, ist dies eine unmittelbare Konsequenz der Tatsache, dass das Maschendreieck dem Dreieck mit der Seitenlänge n ähnlich ist.

Alle Formeln lassen sich aber unmittelbar anschaulich einsehen, wenn man den Tipp gibt, dass „*Verdopplung*" helfen kann oder noch direkter *Spiegelung*.

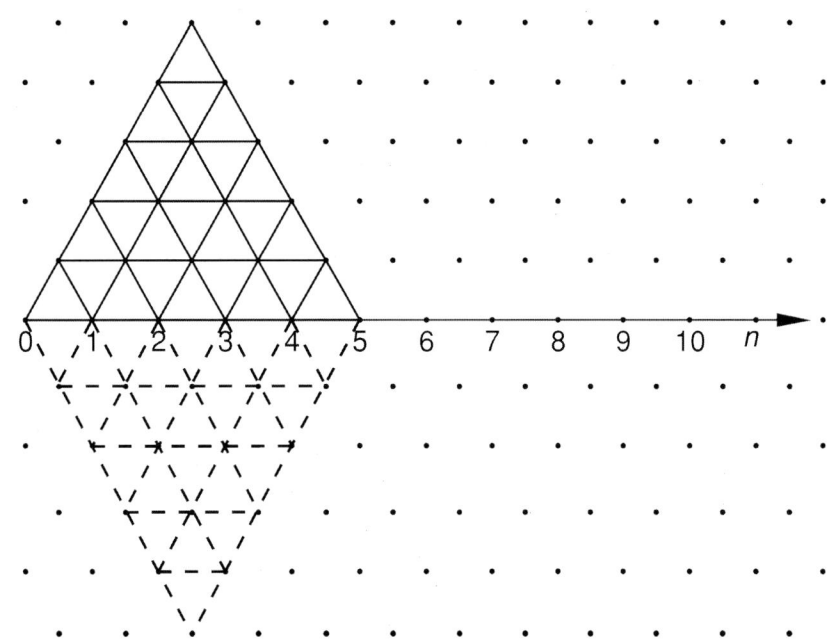

Man erhält eine Raute, die aus n^2 kleinen Rauten besteht, die jeweils durch eine Diagonale halbiert sind. Diese enthält daher $2n^2$ Maschen und das Dreieck halb so viele: $m = n^2$. (Stellt man sich unter der Raute ein *Gelenkviereck* vor, so kann sie in ein Quadrat verwandelt werden, wobei alle Maßzahlen unverändert bleiben. In diesem Falle wäre die Argumentation besonders sinnfällig: Das *halbe* große Quadrat enthält n^2 *halbe* kleine Quadrate, weil das ganze ebenso viele kleine Quadrate enthält.)

Durch die Spiegelung wird die Zahl der Knoten nicht verdoppelt, da die Knoten n-Achse auf der Fixpunkte sind. Die Raute enthält daher $2k - (n+1)$ Knoten und diese Anzahl beträgt $(n+1)^2$. Hieraus folgt

$$k = \frac{1}{2}(n+1)^2 + \frac{1}{2}(n+1) = \frac{1}{2}(n+1)(n+2).$$

Im Fall der Strecken sollte man nur eine Sorte betrachten, jedoch nicht die waagerechten. Deren Anzahl beträgt $\frac{1}{3}s$ und diese wird durch Spiegelung verdoppelt. Folglich gilt

$$\frac{2}{3}s = n \cdot (n+1),$$

da $(n+1)$ Reihen mit jeweils n Verbindungsstrecken vorhanden sind. Hieraus folgt die oben angegebene Formel.

Als Zusatzaufgabe bietet es sich an, dieselbe Fragestellung auf Figuren mit quadratischen Maschen zu übertragen bzw. *selbst erfinden* zu lassen. Zum Beispiel: Wie groß sind m, k, s, wenn das Anfangsquadrat $\boxed{a}$ von n „Generationen" Folgequadraten umgeben ist (linke Figur) bzw. wenn die „Quadrattreppe" (rechte Figur) n Stufen hat?

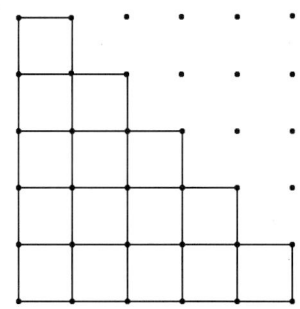

Stichwörter: –; **Schulstoff:** Termumformungen, binomische Formeln, PASCAL-Dreieck, Funktion; **Schulstufe:** 9–10

Die Aufgabe entspricht der Multiplikation

$$(2x^3 + 5x^2 - 5x + 1)(x+1)^n$$

mit $n = 1, 2, 3, \ldots$ Das zugehörige Zahlentrapez ist

$$
\begin{array}{ccccccc}
 & & & 2 & 5 & -5 & 1 \\
 & & 2 & 7 & 0 & -4 & 1 \\
 & 2 & 9 & 7 & -4 & -3 & 1 \\
2 & 11 & 16 & 3 & -7 & -2 & 1 \,.
\end{array}
$$

Die ersten Schrägzeilen 5, 7, 9, 11, ... bzw. –5, –4, –3, –2, ... entstehen durch fortlaufende Addition von 2 bzw. 1. Bei den folgenden ist keine einfache Gesetzmäßigkeit zu erkennen. (Es handelt sich um arithmetische Folgen höherer Ordnung.) Die Summen der waagerechten Zeilen betragen 3, 6, 12, 24, ... Sie verdoppeln sich von Zeile zu Zeile, weil man die Summe der Koeffizienten eines Polynoms gerade dadurch erhält, dass man die Variable 1 setzt.

Das *kleinste* passende Zahlentrapez zu den Quadratzahlen ist

$$
\begin{array}{cccccc}
 & & & 2 & 3 & \mathbf{1} \\
 & & 2 & 5 & \mathbf{4} & 1 \\
 & 2 & 7 & \mathbf{9} & 5 & 1 \\
2 & 9 & \mathbf{16} & 14 & 6 & 1 \,.
\end{array}
$$

Die dazu parallelen Schrägzeilen nach links sind eindeutig festgelegt. Rechts davon hängen sie davon ab, ob man der ersten Zeile 2, 3, 1 willkürlich weitere Zahlen hinzufügt, die nicht alle 0 sein dürfen. Allerdings müsste bewiesen werden, dass die hier „empirisch" festgestellte *Konstanz* der *linken Schrägzeile* wirklich gegeben ist.

Bei der dritten Teilaufgabe erhält man durch Zurückrechnen das Zahlendreieck

$$
\begin{array}{ccccc}
 & & 5 & & \\
 & 5 & & 5 & \\
 & 5 & 10 & 5 & \\
5 & 15 & 15 & 5 & \\
5 & 20 & 30 & 20 & 5 \,.
\end{array}
$$

Man erkennt aber dabei, dass dies *Zufall* ist. Änderte man nur eine Zahl der gegebenen Zeile, so erhielte man einen Widerspruch, d. h. die entsprechende Polynomdivision ginge nicht ohne Rest auf.

Bemerkung: Zu dieser Aufgabe lassen sich einige Varianten hinzufügen, die ebenfalls für die Schulstufe 9–10 geeignet sind. Als „Rechenpyramide", bei der die Wiederholung der Randzahlen unterbleibt und die Summenzeile jeweils *über* die vorhergehende Zeile geschrieben sind, ist sie bereits in der Jahrgangsstufe 5–6 einsetzbar und bietet viele Möglichkeiten, die Schülerinnen und Schüler zu Vermutungen und eigenen Lösungsansätzen anzuregen.[*]

---

[*] Vgl. Wolfgang KROLL: Zahlenfelder, ein Kontext für entdeckendes Lernen. – In: BENDER, P. (Hrsg.): Mathematikdidaktik: Theorie und Praxis. Festschrift für Heinrich WINTER. Berlin 1988, Cornelsen.

LÖSUNGSHINWEISE ZU AUFGABE 96

Stichwörter: –; **Schulstoff:** Termumformungen, binomische Formeln; **Schulstufe:** 9–10

Diese Aufgabe ist zur *Einführung* der Potenzgesetze in der Jahrgangsstufe 9–10 gedacht. Dabei wählen die Schülerinnen und Schüler Aufgaben selbst aus und verteidigen ihre Lösungen vor der Klasse.

LÖSUNGSHINWEISE ZU AUFGABE 97

Stichwörter: – ; **Schulstoff:** Quadrat, Kreis; **Schulstufe:** 5–6

Die Aufgabe kann auf drei verschiedenen Differenzierungsstufen durchgeführt werden:

- Die Schülerinnen und Schüler erhalten die Vorlage bereits in der richtigen Größe, sodass sie Maße entnehmen können, und konstruieren auf Kästchenpapier.
- Die Vorlage enthält die Figuren verkleinert. Die Schülerinnen und Schüler zeichnen sie auf Kästchenpapier.
- Die Schülerinnen und Schüler rekonstruieren die verkleinert vorgegebenen Figuren auf weißem Papier.

Wichtig ist, dass die Kreismittelpunkte zu erkennen sind. Als Hilfe kann man den Tipp geben, dass nur die Ecken, die Seitenmittelpunkte oder der Mittelpunkt der Quadrate infrage kommen. Natürlich darf auch auf der Vorlage ausprobiert werden.

LÖSUNGSHINWEISE ZU AUFGABE 98

Stichwörter: –; **Schulstoff:** Quadrat, Rechteck, Raute, Parallelogramm; **Schulstufe:** 5–7

Hier geht es um die Diagonaleneigenschaften besonderer Vierecke. Die Schülerinnen und Schüler werden aufgrund ihrer Vorerfahrungen dabei davon ausgehen, dass sich die Diagonalen schneiden müssen. In diesem Fall erhält man stets *konvexe* Vierecke (und zwar dieselben, gleichgültig welche Endpunkte der Diagonalen man mit A und C bzw. B und D bezeichnet). Andernfalls entstehen *nichtkonvexe* oder *überschlagene* Vierecke, je nachdem die Verlängerung einer der beiden Diagonalen die andere im Innern trifft oder nicht.

Die Erkenntnis, dass die Diagonalen sich bei gleicher Länge gegenseitig halbieren *müssen*, wenn das Viereck ein Rechteck sein soll, ist zum *Satz des THALES* äquivalent, der in diesem Zusammenhang thematisiert werden könnte. Die Aufgabe ist jedoch schon viel früher sinnvoll einsetzbar, nämlich wenn es darum geht, die Diagonaleneigenschaften von Quadrat, Rechteck, Raute und Parallelogramm bewusst zu machen.

Nimmt man die drei Kriterien
- Länge gleich,
- Mittelpunkte identisch,
- Winkel $90°$,

so ergibt sich folgende Übersicht:

	Kriterien erfüllt (+) bzw. nicht erfüllt (–)		
	Länge gleich	Mittelpunkte identisch	Winkel $90°$
Quadrat	+	+	+
echtes Rechteck	+	+	–
echte Raute	–	+	+
echtes Parallelogramm	–	+	–

Stichwörter: Reisen, Manöver, Programm; **Schulstoff:** Winkel, Drehung; **Schulstufe:** 6–7

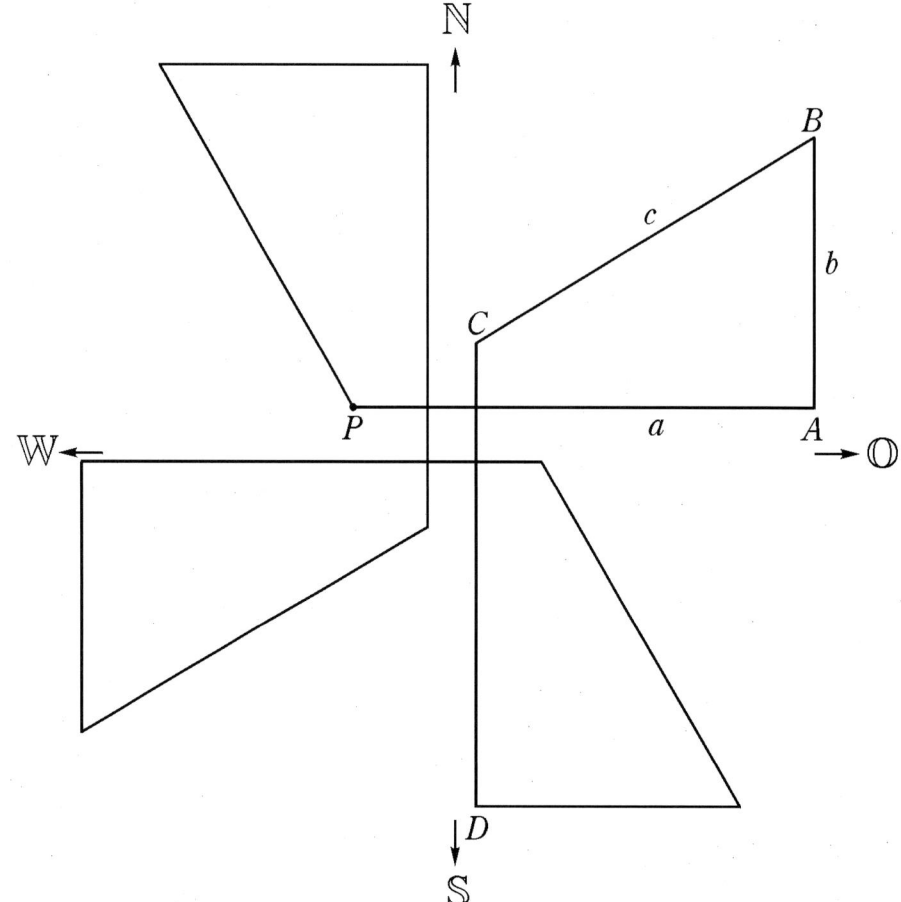

Die Ausführung der Zeichnung dient nicht nur der Übung im Abtragen von orientierten Winkeln, sondern auch der Entdeckung, dass bei der ersten Wiederholung die Anfangsstrecke als CD gedreht genau nach Süden zeigt. Dies ist eine Folge der *Gesamtdrehung* um $\alpha + \beta + \gamma = 270°$ *nach links*. Bei jeder weiteren Wiederholung geschieht dasselbe, sodass nach der dritten Wiederholung die Ausgangssituation wieder hergestellt ist. Dies macht die Entstehung der Schließfigur plausibel. Eine zwingende Begründung wird auf dieser Stufe noch nicht angestrebt. Vielmehr sollen die Schülerinnen und Schüler von dieser Tatsache ausgehend oder einfach nur probierend den zweiten Teil der Aufgabe lösen. Bei einmaliger Wiederholung muss die Summe der Drehwinkel $180°$ (genauer: modulo $360°$) betragen und die Schließfigur infolgedessen punktsymmetrisch sein. Entsprechend muss die Summe der Drehwinkel bei zweimaliger Wiederholung $120°$ bzw. $240°$ (auch wieder modulo $360°$) betragen usw. Dabei lassen sich sehr reizvolle Schließfiguren erzeugen.[*]

Stichwörter: rund; **Schulstoff:** Kreis, Umfang, Proportionalität, Lineare Funktionen; **Schulstufe:** 6–9

Ziel dieser Aufgabe ist es, Messwerte systematisch in einer Tabelle und als Punkte in einem Koordinatensystem aufzubereiten und daran Regelmäßigkeiten und Zusammenhänge selbst zu entdecken. Das Ergebnis schließlich ist eine näherungsweise Beschreibung durch einen Graphen und eine vermutete Funktionsgleichung.

Ungewohnt ist dabei, dass die Messwerte zunächst sehr unsortiert vorliegen. Ungewohnt ist auch die Aufgabe, dann eine „ungefähre" Gerade mitten durch alle Punkte zu legen. Diese ist nicht eindeutig zu bestimmen und man muss darüber diskutieren, was als „gute Lösung" akzeptiert wird. Hierbei werden die Parameter der Geradengleichung variiert, bis die „beste" Lösung gefunden ist.

---

[*] Wolfgang KROLL: Rundwege und Kreuzfahrten. – In: *Praxis der Mathematik* 32 (1990), S. 7 ff.

Das Thema eignet sich sowohl zur Einführung der Zahl π als auch zur Einführung der Linearen Funktionen und zur Vertiefung und Anwendung. Es ist durchaus sinnvoll, wenn zunächst die Geraden noch per Hand gezeichnet werden. Grafikrechner erleichtern die rechnerischen Aspekte und es können auch erste Erfahrungen mit einer Tabellenkalkulation gesammelt werden.

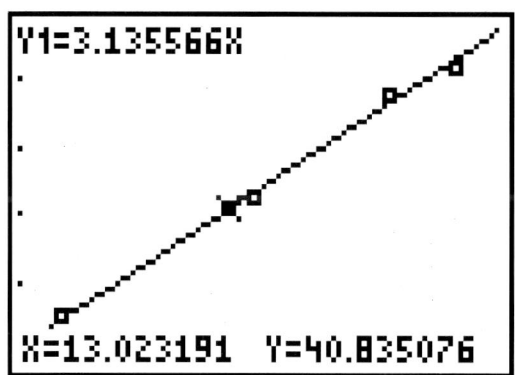

Die Aufgabe kann in Einzelarbeit begonnen werden (auch gut als Hausaufgabe geeignet). Im weiteren Verlauf bieten sich Partnerarbeit und Gruppenarbeit an. Die zunächst nur zweispaltige d-u-Tabelle der Messwert-Paare kann durch weitere Spalten ergänzt werden, auch je nach vermutetem Zusammenhang, insbesondere natürlich um eine Spalte mit dem jeweils berechneten Quotienten $\dfrac{u}{d}$.

Wichtig ist, den Schülerinnen und Schülern genügend Raum zu lassen, damit sie diesen Zusammenhang hier *selbst* entdecken können: „Was fällt euch auf?"

Zum Schluss werden die Ergebnisse im Klassenverband vorgestellt und diskutiert.

Der gemeinsam entdeckte Zusammenhang wird schließlich als vermutete allgemeine Gesetzmäßigkeit festgehalten. Ein Beweis für $u = \pi \cdot d$ mit $\pi = 3{,}14 \dots$ kann sich später, durchaus auch erst in einem höheren Schuljahrgang, anschließen.

LÖSUNGSHINWEISE ZU AUFGABE 101

Stichwörter: Haus vom Nikolaus; **Schulstoff:** Kombinatorik, Graphentheorie; **Schulstufe:** 7–10

Das Haus vom Nikolaus in einem Zug – wie muss man's machen? An welcher Ecke darf man anfangen, an welcher nicht? An welcher Ecke endet man? Warum? Warum nicht?

Das Haus vom Nikolaus lässt sich nur dann in einem Zug zeichnen, wenn man mit der Ecke unten links beginnt, dann endet man unten rechts – oder entsprechend umgekehrt.

Beim Haus vom Weihnachtsmann muss man mit der Ecke oben links beginnen, dann endet man unten rechts – oder entsprechend umgekehrt.

Entscheidend dabei ist die Anzahl der Kanten, die in einer Ecke zusammenlaufen. Jedes Mal, wenn man auf einer Kante eine Ecke erreicht und sie wieder auf einer anderen Kante verlässt, werden damit genau zwei Kanten dieser Ecke „belegt"; bei einem eventuellen zweiten „Besuch" dieser Ecke werden zwei weitere Kanten „belegt" usw. Jede Ecke, die nicht Start-Ecke oder Ziel-Ecke ist, darf deshalb nur eine gerade Anzahl von Kanten haben (sie muss von „gerader Ordnung" sein) – sonst lässt sich die Figur nicht in einem Zug zeichnen. Höchstens die Start-Ecke und die Ziel-Ecke dürfen eine ungerade Anzahl von Kanten (ungerade Ordnung) haben – dann jedoch notwendigerweise beide – oder aber alle Ecken haben eine gerade Anzahl von Kanten: Dann kann man in jeder Ecke beginnen, muss aber genau dort auch wieder enden.

Deshalb ist nicht möglich, beide Häuser gemeinsam in einem Zug zu zeichnen. Es gibt nämlich mehr als zwei „ungerade Ecken": Unten links, unten Mitte, unten rechts und oben Mitte.

Übrigens: Wie viele verschiedene Möglichkeiten gibt es, das Haus vom Nikolaus in einem Zug zu zeichnen? Hier gilt es, systematisch zu zählen – es sind 48.

Wer noch mehr über diesen interessanten Zweig der Graphentheorie herausfinden will, kann über www.cornelsen.de/co/sek2/mathe zu dem Thema „Das Königsberger Brückenproblem" nachschauen.

LÖSUNGSHINWEISE ZU AUFGABE 102

Stichwörter: Gitterpunkte, Kästchenpapier; **Schulstoff:** Umfang, Flächeninhalt, Zuordnung; **Schulstufe:** 7–8

Ein Ansatz besteht darin, Spezialfälle zu betrachten. Bei Rechtecken ohne innere Gitterpunkte stellt man fest, dass der Flächeninhalt $F = a \cdot 1$ und die Anzahl der Randpunkte $R = 2a + 2$ beträgt. Also ist in diesem Fall $R = 2F + 2$, also $F = \frac{1}{2}R - 1$. Fügt man nun zwei solche Rechtecke mit gleicher Länge a so zusammen, dass sie ein Rechteck mit der Breite 2 bilden, so verschwinden von jedem Teilrechteck $a - 1$ Randpunkte und es entstehen aus ihnen $(a - 1)$ innere Punkte. Ferner werden aus den an den vier Ecken zusammenfallenden Randpunkten zwei neue. Somit erhalten wir für das neue Rechteck $I' = a - 1$ und

$$R' = 2R - 2(a-1) - 2 = 4F + 4 - 2I' - 2 = 4F - 2I' + 2$$
$$= 2F' - 2I' + 2 = 2(F' - I' + 1),$$

d. h. $\quad F' = I' + \dfrac{1}{2}R' - 1.$

Analog ergibt sich durch Hinzufügen eines weiteren Rechtecks der gleichen Art

$$R'' = 2R' - 2(a-1) - 2 = 4(F' - I' + 1) - 2(a-1) - 2$$
$$= 2(2F' - 2I' + 2 - (a-1) - 1)$$
$$= 2(F'' - I'' + 1),$$

d. h. $\quad F'' = I'' + \dfrac{1}{2}R'' - 1.$

Offenbar ist dies der Zusammenhang zwischen den Größen F, I und R.

Ein etwas stärker formalisierter Weg ist der folgende: Hat das Rechteck Seiten mit den Längen a, b, so gilt

$$F = ab, \qquad I = (a-1)(b-1), \qquad R = 2a + 2b.$$

(Die Formel für R drückt dabei aus, dass die Zahl der Zwischenräume gleich der Zahl der sie begrenzenden Endpunkte ist, weil die *Randlinie überschneidungsfrei und in sich geschlossen ist*.) Hat man nun die Idee, F durch I und R ausdrücken zu wollen, ergibt sich unmittelbar

$$I = ab - a - b + 1 = F - \frac{1}{2}R + 1,$$

d. h. $\quad F = I + \dfrac{1}{2}R - 1.$

Eine geometrische Veranschaulichung erhält man, wenn man sich den Inhalt F durch die das Rechteck ausfüllenden Quadrate repräsentiert denkt und die Anzahl der inneren Punkte ihnen zuzuordnen sucht. Man sieht, dass dabei die Quadrate längs des „halben" Randes $|AB|+|AD|$ nicht erfasst werden. Nimmt man bei ihnen die gleiche Zuordnung vor, so gehen alle Punkte auf den Seiten BC und CD leer aus, d. h. nur $(\frac{1}{2}R-1)$ Randpunkten kann noch ein inneres Quadrat zugeordnet werden. Somit

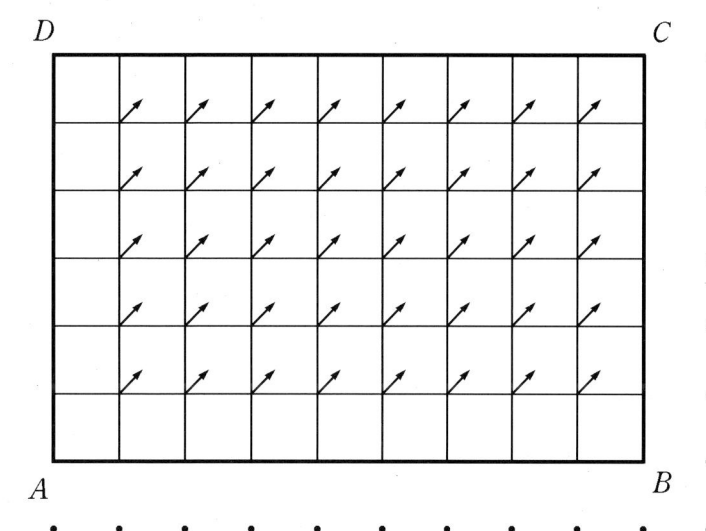

liefert diese Veranschaulichung mittels *Zuordnung* ebenfalls eine Begründung der Formel.

Noch sinnfälliger lässt sich der Zusammenhang veranschaulichen, wenn man der Halbierung von R durch Halbierung der Quadrate Rechnung trägt.

Offenbar lassen sich jedem inneren Punkt zwei halbe Quadrate zuordnen und jedem Randpunkt ein halbes Quadrat *mit Ausnahme von B und D*. Somit gilt

$$F = I + \tfrac{1}{2}(R-2) = I + \tfrac{1}{2}R - 1.$$

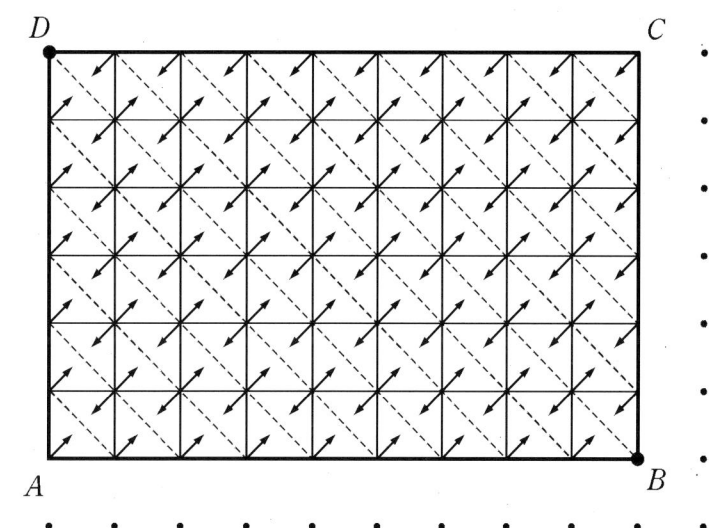

Bei zusammengesetzten „Rechteckfiguren" lässt sich die Gültigkeit der Formel zunächst empirisch bestätigen. Eine geometrische Begründung ergibt sich leicht nach der zweiten Zuordnungsmethode mit halbierten Quadraten, wobei – was auf dieser Stufe *nicht allgemein bewiesen* werden muss – die Bilanz der *Eckrandpunkte* stets auf die Differenz $R-2$ wie oben führt. Die erste Methode der Zusammensetzung führt dagegen unmittelbar auf den allgemeinen Beweis, der jedoch abstrakter ist. Für zwei aneinander grenzende Rechtecke gilt *getrennt*

$$R_1 = 2(F_1 - I_1 + 1), \qquad R_2 = 2(F_2 - I_2 + 1).$$

Fügt man sie längs einer Seite c zusammen, so gilt wieder

$$I = I_1 + I_2 + c - 1 \text{ und}$$
$$R = R_1 + R_2 - 2(c-1) - 1$$
$$= 2(F_1 + F_2 - I_1 - I_2 + 2 - (c-1) - 1$$
$$= 2(F - I + 1).$$

Weiterführende Untersuchungen können interessierte Schülerinnen und Schüler selbstständig unternehmen, etwa indem sie Rechteckfiguren mit rechteckigen „Löchern" betrachten. Denkbar wäre auch ein Einsatz dieser Aufgabe in der S II, dort allerdings mit dem Ziel, die Gültigkeit des Zusammenhangs für beliebige Gitterpunktpolygone ohne Löcher zu entdecken und nachzuweisen. (Satz von PICK, 1899; vgl. hierzu auch Aufgabe 94.)

LÖSUNGSHINWEISE ZU AUFGABE 103

Stichwörter: –; Schulstoff: Viereck; Schulstufe: 7–8

Bei dieser Aufgabe kommt es darauf an, dass die Schülerinnen und Schüler den am Schluss gegebenen Hinweis auch richtig verstehen. Aber das sollte auch ein *Ergebnis der Stunde* sein und *nicht durch Lehrer bzw. Lehrerin vorweggenommen werden.*

Die Zahl der Möglichkeiten ist sehr groß, genau genommen unendlich, weil man auch Bedingungen der Art „eine Seite ist doppelt so lang wie die andere" hinzunehmen kann. So weit es um die Länge geht, können die Vierecke mittels Stäben oder Pappstreifen (vgl. die nächste Aufgabe) realisiert werden. Entscheidend ist die Erkenntnis, welche besondere Gestalt das Viereck unter den zugrunde gelegten Bedingungen *in jedem Fall* haben muss – sofern es sich überhaupt als Quadrat, Raute, Parallelogramm, Rechteck, Trapez, Drachen klassifizieren lässt. Eine Begründung sollte sich aber wenigstens in den wichtigsten Fällen anschließen.

Im Folgenden sind die wichtigsten Fälle angeführt:

(L1) $a=b=c=d$ *Raute*   (L4) $a=c;\ b=d$ *Parallelogramm;*

(L2) $a=b=c$?   (L5) $a=b$?

(L3) $a=b,\ c=d$ *Drachen*   (L6) $a=c$?

(P1) a parallel c, b parallel d *Parallelogramm*

(P2) a parallel c *Trapez*

Die folgenden Kombinationen (ohne redundante!) sind möglich:

(L2), (P2)   *Raute*   (L3), (P2)   *Parallelogramm*

(L5), (P1)   *Raute*   (L5), (P2)   *Trapez*

(L6), (P2)   *Parallelogramm*

Bemerkung: Mit Winkeln statt Seiten des Vierecks ist dieselbe Aufgabenstellung möglich, ebenso mit Diagonalen, wobei man in diesem Falle noch das *Halbieren* und den Winkel zwischen ihnen berücksichtigen sollte. Schließlich könnte man auch Kombinationen zulassen, doch würde die Zahl der möglichen Aufgaben unübersehbar. Sinnvoll ist es jedoch, *den Schülerinnen und Schülern die Formulierung eigener Problemstellungen dieser Art aufzugeben.* Beispiel: Die Diagonale AC halbiert den Dreieckswinkel bei A und die andere Diagonale. Um welche Art Viereck muss es sich handeln? (Antwort: Drachen.)

LÖSUNGSHINWEISE ZU AUFGABE 104

Stichwörter: –; Schulstoff: Symmetrie, Vieleck; Schulstufe: 7–8

Fig. 1, 2 und 3 (s. u.) haben genau eine bzw. genau zwei bzw. genau drei Symmetrieachse(n); das (hier nicht gezeichnete) reguläre Sechseck hat sechs Symmetrieachsen; die Fig. 4 und 6 sind punkt-, aber nicht achsensymmetrisch.

Fig. 1, 5 und 6 besitzen genau zwei rechte Winkel.

Als besondere Vierecke sind möglich Rechtecke, (echte) Parallelogramme, Drachenvierecke; nicht möglich sind Quadrate und echte Trapeze.

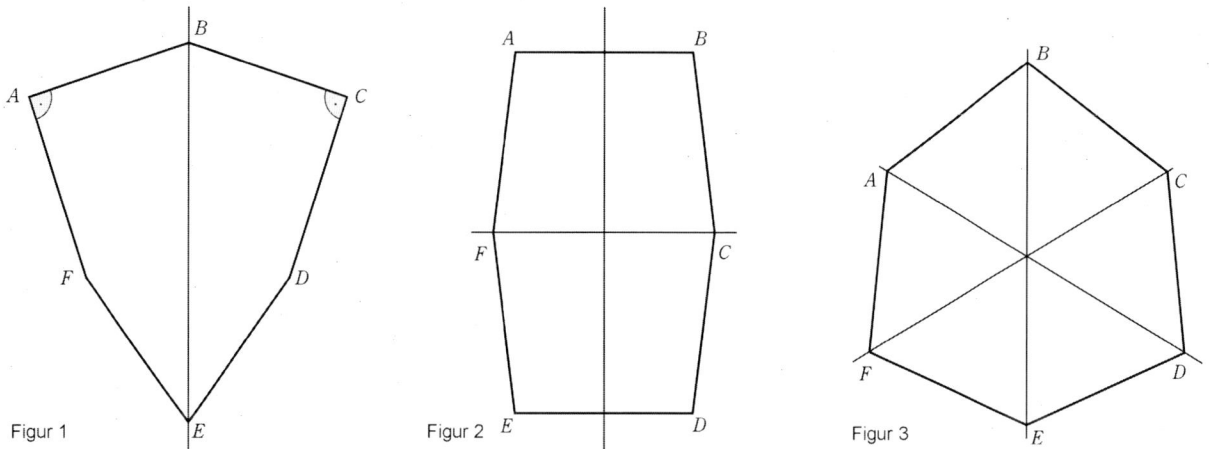

Figur 1   Figur 2   Figur 3

Im Falle der Symmetrieachsen führt die Frage, welche Ecken aufeinander fallen (sollen), auf Fig. 2 (benachbarte Ecken A und B) bzw. Fig. 1 (eine Ecke, z. B. B, wird übersprungen). Die automatische Folge ist dann, dass zwei Mittellinien bzw. eine Diagonale die Symmetrieachsen sind. Im Sonderfall der Fig. 3 können auch alle drei Diagonalen Symmetrieachsen sein. Zur Konstruktion geht man dabei am besten vom *gleichseitigen* Dreieck BDF aus.

Im Falle der Punktsymmetrie müssen gegenüberliegende Ecken Bildpunkte voneinander sein. Infolgedessen bilden zwei Gegenseiten jeweils ein Parallelogramm. Dementsprechend zeichnet man z. B. das Parallelogramm $ABDE$ und konstruiert die fehlenden Punkte.

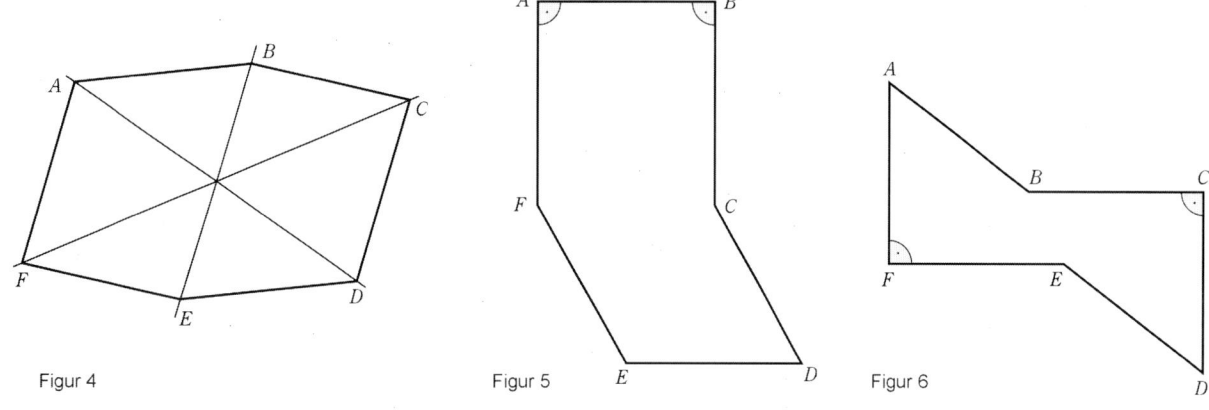

Figur 4   Figur 5   Figur 6

Es gibt drei verschiedene Möglichkeiten, Gelenkvierecke mit genau zwei rechten Winkeln zu konstruieren, je nachdem, ob sie nebeneinander oder gegenüberliegen oder eine Ecke übersprungen wird. Bei der zweiten und dritten Möglichkeit folgt aus der Konstruktion, dass die entstehenden Gelenksechsecke punkt- bzw. achsensymmetrisch sein müssen.

LÖSUNGSHINWEISE ZU AUFGABE 105

Stichwörter: Parkette; **Schulstoff:** Winkelsumme; **Schulstufe:** 6–7

Die drei Vorlagen lassen sich leicht auf farbigen Karton kopieren, wobei man zweckmäßigerweise drei verschiedene Farben wählt. Im Fall A sind die Seiten der Vierecke alle verschieden lang, im Fall B stimmen zwei überein, im Fall C drei. Dementsprechend erhöht sich der Schwierigkeitsgrad beim Probieren. In jedem Falle dauert es oft ziemlich lange, bis klar wird, dass alle vier Winkel an jeder Ecke zusammenstoßen müssen und die Vierecke nur gedreht werden dürfen, aber nicht geklappt. Wenn dann der Beginn des Parketts geschafft ist, wird auch relativ schnell deutlich, dass es durch fortgesetztes Spiegeln an den Vierecksseitenmitten erzeugt werden kann, wobei die Zeichenaufgabe einen wichtigen Impuls darstellt.

Stichwörter: Abstand; **Schulstoff:** Parabel, Kegelschnitte; **Schulstufe:** 8–10

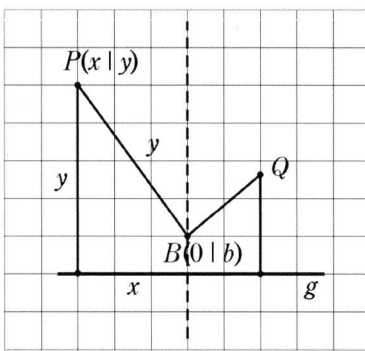

Mit den nebenstehenden Bezeichnungen erhält man:

$$y^2 = (y-b)^2 + x^2$$
$$y^2 = y^2 - 2by + b^2 + x^2$$
$$2by = x^2 + b^2$$
$$y = \frac{x^2}{2b} + \frac{b}{2}.$$

Es entsteht also eine Parabel.

In den Zusatzaufträgen entsteht eine Ellipse bzw. eine Hyperbel.

Auch wenn die Schülerinnen und Schüler noch nicht die zugehörigen Gleichungen kennen, ist die Entdeckung dieser Graphen – aus dem gleichen Prinzip heraus – doch von besonderem Interesse.

LÖSUNGSHINWEISE ZU AUFGABE 107

Stichwörter: Müllentsorgung, Glücksspiel; **Schulstoff:** Zufallsversuch; **Schulstufe:** 8–10

Diese Aufgabe dient dazu, den typischen Fehlschluss: „Bei drei Würfen beträgt die Wahrscheinlichkeit für eine Sechs $\frac{3}{6}$, also $\frac{1}{2}$" zu entlarven. Schon nach wenigen Minuten Würfeln liegen genügend Ergebnisse vor, um erkennen zu lassen, dass Daniela besser dran ist. Die theoretische Begründung kann entweder mithilfe eines Baumdiagramms, anschaulicher jedoch durch Abzählen für Jörg der günstigen Fälle erfolgen. Zum Beispiel so: Bei zweimaligem Werfen sind

16, 26, 36, 46, 56, 66 sowie 61, 62, 63, 64, 65,

also 11 Ergebnisse von insgesamt 36 günstig. Unabhängig vom Ausgang des dritten Wurfs bleiben diese Fälle günstig, d. h. in $11 \cdot 6 = 66$ Fällen gewinnt Jörg, *außerdem* in den 25 restlichen Fällen, bei denen die ersten beiden Würfe keine 6 erbrachten, wohl aber der dritte. (Das lässt sich gut in einem zweidimensionalen Schema verdeutlichen.) Somit fällt nur in 91 von 216 Fällen die Entscheidung zugunsten von Jörg aus.

Eine andere Argumentation zählt die *ungünstigen* Fälle. Es gibt offenbar $5 \cdot 5 \cdot 5 = 125$ Möglichkeiten, bei denen nur die Zahlen von 1 bis 5 bei allen drei Würfen auftreten.

Übrigens lässt sich der typische Fehlschluss „Bei drei Würfen beträgt die Wahrscheinlichkeit für eine Sechs $\frac{3}{6}$" auch durch eine Erweiterung entlarven: Denn dann müsste ja bei sechs Würfen die Wahrscheinlichkeit für eine Sechs $\frac{6}{6}$, also 1 sein – und bei 12 Würfeln wäre die Wahrscheinlichkeit sogar 2!

LÖSUNGSHINWEISE ZU AUFGABE 108

Stichwörter: Lotto, Kartenspiel; **Schulstoff:** Wahrscheinlichkeit, Zufallsversuch, Baumdiagramm; **Schulstufe:** 7–10

Diese Aufgabe ist gut zur *Entwicklung des Baumdiagramms* geeignet. Dieses sollte daher noch nicht bekannt sein. Durch die Ausführung des Zufallsversuchs wird authentisches Zahlenmaterial erzeugt, das die theoretischen Überlegungen stützt. Aus diesem Grund registrieren die Schülerinnen und Schüler die Karten in der Reihenfolge, wie sie gezogen werden, also etwa *KD* für König im ersten, Dame im zweiten Zug. Nach etwa einer Viertelstunde wird das Experiment beendet und, um größere Zahlen zu haben, werden die Ergebnisse *aller* Schüler zusammengefasst. Zum Beispiel: Anzahl der Zufallsversuche 518, davon

Ergebnis	*DD*	*DB*	*DK*	*BD*	*BB*	*BK*	*KD*	*KB*
Anzahl	109	98	46	99	39	40	54	33

Das heißt: Beim *ersten* Zug erhielt man $109+98+46=253$-mal eine Dame. Das entspricht der Erwartung, dass in rund der Hälfte aller Versuche zuerst eine Dame gezogen wird. In *diesen* 253 Versuchen setzten sich *nach dem ersten Zug* die verbleibenden fünf Karten aus 2 Damen, 2 Buben und 1 König zusammen. Also sind in je $\frac{2}{5}$ der 253 Versuche *im zweiten Zug* eine Dame bzw. ein Bube zu erwarten und in $\frac{1}{5}$ der Fälle ein König. Die tatsächlichen Ergebnisse liegen nahe bei diesen Werten. Analog verfährt man bei der Analyse der restlichen Daten. Es folgt

$$P(DD)=\frac{1}{2}\cdot\frac{2}{5}=\frac{1}{5}, \quad P(BB)=\frac{1}{3}\cdot\frac{1}{5}=\frac{1}{15} \text{ und damit } P(\text{Zwilling})=\frac{1}{5}+\frac{1}{15}=\frac{4}{15}.$$

Die Multiplikationsregel und die Additionsregel sind nahe liegende Verallgemeinerungen der an diesem Beispiel durchgeführten Betrachtung.

LÖSUNGSHINWEISE ZU AUFGABE 109

Stichwörter: Glücksspiel; **Schulstoff:** Wahrscheinlichkeit, Zufallsversuch; **Schulstufe:** 7–10

Sonja kann alle Zahlen von 2 bis 12 werfen; aber nicht alle Augensummen sind gleichwahrscheinlich.

Theoretisch wirft sie
eine 2 oder 12 jeweils in $\frac{1}{36}$ aller Fälle,

eine 3 oder 11 jeweils in $\frac{2}{36}$ aller Fälle,

eine 4 oder 10 jeweils in $\frac{3}{36}$ aller Fälle,

eine 5 oder 9 jeweils in $\frac{4}{36}$ aller Fälle,

eine 6 oder 8 jeweils in $\frac{5}{36}$ aller Fälle und

eine 7 in $\frac{6}{36}$ aller Fälle.

Daniel erzielt theoretisch die Augensummen 2, 4, 6, 8, 10 und 12 jeweils in $\frac{1}{16}$ aller Fälle.

Es gibt als insgesamt $216=36\cdot6$ Fälle – jede der 36 Fälle von Sonja kombiniert mit jeden der 6 Fälle von Daniel.

Jetzt betrachten wir aus Sonjas Sicht, in wie vielen Fälle sie gewinnt oder verliert.

Wirft sie zum Beispiel eine 5, was sie theoretisch in $\frac{4}{36}$ aller Fälle tut, dann gewinnt sie, wenn Daniel eine 1 oder 2 wirft, und verliert, wenn er eine 3, 4, 5 oder 6 wirft. Sie gewinnt also in $2\cdot4=8$ von 216 Fällen, wenn sie eine 5 wirft, während sie in $4\cdot4=16$ von 216 Fällen mit dieser Augensumme verliert.

Wirft sie eine 6, dann gewinnt sie entsprechend in $5\cdot2=10$ von 216 Fällen, verliert in $15\cdot3=15$ von 216 Fällen, und in $5\cdot1$ von 216 Fällen erzielen beide die Augensumme 6.

Geht man so alle Augensummen von 2 bis 12 durch, dann ergibt sich: Sonja gewinnt in 99 von 216 Fällen, in eben so vielen Fällen verliert sie, und in 18 von 216 Fällen, also in $\frac{1}{12}$ aller Fälle, geht das Spiel unentschieden aus.

Übrigens gewinnt Sonja eher mit einer ungeraden Zahl (in 54 von 216, also ein Viertel aller Fälle) als mit einer geraden (in 45 von 216 Fällen).

Jetzt kommt noch Anke dazu, die einen Dodekaeder-Würfel hat, der mit den Zahlen von 1 bis 12 beschriftet ist. Hat sie wohl gegen Sonja oder Daniel eine Chance? (Nein!)

LÖSUNGSHINWEISE ZU AUFGABE 110

Stichwörter: LEGO®-Steine; **Schulstoff:** Kombinatorik; **Schulstufe:** 7–10

Um die möglichen Kombinationen zählen zu können, denken wir uns den untersten Stein in einer normierten Richtung festgehalten; er steckt also fest auf einem LEGO®-Brett.

Mit 2 Steinen gibt es

$3 \cdot 7 = 21$ Möglichkeiten, den zweiten Stein so auf den ersten zu setzen, dass er in die gleiche Richtung weist, und

$5 \cdot 5 = 25$ Möglichkeiten, bei denen der zweite Stein rechtwinklig zu dem ersten liegt,

also insgesamt $21 + 25 = 46$ Möglichkeiten.

Jetzt ist festzuhalten, dass zwei Kombinationen von LEGO®-Steinen als gleich zu betrachten und damit nur einfach zu zählen sind, wenn sie bei (horizontaler) Drehung (des LEGO®-Brettes) um 180° in sich selbst übergehen. Gehen aber zwei Kombinationen *nur* durch eine Spiegelung in einander über, dann sind sie verschieden.

Zwei von diesen 46 Kombinationen gehen bei Drehung um 180° in sich selbst über, nämlich die, bei der der zweite Stein genau über den ersten gesetzt wird, und die, bei der der zweite Stein so auf den ersten gesetzt wird, dass ein symmetrisches Kreuz entsteht. Alle 44 anderen Kombinationen wurden also doppelt gezählt.

Insgesamt gibt es damit $\frac{46-2}{2} + 2 = 24$ verschiedene Möglichkeiten, den zweiten Stein auf den ersten zu setzen.

Entsprechend gibt es

mit 3 Steinen:	$2 \cdot 24 + 22 \cdot 46 = 1060$ Möglichkeiten,
mit 4 Steinen:	$4 \cdot 24 + 1056 \cdot 46 = 48\,672$ Möglichkeiten,
mit 5 Steinen:	$8 \cdot 24 + 48\,664 \cdot 46 = 2\,238\,736$ Möglichkeiten und
mit 6 Steinen:	$16 \cdot 24 + 2\,238\,720 \cdot 46 = 102\,981\,504$ Möglichkeiten.

Damit sind aber jeweils nur die Möglichkeiten gezählt, bei denen der dritte Stein auf den zweiten, der vierte auf den dritten, der fünfte auf den vierten und der sechste auf den fünften gesetzt wurde, also nur alle Türme der Höhe drei bzw. vier bzw. fünf bzw. sechs. Man kann aber natürlich auch andere Figuren als Türme bauen, indem man z. B. den zweiten und den dritten Stein auf den ersten setzt. Alle diese Möglichkeiten sind nicht mitgezählt.

Wenn also der Hersteller angibt, sechs Steine könne man auf $102\,981\,500$ Weisen zusammenbauen, dann hat er nicht nur um 4 abgerundet, sondern er hat wesentlich untertrieben, weil er ja nur die verschiedenen Türme der Höhe sechs und nicht alle Möglichkeiten gezählt hat.